2022—2023 年度河北省社科基金项目"中国共产党领导构建哲学
话语体系历程与经验研究（1921—1949）"（项目编号：HB22MK005）成果

中国共产党领导构建哲学社会科学
话语体系历程与经验研究（1921—1949）

王　栋　著

燕山大学出版社

·秦皇岛·

图书在版编目（CIP）数据

中国共产党领导构建哲学社会科学话语体系历程与经验研究：1921—1949 / 王栋著. 一秦皇岛：燕山大学出版社，2023.3

ISBN 978-7-5761-0525-4

Ⅰ.①中… Ⅱ.①王… Ⅲ.①哲学社会科学－研究－中国－ 1921-1949 Ⅳ.① C12

中国国家版本馆 CIP 数据核字（2023）第 089109 号

中国共产党领导构建哲学社会科学话语体系历程与经验研究（1921—1949）

ZHONGGUO GONGCHANDANG LINGDAO GOUJIAN ZHEXUE SHEHUI
KEXUE HUAYU TIXI LICHENG YU JINGYAN YANJIU(1921—1949)

王 栋 著

出 版 人：陈　玉		策划编辑：王　宁	
责任编辑：王　宁		封面设计：刘韦希	
责任印制：吴　波			
出版发行：燕山大学出版社		电　　话：0335-8387555	
地　　址：河北省秦皇岛市河北大街西段 438 号		邮政编码：066004	
印　　刷：涿州市般润文化传播有限公司		经　　销：全国新华书店	

开　　本：710 mm×1000 mm　1/16		印　　张：16	
版　　次：2023 年 3 月第 1 版		印　　次：2023 年 3 月第 1 次印刷	
书　　号：ISBN 978-7-5761-0525-4		字　　数：257 千字	
定　　价：65.00 元			

目　　录

导　　论

一、选题缘由与研究意义

（一）选题缘由

哲学社会科学是推动历史发展和社会进步的重要力量，是一个国家文化软实力的重要体现，在建设社会主义现代化强国过程中具有不可替代的重要作用。而话语体系作为思想理论体系的表达，对哲学社会科学发展具有重大意义。2016 年 5 月 17 日，习近平总书记在哲学社会科学工作座谈会上专门强调，发挥我国哲学社会科学作用，要注意加强话语体系建设①。当前，我国理论发展远滞后于实践进步，未能很好地解读"中国奇迹"，世界上具有重大影响力的哲学社会科学话语大多来自西方。解决了"挨打""挨饿"问题后，破解"挨骂"问题已成为当务之急。中国特色哲学社会科学话语体系建设任重道远。目前关于中国特色哲学社会科学话语体系的研究层出不穷，但已有研究多聚焦于当前，历史视域下的探讨相对薄弱，以党的领导为视角的研究更是有待加强。

新民主主义革命时期，中国共产党高度重视哲学社会科学。毛泽东在陕甘宁边区自然科学研究会成立大会上的讲话中指出："人们为着要在社会上得到自由，就要用社会科学来了解社会，改造社会，进行社会革命……自然科学是要在社会科学的指挥下去改造自然界。"②中国的马克思主义者在共产党的领导

---

① 习近平：《在哲学社会科学工作座谈会上的讲话》，人民出版社 2016 年版，第 24 页。

② 中共中央文献研究室编：《毛泽东文集》第二卷，人民出版社 1993 年版，第 269 页。

下，经过话语引入、话语重塑、话语转换等阶段，通过形成主体系统、构建概念系统、丰富理论系统、打造表达系统、完善环境系统等途径，逐步构建起中国马克思主义哲学社会科学话语体系，并在书刊发行、教育实践、社会性质及传统文化等哲学社会科学领域同国民党进行了激烈的话语权博弈，从学理层面深刻论证了中共革命话语的合理性，扩大了马克思主义在中国哲学社会科学界的影响力，从根本上改变了中国哲学社会科学的面貌，为当代中国特色哲学社会科学话语体系构建作出了开拓性努力。任何话语体系都有其历史流变，深入探讨革命年代党领导构建这一话语体系的历程、途径和基本经验，对于今天构建中国特色哲学社会科学话语体系具有积极的借鉴作用。

（二）研究意义

理论层面上，学术界对哲学社会科学话语体系的研究成果多集中于当前，对于新民主主义革命时期的研究则非常薄弱。尽管随着对史料的不断发掘，各具体学科学术史研究取得了一定进展，但尚缺少对新民主主义革命时期党领导构建哲学社会科学话语体系的系统性研究。因此，该选题研究的意义体现在以下几个方面：

第一，有利于拓宽马克思主义中国化时代化的研究思路。马克思主义兼具意识形态性与学术性。马克思主义中国化时代化既包括其政治理论的中国化时代化，也包括其学术思想的中国化时代化，且两者相辅相成。政治理论的中国化时代化为学术思想的中国化时代化指引方向，学术思想的中国化时代化则为政治理论的中国化时代化提供学理支撑。新民主主义革命时期，马克思主义一方面"参与中国革命实践"，另一方面"介入中国文化学术"，"沿双线与中国实际结合"[①]。这一时期，马克思主义哲学社会科学话语体系在其构建过程中逐步融入中国元素，植根于中国实践之中。对这一过程的探讨有利于从文化、学术视角理解马克思主义中国化时代化问题，有利于更全面地总结经验，进一步拓宽这一问题的研究思路。

第二，对于中共党史研究具有重要意义。中国共产党在艰难的革命进程中，对中国社会变革提出了许多新论断，并据此形成革命话语体系。在党的领

---

① 周全华：《马克思主义中国化学术史》，广东人民出版社 2018 年版，第 14 页。

导下，进步的哲学社会科学工作者对这些论断展开研究和讨论，使中国共产党的革命话语建立在牢固的学术基础之上，从而获得学术界和民众更为广泛的认同。革命话语与学术话语相辅相成，对党领导构建哲学社会科学话语体系进行系统性研究，有利于改善中共党史研究的政策化倾向，进一步增强其学术性，提升这一学科的学术水平。

第三，有利于把握学术话语演进规律，使中国特色哲学社会科学话语体系研究在保持历史连续性的同时继往开来。习近平总书记指出："当代中国哲学社会科学是以马克思主义进入我国为起点的。"① 追根溯源，对新民主主义革命时期党领导构建哲学社会科学话语体系的历程与经验进行深入研究，探索学术话语与本土实践相结合的过程及其对革命话语的影响，有利于当前中国特色哲学社会科学话语体系研究在马克思主义指导下沿着正确的方向健康发展。

实践层面上，有学者提出，当前"西方蓄意制造意识形态和学术的割裂并把马克思主义归入意识形态而导致马克思主义学术话语权的架空"②。马克思主义的确是一种科学的意识形态，不能仅仅将其看成一种哲学、一种文化，同样也不能以其意识形态性来否定其学术性。且无论是巩固马克思主义在意识形态领域的指导地位，还是提高我国的国际话语权，都迫切需要哲学社会科学更好地发挥作用。国内方面，面对马克思主义"在一些学科中'失语'、教材中'失踪'、论坛上'失声'"③ 的现状，系统总结新民主主义革命时期党领导构建哲学社会科学话语体系的主要经验，可以为当前学术话语体系构建提供借鉴，有助于更好地坚持马克思主义在我国哲学社会科学领域的指导地位。国际方面，面对"有理说不出、说了传不开的境地"④，汲取历史智慧，从多方面总结革命年代党领导构建这一话语体系的主要途径，有利于扩大中国特色哲学社会科学话语的国际影响力，让世界读懂中国。

---

① 习近平：《在哲学社会科学工作座谈会上的讲话》，人民出版社2016年版，第5—6页。
② 侯惠勤：《意识形态话语权初探》，《马克思主义研究》2014年第12期。
③ 习近平：《在哲学社会科学工作座谈会上的讲话》，人民出版社2016年版，第10页。
④ 习近平：《在哲学社会科学工作座谈会上的讲话》，人民出版社2016年版，第24页。

二、国内外研究现状

当前，哲学社会科学话语体系问题已成为国内学术界研究热点，很多学者围绕这一话题展开研究并取得成果。但已有研究多聚焦于当代问题，从历史视域下展开的探讨相对薄弱。笔者目前所涉猎的文献中，尚未发现以新民主主义革命时期"党领导构建哲学社会科学话语体系"为核心命题的专著或学位论文；但与之相关的研究已经展开，其中包括哲学社会科学话语体系研究、革命话语体系研究、中国马克思主义学术史研究、中国共产党文化思想史研究、中国马克思主义学术人才队伍建设研究、杰出哲学社会科学工作者个人学术思想研究等。

（一）国内研究现状

1. 哲学社会科学话语体系研究

当前，学术界围绕学术话语体系的内涵、必要性、构建途径等问题展开研究，取得了一些代表性成果。如郭建宁的《构建当代中国哲学社会科学话语体系》（2015）、邓纯东的《努力构建以马克思主义为指导的哲学社会科学话语体系》（2014）等。尤其在2016年5月17日哲学社会科学工作座谈会之后，围绕习近平总书记关于"加强话语体系建设"的重要论述，相关成果如雨后春笋：著作如沈壮海的《学术话语体系建设的理与路——一项分科的研究》（2019），论文如谢伏瞻的《加快构建中国特色哲学社会科学学科体系、学术体系、话语体系》（2019）、靳诺的《加快构建中国特色哲学社会科学话语体系》（2019）、严书翰的《思想认识 基本思路 遵循规律——加强中国特色哲学社会科学话语体系建设需要解决三大问题》（2017）、宋希艳的《论中国特色哲学社会科学话语体系的构建》（2017）、董云虎的《努力建设中国特色哲学社会科学学术话语体系》（2016）等。

在哲学社会科学话语体系的内涵方面，学者们并未形成一致表述。沈壮海认为："学术话语体系是学术研究活动所形成的重要成果，是学术研究质量、风格、实力的具体体现。"[①] 谢伏瞻认为，哲学社会科学话语体系"是学术体系的反映、表达和传播方式，是构成学科体系之网的纽结，主要包括：概念、范

[①] 沈壮海：《学术话语体系建设的理与路——一项分科的研究》，人民出版社2019年版，第1页。

畴、命题、判断、术语、语言等"①。宋希艳将学术话语体系视为"哲学社会科学理论研究成果表达的工具和载体"②。盛昭瀚则认为:"话语体系是一个由话语内容与话语平台构成的综合体。"③

在哲学社会科学话语体系的必要性方面,学者们普遍认同当前中国特色哲学社会科学话语体系构建的重要性和紧迫性。靳诺认为:"中国的哲学社会科学话语体系,是主流意识形态建设的重要方面,是国家文化软实力的重要组成部分。"④董云虎认为,建设哲学社会科学话语体系是"推进中国特色社会主义伟大实践的迫切需要""实现'两个巩固'根本任务的迫切需要""增强我国国际话语权的迫切需要""繁荣发展哲学社会科学的迫切需要"⑤。

在哲学社会科学话语体系的构建途径方面,学术界一致认为要坚持以马克思主义为指导,要具有中国特色、中国气派、中国风格,要借鉴人类文明的有益成果,在此基础上提出了一些具体建议。邓纯东强调传统文化的重要性,认为哲学社会科学话语体系要"体现对中华民族优秀传统文化的现代传承"⑥;严书翰认为,在哲学社会科学话语体系构建过程中要处理好"打造硬实力与提升软实力的关系""增强话语体系的国内影响力与提升国际话语权的关系""弘扬主旋律与批判种种错误思潮的关系"⑦;常改香认为,中国特色哲学社会科学话语体系的构建要"注重扎根中国特色社会主义建设实践""注重实现顶层设计与基层认同的统一""注重彰显中华文化魅力""注重增强话语交流和话语互

① 谢伏瞻:《加快构建中国特色哲学社会科学学科体系、学术体系、话语体系》,《中国社会科学》2019 年第 5 期。

② 宋希艳:《论中国特色哲学社会科学话语体系的构建》,《理论探索》2017 年第 3 期。

③ 盛昭瀚:《话语体系:讲好管理学术创新的"中国话"》,《管理科学学报》2019 年第 22 卷第 6 期。

④ 靳诺:《加快构建中国特色哲学社会科学话语体系》,《红旗文稿》2019 年第 23 期。

⑤ 董云虎:《努力建设中国特色哲学社会科学学术话语体系》,《学术月刊》2016 年第 4 期。

⑥ 邓纯东:《努力构建以马克思主义为指导的哲学社会科学话语体系》,《马克思主义研究》2014 年第 6 期。

⑦ 严书翰:《思想认识 基本思路 遵循规律——加强中国特色哲学社会科学话语体系建设需要解决三大问题》,《中共福建省委党校学报》2017 年第 5 期。

鉴"[1]；等等。

虽然相关成果颇丰，但大多集中于对当前中国特色哲学社会科学话语体系的探讨，从历史视角展开的思考极为有限。阎书钦在其文章中提出，20世纪二三十年代兴起的"新兴社会科学"背后隐藏着一个巨大的马克思主义社会科学理论思潮，进步知识分子通过从事理论著述与宣传，已构建起完整的马克思主义社会科学话语体系，并从文本传承角度呈现了话语传播脉络[2]，为本研究提供了借鉴。但此文并未分析中国马克思主义哲学社会科学话语体系的构建历程与具体途径，为进一步研究留出了空间。

2. 革命话语体系研究

学术界对于新民主主义革命时期话语体系的研究多集中于革命话语体系。有学者从总体视角展开论述，如李军林的著作《马克思主义在中国的早期传播及其话语体系的初步建构》，对话语理论进行了总体回顾和评价，剖析了马克思主义革命话语体系的初步建构及中国化、其历史方位和现代转型，认为"以毛泽东为代表的中国共产党人把马克思主义革命话语逐步中国化，而这种中国化的马克思主义革命话语使得中国的革命面貌焕然一新，使中国历史进程因这种话语体系的输入和建构，得到彻底的改观"[3]。有学者就革命话语体系中的个别概念展开论述，如陈红娟的《中共革命话语体系中"阶级"概念的演变、理解与塑造（1921—1937)》，揭示了"阶级"这一概念从服务于国民革命话语体系到成为中共革命话语体系核心的转变历程，分析了中共对"阶级"概念的塑造策略[4]。有学者分析重要人物对革命话语体系的贡献，如李永进的博士学位论文《毛泽东新民主主义革命话语研究》，以话语分析为切入点，阐述了毛泽东革命话语构建的内在理路与发展脉络，选取了"半殖民地半封建""新民主主义""群众路线""两步走""三大

① 常改香：《建构中国特色哲学社会科学话语体系的思考》，《湖南社会科学》2019年第1期。

② 阎书钦：《"新兴社会科学"的兴起与马克思主义社会科学话语体系的构建》，《中共党史研究》2015年第4期。

③ 李军林：《马克思主义在中国的早期传播及其话语体系的初步建构》，学习出版社2013年版，第245页。

④ 陈红娟：《中共革命话语体系中"阶级"概念的演变、理解与塑造（1921—1937)》，《中共党史研究》2018年第4期。

法宝""马克思主义中国化""人民民主专政"等概念，从"概念与范畴"的角度探讨了毛泽东对新民主主义革命话语的构建[①]。虽然革命话语体系不同于哲学社会科学话语体系，但以上文献从研究方法和角度上为本书的研究提供了启迪。

3. 中国马克思主义学术史研究

对哲学社会科学话语体系的探讨离不开对学科体系的了解，中国马克思主义学术史的相关研究为本书的研究提供了重要资源。当前，这一领域的代表性成果主要有吴汉全撰写的《中国马克思主义学术史概论（1919—1949）》《中国马克思主义学术史》，方松华等撰写的《中国马克思主义学术史纲》，周全华撰写的《马克思主义中国化学术史》等。吴汉全撰写的著作《中国马克思主义学术史概论（1919—1949）》分三个阶段梳理出 1919—1949 年间中国马克思主义学术发展轨迹，重点研究了李大钊、陈独秀、李达、瞿秋白等 50 多位中国马克思主义者运用马克思主义的立场、观点、方法在哲学、史学等具体学科取得的成就[②]；其另一部著作《中国马克思主义学术史》则在前书的基础上进一步丰富与完善，并加入了中国马克思主义学术在 1949—1978 年的发展，阐述了中国马克思主义学术从"新民主主义学术"到"社会主义学术"的发展历程，是一部比较系统地梳理 1919 年以来中国马克思主义学术发展的专著[③]。这两部著作为本研究提供了重要资源，但并未对话语体系的构建进行专门的研究。方松华等撰写的《中国马克思主义学术史纲》总结了中国从近代到当代有关马克思主义的学术研究。其中，在新民主主义革命时期部分，介绍了李大钊、陈独秀、瞿秋白和李达的马克思主义学术研究成果，并对一些学术论战进行了简要说明[④]。但新民主主义革命时期只是其三篇中的"上篇"，且侧重于对马克思主义本身的研究，并没有展开论述马克思主义指导下哲学社会科学的发展。周全华撰写的《马克思主义中国化学术史》"将各个时期各种专门的研究及散见于其他研究中的一些专论，以时间向度为线，以中国境内的研究为主，撮要串起

---

① 李永进：《毛泽东新民主主义革命话语研究》，清华大学博士学位论文，2017 年。

② 吴汉全：《中国马克思主义学术史概论（1919—1949）》上、中、下册，吉林人民出版社 2010 年版。

③ 吴汉全主编：《中国马克思主义学术史》第 1—5 卷，人民出版社 2019 年版。

④ 方松华、陈祥勤、姜佑福：《中国马克思主义学术史纲》，学林出版社 2011 年版。

一个'马克思主义中国化研究'的学术史"[1]，即"研究的学术史"[2]。其涉及新民主主义革命时期的内容主要侧重于对历次学术论战的梳理与评述，并未对马克思主义哲学社会科学各学科的发展进行系统研究。

除专著外，近年来也有一些与马克思主义学术史相关的论文陆续发表。例如，吴汉全在《试论中共根据地时期的马克思主义学术建设》一文中认为，中共根据地时期的学术建设是沿着革命逻辑而展开的，服务于新民主主义革命任务的完成，同时也集中表现了革命话语中的学术诉求。这一时期的学术建设反映出中国共产党对学术研究的积极领导和有效组织，体现了中国共产党对学术话语建设、学术运行机制形成的重要贡献[3]。此外，各具体学科百年学术史的研究也都包含有部分马克思主义学术内容[4]，虽然大多是零散性论述，且对于新民主主义革命时期的学术著作与当时社会历史条件之间内在关联的分析相对欠缺，但在资料收集层面依然有一定的参考意义。中国马克思主义学术史的相关研究开辟了一个新的学术方向，为本书对话语体系的深入探索奠定了基础。

4. 中国共产党文化思想史研究

中国共产党作为马克思主义哲学社会科学话语体系构建的领导者，其文化思想史与本研究有密切联系。20 世纪 90 年代中后期，从文化角度研究中共党史开始为学者所关注。1996 年，余信红的博士学位论文《论土地革命战争时期中国共产党对文化战线的领导》探讨了中国共产党在土地革命战争时期领导文化运动的历程，剖析了这一时期中国共产党领导文化战线斗争的成绩与教训，

---

① 周全华：《马克思主义中国化学术史》，广东人民出版社 2018 年版，第 2 页。

② 周全华：《马克思主义中国化学术史》，广东人民出版社 2018 年版，第 389 页。

③ 吴汉全：《试论中共根据地时期的马克思主义学术建设》，《湖南师范大学社会科学学报》2019 年第 5 期。

④ 1999 年，北京市社会科学界联合会组织编写了"中国学术百年"丛书，从宏观方面总结了 20 世纪中国社会科学领域内的学术争鸣和学术成果，显示出中国马克思主义学术的主流位置。2001 年，山东人民出版社出版了"20 世纪的中国：学术与社会"丛书，包括史学卷、哲学卷、文学卷、法学卷和社会学卷。这套丛书也对 20 世纪的中国学术进行了梳理，各卷本都包含对中国马克思主义学术思想的研究。2005 年，上海市社会科学界联合会组织编写了"二十世纪中国社会科学"系列丛书，共 13 卷，每卷一个学科，是比较全面系统地整理中国现当代学术思想的著作。

认为革命文化运动与党的领导关系密切，为后续研究提供了重要借鉴①。2007年，郑师渠主编的《中国共产党文化思想史研究》将中国共产党文化思想分为"新民主主义文化思想体系的形成""社会主义文化思想的探索"和"社会主义文化思想的新发展"三编，梳理了其发展脉络和阶段性特点②。2008年，刘辉撰写的《中国共产党人的文化自觉——新民主主义文化思想再研究》对新民主主义革命时期和新中国成立初期中国共产党的文化思想作了贯通性研究，有助于推进中国近现代思想文化史和中共党史研究的深化③。上述文化思想史的相关成果呈现了革命年代的文化环境，为本书的研究提供了背景参考，但很少涉及哲学社会科学具体学科的发展，有待于与学术史研究进一步结合。

5. 中国马克思主义学术人才队伍建设研究

党领导构建哲学社会科学话语体系离不开进步知识分子。2013年，王海军撰写的《真理的追求——延安时期知识分子群体与马克思主义中国化研究》从马克思主义中国化创作主体的角度，对延安时期知识分子群体对马克思主义中国化的探索与贡献进行了全面系统的研究，高度概括了延安时期知识分子的群体特征，系统梳理了延安时期知识分子群体对译介马列经典著作的突出贡献，阐述了延安时期知识分子群体对哲学中国化、史学中国化、文艺理论中国化、科技思想中国化的推动④。此外，一些论文也提出了有关马克思主义哲学社会科学人才队伍建设的观点。例如，马启民在《中国马克思主义知识分子代际传承研究——以新民主主义革命时期为论域》一文中，运用代际分析方法，将新民主主义革命时期的马克思主义知识分子划分为四代，展现了学术人才队伍发展的连续性、继承性和创造性⑤。还有一些学者以中国共产党的知识分子政策为视

---

① 余信红：《论土地革命战争时期中国共产党对文化战线的领导》，中共中央党校博士学位论文，1996年。

② 郑师渠主编：《中国共产党文化思想史研究》，中共中央党校出版社2007年版。

③ 刘辉：《中国共产党人的文化自觉——新民主主义文化思想再研究》，中共党史出版社2008年版。

④ 王海军：《真理的追求——延安时期知识分子群体与马克思主义中国化研究》，人民出版社2013年版。

⑤ 马启民：《中国马克思主义知识分子代际传承研究——以新民主主义革命时期为论域》，《西安建筑科技大学学报（社会科学版）》2017年第5期。

角展开研究，如杨凤城撰写的《中国共产党的知识分子理论与政策研究》[①]、潘晔撰写的《中国共产党知识分子政策的变迁与创新》[②]、曲峡等撰写的《中国共产党知识分子政策史》[③]等。这些著作从宏观上展示了中国共产党知识分子政策的变化过程，拓宽了党领导构建中国马克思主义哲学社会科学话语体系的研究视角，但由于很多是通论性质的著作，新民主主义革命时期往往占据的篇幅较少，还需进一步挖掘相关史料。

6.杰出哲学社会科学工作者个人学术思想研究

1999 年，由戴逸主编的"二十世纪中国著名学者传记丛书"由北京图书馆出版社出版。这套丛书包括 20 世纪各学派的知名学者，其中马克思主义派学者有李达、瞿秋白、吕振羽、范文澜、郭沫若等。丛书对这些学者的思想历程、研究成果等进行了梳理，并对其学术成就予以客观评价。由戴逸领衔主编的另一部"中国近代思想家文库"是汇聚了中国近代 100 多位思想家经典著述的鸿篇巨作，选录了每位思想家最具代表性的著述，每人分别汇编成册，以文集的形式呈现出来，为本书的研究提供了重要资料。此外，其他很多学者也对杰出哲学社会科学工作者的个人学术思想展开了个案研究。例如：朱政惠撰写的《吕振羽和他的历史学研究》[④]，马汉儒主编的《哲学大众化第一人——艾思奇哲学思想研究》[⑤]，苏志宏撰写的《李达思想研究》[⑥]，等等。这些个案研究较为真实地还原了新民主主义革命时期杰出哲学社会科学工作者从事学术探索的大环境，有利于对其研究成果进行深入理解。但作为个人思想研究，其不可避免地缺乏宽阔的研究视角，难以呈现马克思主义哲学社会科学的总体特征。

---

① 杨凤城：《中国共产党的知识分子理论与政策研究》，中共党史出版社 2005 年版。

② 潘晔：《中国共产党知识分子政策的变迁与创新》，武汉理工大学出版社 2008 年版。

③ 曲峡、赵金鹏、仝祥顺等：《中国共产党知识分子政策史》，石油大学出版社 1995 年版。

④ 朱政惠：《吕振羽和他的历史学研究》，湖南教育出版社 1992 年版。

⑤ 马汉儒主编：《哲学大众化第一人——艾思奇哲学思想研究》，云南人民出版社 2002 年版。

⑥ 苏志宏：《李达思想研究》，西南交通大学出版社 2015 年版。

（二）国外研究现状

国外学者对"话语""话语权""文化领导权"的研究为本研究提供了理论借鉴。苏联语言学家巴赫金（Bakhtin）认为，话语的本质在于其对话性，我们的话语"或反驳此前的话语，或肯定它，或补充它，或依靠它，或以它们为已知的前提，或以某种方式考虑它"①。最早提出"话语权"的是法国哲学家、社会学家米歇尔·福柯（Michel Foucault）。福柯认为："人类的一切知识都是通过'话语'而获得的……'话语'意味着一个社会团体依据某些成规将其意义传播于社会之中，以此确立其社会地位，并为其他团体所认识的过程。"②他将"话语"视为一种权力。英国语言学家诺曼·费尔克拉夫（Norman Fairclough）指出，福柯在话语与权力、话语在社会变迁中的功能等方面作出了杰出贡献，同时批评福柯的分析中缺少实践的概念，缺乏对语言文本的关注，认为"以文本为方向的话语分析有可能强化社会分析"③。葛兰西（Gramsci）则首次提出了"文化领导权"这一概念，并将其视为无产阶级政党实现政治领导权的前提和基础。

此外，国外一些学者对新民主主义革命时期中国共产党领导推动哲学社会科学的发展也有所关注。他们的著作有的侧重于对某一具体学科的探讨，有的分析了中共领导人提出的重要论断与进步学者学术思想之间的关系，有的则在研究个别领袖人物时注意到其哲学社会科学思想。虽然对一些问题的看法还有待商榷，但对于拓展党领导构建哲学社会科学话语体系的研究思路具有积极意义，也提供了一些有价值的资料。美国学者阿里夫·德里克（Arif Dirlik）围绕"中国社会史论战"分析了马克思主义史学在中国的起源④。德国学者罗梅君（Mechthild Leutner）则探讨了李大钊、何干之、吕振羽等的政治意识形态和历

---

① 钱中文主编：《巴赫金全集》第四卷，河北教育出版社1998年版，第177页，转引自李军林：《马克思主义在中国的早期传播及其话语体系的初步建构》，学习出版社2013年版，第59页。

② 王治河：《福柯》，湖南教育出版社1999年版，第159页。

③〔英〕诺曼·费尔克拉夫：《话语与社会变迁》，殷晓蓉译，华夏出版社2003年版，第57页。

④〔美〕阿里夫·德里克：《革命与历史——中国马克思主义历史学的起源（1919—1937）》，翁贺凯译，江苏人民出版社2008年版。

史学研究路径，分析了他们对马克思主义史学发展的推动作用①。日本学者实藤惠秀（Sanetou Keishuu）撰写的《中国人留学日本史》以大量第一手资料，包括书信、日记、著译书刊、口述史料等，详述了这一留学运动的缘起和演变，并专章讨论留日学生对中国近代社会思想、政治、教育、文学、语言、翻译、出版等各领域的重要影响，具有重要的史料价值②。此外，罗斯·特里尔（Ross Terrill）③、亚历山大·V.潘佐夫（Alexander Vadimovich Pantsov）④等对毛泽东思想进行研究，诠释了毛泽东和一些进步知识分子的学术思想关系，为本书的研究提供了借鉴。

（三）研究述评

虽然学术界对哲学社会科学话语体系的研究成果颇丰，但多集中于当前，新民主主义革命时期的相关研究很少。仅有的历史视域下的研究主要围绕革命话语体系展开，而关于党领导构建哲学社会科学话语体系则是伴生性研究较多，专题性研究很少，主要局限于学科资料的收集和汇总。虽然有学者明确提出新民主主义革命时期已构建起完整的"马克思主义社会科学话语体系"，但并没有详细研究这一体系形成和发展的过程，也没有系统总结这一体系构建的基本经验。总体来看，历史视域下关于党领导构建这一话语体系的研究还非常薄弱。具体地说，主要体现在以下几个方面：

1. *对党领导构建这一话语体系的历史进程缺乏系统性研究*

当前学术界对这一话语体系的研究较为零散，主要体现在各具体学科的资料收集和杰出哲学社会科学工作者个人学术思想研究中，缺乏从整体视角进行的构建历程梳理。将中共党史分期与学术史自身特点相结合，分阶段对其构建历程进行系统性研究，有利于加深对这一话语体系的理解。

---

① ［德］罗梅君：《政治与科学之间的历史编纂——30和40年代中国马克思主义历史学的形成》，孙立新译，山东教育出版社1997年版。

② ［日］实藤惠秀：《中国人留学日本史》，谭汝谦、林启彦译，生活·读书·新知三联书店1983年版。

③ ［美］罗斯·特里尔：《毛泽东传》，何宇光、刘加英译，中国人民大学出版社2010年版。

④ ［俄］亚历山大·V.潘佐夫：《毛泽东传》上、下册，卿文辉、崔海智、周益跃译，中国人民大学出版社2015年版。

2. 对这一话语体系构建途径的研究不够全面

当前，从话语分析角度对新民主主义革命时期党领导构建哲学社会科学进行的研究很少。在相关研究中[①]，部分学者侧重于从主体维度进行探讨，即分析党的领袖群体和知识分子群体对马克思主义哲学社会科学发展的推动作用；部分学者则侧重于从载体维度展开论述，探讨进步报刊、著作对马克思主义哲学社会科学的传播，缺乏从多个维度进行的全面性研究，即存在重"话语"、轻"体系"的现象。很多研究将"话语"等同于"话语体系"，有待于在系统观念指导下对"体系"所包含的子系统进行深入分析。即便从单一维度来看，也存在着研究不全面的情况。例如：在主体维度方面，对党的领袖群体和知识分子群体的研究较多，以学术团体为视角的研究则相对较少；在载体维度方面，对报刊、著作的研究较多，对教科书、广播媒体的研究则相对较少；等等。

3. 对新民主主义革命时期国共两党哲学社会科学领域话语权博弈的研究不充分

话语体系的构建最终是为了争夺话语权。新民主主义革命时期，为提升马克思主义影响力，中共领导进步学者围绕哲学社会科学领域在书刊发行、教育实践、学术论战及传统文化等方面同国民党进行了激烈的话语权博弈，从学理层面深刻论证了中共革命话语的合理性。近年来，国内学术界对哲学社会科学话语权问题的研究主要立足于当前，从历史视阈探讨该问题的研究很少，少量著述如《中国现代出版史料》《近代中国教育史料》等虽有所提及，但限于研究视角，现有研究对新民主主义革命时期国共两党哲学社会科学领域话语权博弈问题的考察尚不充分。

4. 在史料运用和研究方法方面有待提高

当前研究对原始文本掌握得不够全面，过多引用新中国成立后出版的文集、选集，对民国时期史料的收集和利用相对欠缺。此外，学术界对此研究的方法较为单一，缺乏对跨学科研究方法的综合运用，等等。

---

① 由于以新民主主义革命时期"党领导构建哲学社会科学话语体系"为核心命题的研究极为鲜见，此处的"相关研究"将研究范围由"话语体系"扩大到整个马克思主义哲学社会科学。

三、研究方法与概念界定

（一）主要研究方法

第一，系统分析法。根据钱学森的定义："系统是由相互制约的各部分组成的具有一定功能的整体。"[1] 哲学社会科学话语体系作为一个整体系统，是由若干相互联系、相互作用的子系统构成的。本书运用系统分析法，将话语体系细分为主体系统、概念系统、理论系统、表达系统、环境系统等子系统：从党的领导人、进步知识分子、学术团体和教育研究机构等方面分析主体系统的形成；从学科概念、学科研究对象、基本术语等角度分析概念系统的构建；以哲学、历史学、经济学、政治学、社会学、法学等学科为例，分析理论系统的丰富；从报刊、相关著作与教科书、民间艺术形式、新兴媒体等角度分析表达系统的打造；从马克思主义教育、文化统一战线等方面分析环境系统的完善。力图全面剖析党领导构建哲学社会科学话语体系的主要途径。

第二，比较研究法。新民主主义革命时期，国共两党对哲学社会科学都给予了高度重视。本书对"三民主义社会科学"与"马克思主义哲学社会科学"进行了对比研究，剖析国共两党"针锋相对"的相关政策，探讨国共两党哲学社会科学领域话语权的博弈。

第三，文献与资料分析法。利用图书馆和各种网络数据库广泛查阅相关史料文献，并根据当时的具体语境对文献进行分析，为后续研究提供可靠依据。在史料分析中采用个案研究与整体研究相结合的方法。在研究某个具体历史阶段时，考虑到整个新民主主义革命阶段，分析史料的共性及其对话语体系构建所产生的特殊作用和历史影响。

第四，逻辑与历史相统一的方法。党领导构建哲学社会科学话语体系是一个不断发展的历史过程，这个过程中蕴含着重要的规律和经验。因此，本书秉持史实叙述和逻辑论证相结合的基本方法，从宏观上把握历史经验，既重视史料的收集与运用，又注重理论上的概括。

第五，跨学科分析法。本研究综合运用马克思主义理论、哲学、历史学、经济学、政治学、社会学、法学、传播学等多学科分析法，以期立体化、多视

---

[1] 苗东升：《系统科学精要》，中国人民大学出版社 2016 年版，第 20 页。

角考察和呈现新民主主义革命时期党领导构建哲学社会科学话语体系的历程和经验。

（二）基本概念界定

1. 话语

"话语"原本是语言学的概念，现已成为一个理论热词，广泛应用于哲学社会科学领域。中文"话语"一词是由英文"discourse"翻译而来的，《牛津高阶英汉双解词典》中把"discourse"解释为"话语""语篇""演讲""论文"等①。"现代语言学之父"索绪尔（Ferdinand de Saussure）将口头的言语活动称为"话语"，认为话语即"口说的词的组合"②。苏联语言学家巴赫金则认为话语是"口头与书面言语成品的统称"③。当前西方学界基本认同话语分为狭义和广义两个层次，狭义的话语专指具体的口头话语，广义的话语则指由词句构成的言语表达（包括口语和书面语）④。

如前文所述，福柯将"话语"与"权力"联系起来，使话语走出了语言学本身。费尔克拉夫则对话语作了比较明确的界定："所谓话语，指的是对主题或者目标的谈论方式，包括口语、文字以及其他的表述方式。"⑤陈锡喜认为，话语具有信息传递、思维规范、思想教化等功能，就规范思维的话语来源来看，话语可分为"政治话语（含制度话语）""学术话语"和"日常生活话语"⑥。

综上所述，本研究所论述的"话语"主要指广义话语，既包括口头言语

① ［英］霍恩比：《牛津高阶英汉双解词典》第 7 版，王玉章等译，商务印书馆 2009 年版，第 568 页。

② 周栋：《中国特色社会主义话语体系研究》，中共中央党校博士学位论文，2018 年，第 26 页。

③ 李琼：《巴赫金的"话语"理论与语言教学》，《现代语文》2012 年第 8 期。

④ 周栋：《中国特色社会主义话语体系研究》，中共中央党校博士学位论文，2018 年，第 27 页。

⑤ ［英］诺曼·费尔克拉夫：《话语与社会变迁》，殷晓蓉译，华夏出版社 2003 年版，序第 1 页。

⑥ 陈锡喜：《马克思主义：意识形态和话语体系》，华东师范大学出版社 2011 年版，第 39 页。

也包括书面表达，是按一定范式来进行研究的语言以及学术研究成果的语言表述。

2. 话语体系

在《现代汉语词典》中，"体系"的解释是："若干有关事物或某些意识互相联系而构成的一个整体。"[①]"话语体系"是理论体系和知识体系的外在语言表达形式，是反映话语主体利益与要求的系统化的话语群。本书所论述的"话语体系"主要指哲学社会科学话语体系。

根据当前学术界对哲学社会科学话语体系的研究，这一话语体系可分为狭义和广义两个层次。狭义的哲学社会科学话语体系是指人们在哲学社会科学研究中形成的，由特定学术概念、范畴和表述构成的，以学理支撑的一种表达系统。广义的哲学社会科学话语体系则是指以传播哲学社会科学理论、提升哲学社会科学话语权为目的，需要解决谁在说、说什么、通过什么途径说、效果如何等问题的逻辑严密的有机整体。有学者认为，哲学社会科学话语体系的构建"绝非'造词'运动，不是提出几个概念摆在那里便可坐收其效"，"如果高度凝练、影响广泛的学术话语是树之花或果，则与之相应的思想、理论、观点、方法等即是树之根、干"[②]。而思想理论的形成离不开知识分子，其话语传播离不开报刊、著作等载体，所以本书所阐述的"话语体系构建"主要指广义上的哲学社会科学话语体系。结合新民主主义革命时期的历史语境，拟从主体系统、概念系统、理论系统、表达系统、环境系统等子系统展开研究。

3. 中国马克思主义哲学社会科学话语体系

本书所论述的"中国马克思主义哲学社会科学话语体系"，是指新民主主义革命时期，在中国共产党的领导下，党的领袖群体和知识分子群体以唯物辩证法为根本研究方法、基于唯物史观进行概念阐释、以争取民族独立和人民解放为价值关怀从事哲学社会科学研究，初步构建起的具有中国风格、中国气派的学术话语体系。

---

① 中国社会科学院语言研究所词典编辑室编：《现代汉语词典》第 6 版，商务印书馆 2012 年版，第 1281 页。

② 沈壮海：《建设具有自己特色和优势的学术话语体系》，《学习时报》2016 年 5 月 23 日。

关于哲学社会科学具体包括哪些学科，学术界尚未达成共识。依据现有研究成果和习近平总书记关于"对哲学社会科学具有支撑作用的学科"[①]的相关论述，参考瞿秋白当年为上海大学预定的院系设置计划[②]，本书所论述的哲学社会科学包括哲学、历史学、经济学、政治学、社会学、法学等学科，不包括文学与艺术。

由于五四运动后，马克思主义在中国广泛传播，各地共产党早期组织相继成立，早期马克思主义者在中国共产党正式成立之前已开始初步运用这一理论对哲学社会科学各学科展开探索，所以本书的部分内容将研究范围扩展至1919—1949 年。

---

① 习近平总书记在哲学社会科学工作座谈会上指出："要加快完善对哲学社会科学具有支撑作用的学科，如哲学、历史学、经济学、政治学、法学、社会学、民族学、新闻学、人口学、宗教学、心理学等，打造具有中国特色和普遍意义的学科体系。"——习近平：《在哲学社会科学工作座谈会上的讲话》，人民出版社2016 年版，第22—23 页。

② 瞿秋白在"上海大学之组织的预定计划"中将"社会科学院"和"文艺院"分开设立，其中"社会科学院"包括社会学系、经济学系、政治学系、法律学系、哲学系、史学系，"文艺院"包括文学系和艺术系。——瞿秋白：《现代中国所当有的"上海大学"》，载黄美真、石源华、张云编：《上海大学史料》，复旦大学出版社1984 年版，第2—3 页。

第一章　党领导构建哲学社会科学话语体系的历史语境 [①]

近代以来，西方学术思想伴随着炮火大量传入中国，在推动哲学社会科学各学科逐步形成的同时，也使传统学术话语陷入危机。传统学术的落后和西方学术的弊端使国人陷入迷茫，马克思主义在中国的早期传播又为哲学社会科学话语体系重塑提供了契机。在与自由主义、文化保守主义等思潮的较量中，马克思主义以自身科学性、革命性及其与中华优秀传统文化的契合性显现出其作为哲学社会科学指导思想的独特优势。这些因素构成了新民主主义革命时期中国共产党领导构建哲学社会科学话语体系的历史语境。要深入了解这一话语体系的构建，重现当时的历史语境是无法逾越的前提。

一、迷茫：传统学术话语的近代危机

（一）传统学术话语蕴含着丰富的哲学社会科学内容

中华优秀传统文化源远流长，典籍丰厚渊博，积淀着中华民族观察世界、认识社会和体悟人生的精湛智慧。一大批哲学家、史学家、政治学家等提出了一系列独具特色、含义深邃的概念与表述，为新民主主义革命时期党领导构建哲学社会科学话语体系提供了丰富的思想资源。如朴素唯物主义哲学思想、求真与致用相结合的史学传统、惠民富民的经济思想、"为政以德"的政治思想等。

[①] 本章部分内容已发表在《长白学刊》2020年第1期（题目：《马克思主义学术话语体系建构的历史语境（1919—1949）》）。

1. 朴素唯物主义哲学思想

张岱年（即"张季同"，后文不再备注）认为，"中国哲学史上有一个唯物主义传统"，因为"在中国哲学史上，每一个时期都有唯物主义的代表人物，这些唯物主义的代表人物各自提出具有典型性的唯物主义学说，前后相续"①。早在先秦时期，荀子就强调："天行有常，不为尧存，不为桀亡。"又说："天有常道矣，地有常数矣，君子有常体矣。"（《荀子·天论》）这肯定了自然世界有一定的客观规律，否定了上帝的主宰作用。汉代的王充强调天道自然，"夫天道自然也，无为，如谴告人，是有为，非自然也，黄老之家，论说天道，得其实矣"（《论衡·遣告》），认为并没有超自然的力量来干预天地的运行。魏晋南北朝时期，佛教盛行，范缜站在唯物主义立场展开了反佛教的斗争，其著作《神灭论》成为中国古代无神论史上的重要文献。宋代的张载提出，"凡有皆象也，凡象皆气也"（《正蒙·乾称》），认为世界上一切存在的基础是气，即肯定了世界的统一性在于物质性。明清之际，王夫之自称"希张横渠之正学"，把张载的气一元论与辩证法思想提高到新的水平，建立了博大精深的唯物主义体系；更强调动的绝对性，认为所谓静只是动中之静，在一定程度上体现了唯物观点和辩证思维的结合。

2. 求真与致用相结合的史学传统

中国古代史学家重视对客观历史事实真相的探索与追求。司马迁所著《史记》以实录著称，其史料搜集可谓"网罗天下放失旧闻"（《史记·太史公自序》）。班固充分肯定《史记》的史料价值，提出："然自刘向、扬雄博极群书，皆称迁有良史之材，服其善序事理，辨而不华，质而不俚，其文直，其事核，不虚美，不隐恶，故谓之实录。"（《汉书·司马迁传》）宋代史学家郑樵崇尚实学，注重使用文献的互校方法来考订、辨伪，且重视实践，强调实地调查②。顾炎武则主张编写史书要占有丰富的材料；要认真细致地做好辨别材料真伪的工

---

① 张岱年：《文化与哲学》，教育科学出版社 1988 年版，第 222 页。
② 何根海、汪高鑫编著：《中国古代史学思想史》，合肥工业大学出版社 2004 年版，第 160—161 页。

作，即使是原始材料也不盲从；要据事直书，反对曲笔，反对任情褒贬①。后人称赞"炎武学有本原，博赡而能贯通，每一事必详其始末，参以证佐，而后笔之于书，故引据浩繁而牴牾者少"（《四库全书总目》卷一百一十九，《日知录》提要）。清代乾隆、嘉庆时期，历史考据盛行，王鸣盛、钱大昕和赵翼等整理了大量史籍，发现了无数珍贵的史料，体现出严谨、求真的治史精神。

中国传统史学的求真精神是与经世致用的文化底蕴有机统一的。唐太宗李世民深知"以古为镜"的道理，高度重视修史工作。在《五代史》撰写成功后，他对史臣们进行勉励时提到，他"欲览前王之得失，为在身之龟镜"（《册府元龟·国史部·恩奖》），体现出他对史学与政治关系的认识。唐代政治家、史学家杜佑指出："佑少常读书，而性且蒙固，不达术数之艺，不好章句之学。所纂《通典》，实采群言，征诸人事，将施有政。"（《通典·自序》）明确表示出其撰写《通典》的经世致用目的。司马光在《进〈资治通鉴〉表》中指出，撰写《资治通鉴》是为了"鉴前世之兴衰，考当今之得失，嘉善矜恶，取是舍非，足以懋稽古之盛德，跻无前之至治"②，也体现出鲜明的以古鉴今之目的。顾炎武在注重史料考证的同时，反对宋明诸儒的空谈心性，以"引古筹今""经世致用"为自己的研究宗旨③，强调他治学是为了"明经术、正人心、拨乱世、以兴太平之事"（《日知录·自序》）。古代求真与致用相结合的史学传统有力地推动了中国史学发展，对近代史学家产生了深远影响。

3. 惠民富民的经济思想

惠民富民思想是中国古代优秀传统思想之一。古代思想家提出了"富民""裕民""丰民""保民""康民""殷民""养民"等诸多概念④。孔子提出先富后教的思想，是富民思想的真正首倡者⑤。荀子指出："下贫则上贫，下富则上富"（《荀子·富国》），"故王者富民，霸者富士，仅存之国富大夫，亡国富

① 邹贤俊主编：《中国古代史学史纲》，华中师范大学出版社1989年版，第356页。

② 何根海、汪高鑫编著：《中国古代史学思想史》，合肥工业大学出版社2004年版，第151页。

③ 高国抗：《中国古代史学史概要》，广东高等教育出版社1985年版，第375页。

④ 蔡一：《中国古代经济思想教程》，高等教育出版社1989年版，第29页。

⑤ 陶一桃：《中国古代经济思想评述》，中国经济出版社2000年版，第156页。

筐箧，实府库。筐箧已富，府库已实，而百姓贫，夫是之谓上溢而下漏"（《荀子·王制》）。主张国家财政收入的增加要建立在百姓富裕的基础上，认为"上满下空"必然会遭到人民的反抗[①]。汉代贾谊认为，民薄则王朝难以持久，提出"蓄民以厚""富安天下"的思想，认为"粟之在仓与其在民"是一样的，"私积和公积为一体也"（《贾谊集·春秋》）。唐代陆贽则强调薄税敛的重要性，指出"财者，人之心也"（《陆宣公集》卷十一），即只有人民保住自己的财富，统治者才能赢得人心。宋代李觏认为，对物质利益的欲望是人之常情，提出："民不富，仓廪不实，衣食不足，而欲教以礼节，使之趋荣而避辱，学者皆知其难也。"（《李觏集·国用第十六》）。明代邱浚认为："理财者，乃为民而理，理民之财尔……是故善于富国者，必先理民之财，而为国理财者次之。"（《大学衍义补·总论理财之道》）"民之富，即君之富。""民既贫矣，君孰与守其富哉？"（《大学衍义补·贡赋之常》）明末清初思想家唐甄也指出："夫富在编户，不在府库，若编户空虚，虽府库之财积如丘山，实为贫国，不可以为国矣。"（《潜书·存言》）即富国要以富民为内容[②]。虽然这些惠民富民思想大多是为了更好地维护统治阶级的统治地位，但在一定程度上推动了社会的经济发展，相对减轻了贫苦大众的负担，起到了一定的积极作用。

4."为政以德"的政治思想

"德治"是儒家最具特色的基本政治理念和原则，在中国传统政治思想中占据重要地位。孔子指出："上好礼，则民莫敢不敬；上好义，则民莫敢不服；上好信，则民莫敢不用情。""其身正，不令而行；其身不正，虽令不从。"（《论语·子路》）"为政以德，譬如北辰，居其所而众星拱之。"（《论语·为政》）在孔子看来，统治者自己首先把该做的事情做好了，自己率先遵守各种礼制和道德规范，人民自然心悦诚服。同时，他主张对人民实行德治，认为："道之以政，齐之以刑，民免而无耻；道之以德，齐之以礼，有耻且格。"（《论语·为政》）他并不完全反对刑罚，其反对的是刑罚不公正、不得当。董仲舒则认为："王者承天意以从事，故任德教而不任刑。刑者不可任以治世，犹阴之不可任以成岁也。"（《汉书·董仲舒传》）董仲舒也并不是全盘反对刑罚，而

---

① 叶世昌：《古代中国经济思想史》，复旦大学出版社 2003 年版，第 103 页。

② 叶世昌：《古代中国经济思想史》，复旦大学出版社 2003 年版，第 406 页。

是认为统治者以教化和刑罚两种手段治国，如同一年有春夏秋冬四季一样，是理所当然的，不能专任刑罚①。而朱熹所强调的"政者，为治之具；刑者，辅治之法"（《四书集注·论语集注》）再次反映出儒家"德主刑辅"的观点。这些思想和观点对历史上的吏治整顿和政治稳定起到了积极作用。

除以上学科之外，中国古代思想家在其他学科也提出了一系列具有开创性的观点，对中国乃至世界学术产生了深远影响。正如习近平总书记指出："中国古代大量鸿篇巨制中包含着丰富的哲学社会科学内容⋯⋯为人类文明作出了重大贡献。"②

（二）西方哲学社会科学话语的引进和近代学科分类体系的形成

中华优秀传统文化虽然蕴含着丰富的哲学社会科学内容，但现代意义上的哲学社会科学在中国传统学术语境中是舶来品，具有明显的"移植"特征。在中国传统学术分类体系中，有经学、诸子学、心学、禅学、道学等名目，但却缺乏哲学、历史学、经济学、政治学、社会学等近代西方学科门类③。现代意义上的哲学社会科学是在西学东渐过程中引入中国的。

成规模的西学东渐始自明末，当时虽然有一些学者对西学产生了兴趣，但并未引起中国学术向近代转型。日本学者实藤惠秀指出："16世纪以来，传教士虽然不断引进近代西方文化，但是，当时的中国人却无接受之意。传教士煞费苦心用汉文写成的东西，大多数中国人亦不加理睬。"④鸦片战争后，这一情况发生了明显改变。在炮火的掩护下，传教士、外国商人、外交官、受聘于中国机构的外籍雇员等渐次进入中国并深入内地。一些知识分子逐渐意识到自身学术的落后和国家面临的危机，开始接受西方学术思想，西学东渐遂逐渐成为一股强大潮流，对中国哲学社会科学发展产生了深刻影响⑤。尤其是甲午中日战

---

① 朱日耀主编：《中国古代政治思想史》，吉林大学出版社1988年版，第200页。

② 习近平：《在哲学社会科学工作座谈会上的讲话》，人民出版社2016年版，第5页。

③ 左玉河：《晚清"古学复兴"：中国旧学纳入近代新知体系之尝试》，《史学月刊》2004年第9期。

④ ［日］实藤惠秀：《中国人留学日本史》，谭汝谦、林启彦译，生活·读书·新知三联书店1983年版，第4页。

⑤ 邹小站：《西学东渐：迎拒与选择》，四川人民出版社2008年版，第2页。

争的失败给予国人极大刺激，北洋水师全军覆没，《马关条约》更是丧权辱国，知识分子进一步意识到自身的落后。正如梁启超所说："自甲午以前，吾国民不自知国之危也。不知国危则方且岸然自大，偃然高卧。"[1] 吴玉章曾回忆说："这真是空前未有的亡国条约！它使全中国都为之震动。从前我国还只是被西方大国打败过，现在竟然被东方的小国打败了，而且失败得那样惨，条约又订得那样苛刻，这是多么大的耻辱啊！"[2]

有学者认为，"甲午战争是中国学术文化和思想的一个转折点……人们对于旧学价值及其命运的根本怀疑，是从中国彻底战败给日本的甲午战争开始的"[3]。面对亡国灭种的危险，国人尤其是知识分子不得不重新审视强大的敌人，力图为国家寻找新的出路。大批有志之士知耻而后勇，思考和探究为何人口和经济体量都远远小于中国的日本能异军突起战胜中国，于是形成了出国留学日本的热潮。1896 年旧历三月底，清政府首次派遣学生 13 人抵达日本。此后，中国留日学生人数呈直线上升之势，1899 年增至 200 人，1902 年达四五百人，1903 年有 1000 人，1906 年约有 8000 人[4]。有人形容当时的情形："学子互相约集，一声'向右转'，齐步辞别国内学堂，买舟东去，不远千里，北自天津，南自上海，如潮涌来。每遇赴日便船，必制先机抢搭，船船满座……总之分秒必争，务求早日抵达东京，此乃热中留学之实情也。"[5]

留日知识分子为了救亡图存，开始翻译和介绍日文哲学社会科学著作，这方面的译本多达 374 种[6]，开辟了近代哲学社会科学话语传入中国的重要渠道。在日文著作译介过程中，一些源自西方的哲学社会科学词汇也逐渐被引入中国

---

[1] 哀时客：《尊皇论》，《清议报》1899 年第 9 期。

[2] 《吴玉章文集》下卷，重庆出版社 1987 年版，第 955 页。

[3] 王先明：《近代新学：中国传统学术文化的嬗变与重构》，商务印书馆 2000 年版，第 128—129 页。

[4] ［日］实藤惠秀：《中国人留学日本史》，谭汝谦、林启彦译，生活·读书·新知三联书店 1983 年版，第 1 页。

[5] ［日］实藤惠秀：《中国人留学日本史》，谭汝谦、林启彦译，生活·读书·新知三联书店 1983 年版，第 37 页。

[6] ［日］实藤惠秀：《中国人留学日本史》，谭汝谦、林启彦译，生活·读书·新知三联书店 1983 年版，第 246 页。

哲学社会科学研究中。1904 年，诸宗元在《译书经眼录·序例》中阐述了日本对于中国学术话语的影响："则以光绪甲午我国与日本构衅，明年和议成，留学者咸趋其国，且其国文字移译较他国文字为便，于是日本文字之译本，遂充斥予市肆，推行于学校。几使一时之学术，浸成风尚，而我国文体，亦遂因之稍稍变矣。"[①]1915 年，彭文祖撰写了《盲人瞎马之新名词》一书，批评当时国人过度使用日本词汇，提到了"经济""权利""权力""义务""宗旨""抽象的""具体的""要素""法人""文凭"等很多"新名词"[②]，从侧面反映出当时源自日本的词汇对中国学术话语的影响。有外国学者认为："几千年来，中国语言就如中国文化一样不间断地独立发展着，很少受外来影响⋯⋯到了近代西方文明与文化大量侵入后，中国人才第一次感到有必要为他们的语言补充新词汇，以借助它们去理解和掌握那些来自西方自然科学、技术、经济、政治和社会科学领域的思想和概念。"[③]尤其是从日本引入的新名词和新概念，"逐渐改变了旧的思考范畴⋯⋯几乎重新规范了中国人对于社会、政治的看法，也广泛影响学术研究"[④]。

此外，值得注意的是，从京师同文馆、江南机器制造总局翻译馆及其他翻译机构出版之书目来看，19 世纪 50—80 年代翻译的西方书籍，以应用科学、工程技术方面所占的比重最大（包括工艺、兵学、船政、工程、矿学等），其次则是所谓的"格致诸学"，而历史、政治、法律等社会科学类图书则相对较少[⑤]。即甲午中日战争以前国人所理解的西学，主要是以工艺制造为主的"洋务

① 诸宗元：《译书经眼录·序例》，转引自［德］李博：《汉语中的马克思主义术语的起源与作用：从词汇－概念角度看日本和中国对马克思主义的接受》，赵倩、王草、葛平竹译，中国社会科学出版社 2003 年版，第 71 页。

② ［日］实藤惠秀：《中国人留学日本史》，谭汝谦、林启彦译，生活·读书·新知三联书店 1983 年版，第 301—302 页。

③ ［德］李博：《汉语中的马克思主义术语的起源与作用：从词汇－概念角度看日本和中国对马克思主义的接受》，赵倩、王草、葛平竹译，中国社会科学出版社 2003 年版，第 3—4 页。

④ 王汎森：《中国近代思想与学术的系谱》，上海三联书店 2018 年版，第 211 页。

⑤ 左玉河：《从四部之学到七科之学：学术分科与近代中国知识系统之创建》，上海书店出版社 2004 年版，第 131 页。

之学"和以自然科学为主的"格致诸学"。而中国在甲午中日战争中战败，进步知识分子逐渐意识到，中国儒家传统学术和政治制度已不能适应时代发展要求，学习西方制度势在必行，且"格致难学，而政治易学"[1]。此后国人所理解的西学，主要是以西方社会科学为主的"西政"。据谭汝谦主编的《中国译日本书综合目录》统计，在1896—1911年的中译日书中，自然科学书籍仅83种，应用科学书籍89种，而社会科学书籍高达366种，史地书籍为175种[2]。

在西方哲学社会科学话语大规模涌入的情况下，一些学者主张用西方近代学科分类体系来分割和重新整理古代学术，即抛弃原来以"六艺"为核心、以"四部"框架之分类体系，转而按照哲学、历史学、文学、政治学、法学、经济学、社会学等近代学科分类体系来分割和重新归类[3]。随着甲午中日战争后对西方哲学社会科学从内容到形式的引进，传统儒学逐渐衰落，中国哲学社会科学各学科开始逐步形成。有学者认为："中国传统学术思潮的没落，既是中国文化的不幸，同时也为中国现代学术思潮特别是中国马克思主义的出世和兴盛创造了条件。"[4]

（三）第一次世界大战后国人对东西方文明的重新审视

19世纪末，随着西方哲学社会科学话语的传入，人们主张用新学反对旧学、用西学反对中学，传统学术在人们心目中的地位已江河日下。但20世纪初，"爱祖国之文明"的呼声却日渐高涨。人们指出，长期地贬斥传统文化，已造成国人妄自菲薄、自失信心，以至于"今日之中国使自知其病犹易，使自知其自身之可爱则更难"[5]。1905年年初，邓实等人在上海成立国学保存会，以"研究国学，保存国粹"为宗旨，开办国学讲习会，印行《国学教科书》《国粹丛书》等。1906年后，章太炎以民报社为据点，也在东京开办国学讲习会，成

---

① 邹小站：《西学东渐：迎拒与选择》，四川人民出版社2008年版，第409页。

② 左玉河：《西学移植与中国现代学术门类的初建》，《史学月刊》2001年第4期。

③ 左玉河：《晚清"古学复兴"：中国旧学纳入近代新知体系之尝试》，《史学月刊》2004年第9期。

④ 方松华、陈祥勤、姜佑福：《中国马克思主义学术史纲》，学林出版社2011年版，第5页。

⑤ 《国魂篇》，《浙江潮》1903年第1期。

立国学振起社。20世纪初，倡导重新认识传统学术的原动力并非顽固的封建士大夫，而恰恰是新型知识分子，特别是留学生。这种心理趋向绝不是简单的复古倒退的表现，而是反映出人们对中西文明的反思①。尤其是随着第一次世界大战的爆发，这种反思进一步深入。

1914—1918年，第一次世界大战历时四年多，是人类历史上的空前浩劫。战后的欧洲一片萧条，阶级矛盾日益尖锐。战争结束前夕，德国青年教师斯宾格勒（Oswald Spengler）出版了《西方的没落》一书，集中体现了西方人对自身文化的反思和失望。西方文化面临的危机不可避免地影响了当时对学习西方文化充满热情的中国人。早在"一战"正在进行的1916年，杜亚泉就在《静的文明与动的文明》一文中指出："西洋诸国，日以其科学发明之利器戕杀其同类，悲惨剧烈之状态，不但为吾国历史之所无，亦且为世界从来所未有。吾人对于向所羡慕之西洋文明，已不胜其怀疑之意见。"②梁启超则在《欧游心影录》中描绘了战后欧洲哀鸿遍野的情形，指出西方"科学万能"的迷梦已告破产。

1920年年底，梁漱溟推出了自己的成名作《东西文化及其哲学》，提出了世界文化发展的"三种路向"，并断言现今世界文化正折入第二路向，趋于"中国化"。他相信，中国文化的复兴意味着世界文化的"中国化"。这种说法虽然强调了文化的民族性和继承性，忽视了文化的时代性，有失偏颇，受到了时人的批评，但它否定了五四时期部分学者"全盘西化"的观点，承认世界文化的多元性，在此意义上有一定积极作用。

随着"西方的没落""东方文明的复活""中国化"等话语符号纷纷出现，"西方中心"论已经动摇。而战后巴黎和会的结果，更使得有识之士抛弃了对西方的幻想。"一战"刚结束时，中国很多知识分子对即将召开的巴黎和会抱有希望，认为这次战争是"公理战胜强权"，"将来的世界上，弱小国可以出头了"③。但操纵会议的英、法、美三个资本主义大国却拒绝了中国的合理议案，

---

① 郑师渠：《思潮与学派——中国近代思想文化研究》，北京师范大学出版社2005年版，第29—30页。

② 伧父：《静的文明与动的文明》，《东方杂志》1916年第13卷第10期。

③ 寄生：《去兵后之"内乱外患"问题》，《每周评论》1919年第3期。

规定由日本继承德国在山东的一切利益。消息传来，举国愤怒，这暴露了西方资本主义的贪婪本质，也使得中国人在内心深处对西方的掠夺性愈发痛恨。传统学术已不能满足救亡图存的需要，西方文化与学术的弊端也在日渐显露，国人陷入迷茫之中。而此时马克思主义在中国的早期传播，为国人走出迷茫、为哲学社会科学话语的重塑提供了契机。

二、契机：马克思主义在中国的早期传播

19 世纪末 20 世纪初，马克思主义理论传入中国。各派学者出于自身政治目的，有选择性地对这一理论的相关著作进行了编译与传播。传播主体除了早期共产主义者之外，还有资产阶级改良派、资产阶级革命派和无政府主义者。

（一）资产阶级改良派对马克思主义的传播

早在 1899 年，英国传教士李提摩太翻译、蔡尔康撰文，将英国学者颉德的《社会进化论》译为《大同学》，并将其第一章"今世景象"发表在《万国公报》第 121 期上，称"其以百工领袖著名者，英人马克思也"[①]。虽然误认马克思为英国人，但让其名字首次出现在了中国的报刊上。

资产阶级改良派中首先提及马克思名字的是梁启超。1902 年，他将马克思译作"麦喀士"，并称其为"社会主义之泰斗"[②]。1903 年，他在《二十世纪之巨灵托辣斯》中将帝国主义和社会主义加以比较："夫帝国主义也，社会主义也，一则为政府当道之所凭藉，一则为劳动贫民之所持执，其性质本绝相反也。"[③]1904 年，他又将社会主义之要义概括为"土地归公、资本归公，专以劳力为百物价值之原泉"[④]，并认为"此等言论……吾中国固夙有之"[⑤]，将社会主义纳入传统文化，与古代井田制混为一谈。此外，如前文所述，中国在甲午中

---

① ［英］李提摩太译，蔡尔康纂述：《大同学》第一章"今世景象"，《万国公报》1899 年第 121 期。

② 中国之新民：《进化论革命者颉德之学说》，《新民丛报》1902 年第 18 期。

③ 中国之新民：《二十世纪之巨灵托辣斯》，《新民丛报》1903 年汇编。

④ 饮冰：《中国之社会主义》，《新民丛报》1903 年第 46—48 期（1904 年 2 月 14 日，农历腊月二十九）。

⑤ 饮冰：《中国之社会主义》，《新民丛报》1903 年第 46—48 期（1904 年 2 月 14 日，农历腊月二十九）。

日战争后，形成了留学日本的热潮。据统计，仅在 1900—1906 年间，留日的中国学生翻译的日文社会主义著作就有 20 种左右，而这些留日学生大多是资产阶级改良派人物①。这些译著客观上为马克思主义在中国的传播提供了条件。但资产阶级改良派对社会主义的宣传是服务于其政治改良目的的，并不是要在中国真正实现科学社会主义。改良派创办的《新民丛报》曾直言不讳地指出，其并不是要马上在中国实行社会主义，而是要"立大同之基"，即"迫朝廷改专制政体而为立宪政体"②。这清晰地表明了改良派传播马克思主义的政治目的。与此同时，梁启超明确表示不赞同暴力革命，提出"当参以国家社会主义的精神，以预消将来社会革命之祸"，并主张"非必由人民暴动举行社会革命，乃可以达社会主义之目的"③。其鼓吹西方资产阶级改良主义学说的倾向显而易见。

（二）资产阶级革命派对马克思主义的传播

在改良派介绍社会主义的同时，中国早期的民主革命党人也在传播相关理论。1903 年，马君武指出，社会主义"发源于法兰西人圣西门、佛礼儿，中兴于法兰西人鲁意伯龙、布鲁东，极盛于德意志人拉沙勒、马克司"，并认为马克思是"以唯物论解历史学之人也"④。朱执信则在 1905—1906 年间发表了《德意志社会革命家小传》《论社会革命当与政治革命并行》等文章，对马克思、恩格斯的学说与贡献进行了介绍。他诠释了《共产党宣言》的十大纲领，指出"马尔克素欲以阶级争斗为手段"，救人民于苦难之中。"马尔克既草共产主义宣言，万国共产同盟会奉以为金科玉律。"⑤1906 年 9 月，廖仲恺将柏律氏的 *A Hand Book of Socialism* 之一节译为《社会主义史大纲》发表，概述了社会主义发展的五大时期，将其中第四时期称为"万国劳动者同盟时代"，认为"主此同盟者为麦喀氏"，这一时期"革命的社会主义遂如洪水时至，泛滥大陆"⑥。1911 年 8

---

① 尹树德：《文化视域下马克思主义在中国的早期传播与发展》，人民出版社 2013 年版，第 48、51 页。

② 《秘密结社之机关报纸》，《新民丛报》1903 年第 38—39 期。

③ 饮冰：《答某报第四号对于本报之驳论》，《新民丛报》1906 年第 4 卷第 7 期。

④ 君武：《社会主义与进化论比较》，《译书汇编》1903 年第 2 卷第 11 期。

⑤ 蛰伸：《德意志社会革命家小传》，《民报》1906 年第 2 期。

⑥ 渊实：《社会主义史大纲》，《民报》1906 年第 7 期。

月，宋教仁在《社会主义商榷》一文中阐述了对社会主义的认识，将当时中国流行的社会主义学说分为四种：社会民主主义、国家社会主义、共产主义、无治主义即所谓无政府主义，并认为，如果想真正实现社会主义，"则非力持无治主义或共产主义不为功，而社会民主主义与国家社会主义，皆非所宜尊崇者也"①。其明显把无政府主义和共产主义视为真正的社会主义，而把其他流派排除在外。孙中山也经常提及社会主义，并从 1905 年起就以"中国社会主义者"的身份出现②。1911 年，孙中山与江亢虎谈话，在提到社会主义时，孙中山表示，"余对此主义必竭力赞成之……所惜吾国人知其名者已鲜，解其意者尤稀"，并强调"余实完全社会主义家也"③。1912 年，辞去临时政府大总统职位的孙中山在南京同盟会会员饯别会上发表演说，认为中国应"一面图国家富强，一面当防资本家垄断之流弊"，而"此防弊之政策，无外社会主义"④。同年 10 月，孙中山应中国社会党的邀请发表演讲，肯定了《资本论》的重要意义，认为此书使"无条理之学说，遂成为有统系之学理"，令"研究社会主义者，咸知所本"⑤。此外，胡汉民节译了马克思主义经典著作中有关唯物史观的主要部分，驳斥了对唯物史观的曲解，认为唯物史观"就是以经济为中心的历史观……因为这个学说出，而社会学，经济学，历史学，社会主义，同时有绝大的改革，差不多划一个新纪元"⑥。

当然，资产阶级革命派并不赞同阶级斗争与无产阶级专政，他们对马克思主义的宣传主要是为了预防资本主义的弊端。孙中山认为，国与国的具体情况不同，所以实行社会主义"亦因之而有激烈和平之不同矣"，中国主张社会主义之学子应"斟酌国家社会之情形，而鼓吹一种和平完善之学理，以供政府之

---

① 渔父：《社会主义商榷》，《社会杂志》1911 年第 2 期。
② 胡为雄：《马克思主义哲学在中国传播与发展的百年历史》（上），百花洲文艺出版社 2015 年版，第 127 页。
③《大总统与社会党之谈话》，《社会杂志》1911 年第 4 期。
④ 克恭：《孙中山先生社会主义谈》，《新世界》1912 年第 4 期。
⑤ 孙中山：《社会主义之派别与方法——民国元年对中国社会党演讲词》，载胡汉民编：《总理全集》第二集，上海民智书局 1930 年版，第 101 页。
⑥ 胡汉民：《唯物史观批评之批评》，《建设》1919 年第 1 卷第 5 期。

采择"①。并明确提出，"中国今是患贫，不是患不均"，阶级斗争理论目前并不适用，因此，中国"今日师马克思之意则可，用马克思之法则不可"②。由此可见，面对欧美的"国强民困"，资产阶级革命派想"睹其祸害于未萌"，"举政治革命、社会革命毕其功于一役"③，以便缓和阶级矛盾，使资产阶级的统治更加稳固。

（三）无政府主义者对马克思主义的传播

1907 年 8 月，刘师培、张继等人组织我国留日学生成立了社会主义讲习会，成为我国首个致力于社会主义研究的团体④。刘师培之妻何震以"女子复权会"名义创办的《天义报》成为讲习会的机关报⑤。《天义报》刊登的《社会主义讲习会广告》指出："社会主义盛于西欧，蔓延于日本，而中国学者则鲜闻其说……故创设社会主义讲习会，以讨论此旨。"⑥刘师培在《天义报》上发表的文章曾多次提及社会主义。例如，他在《人类均力说》中谈道："今之言共产主义者，欲扫荡权力，不设政府，以田地为公共之物，以资本为社会之公产，使人人作工，人人劳动。"⑦他在《无政府主义之平等观》一文中指出："至于近世，学者嫉富民之压制，竞倡社会主义。"⑧《天义报》还陆续刊登了马克思主义经典著作的部分译文。例如：1908 年，《天义报》第 15 期译载了 1888 年恩格斯为《共产党宣言》英文版作的序言；1908 年，在第 16—19 期合刊上刊发了《共产党宣言》第一章和刘师培介绍《共产党宣言》写作经过的序；等等。此外，李石曾、吴稚晖、张静江在法国组织"世界社"，创办《新

---

① 孙中山：《社会主义之派别与方法——民国元年对中国社会党演讲词》，载胡汉民编：《总理全集》第二集，上海民智书局 1930 年版，第 105 页。

② 孟庆鹏编：《孙中山文集》上，团结出版社 1997 年版，第 268 页。

③ 孙文：《〈民报〉发刊词》，《民报》1905 年第 1 期。

④ 高军、王桧林、杨树标主编：《五四运动前马克思主义在中国的介绍与传播》，湖南人民出版社 1986 年版，第 8 页。

⑤ 李军林：《马克思主义在中国的早期传播及其话语体系的初步建构》，学习出版社 2013 年版，第 112 页。

⑥ 张继、刘光汉：《社会主义讲习会广告》，《天义报》1907 年第 2 期。

⑦ 申叔：《人类均力说》，《天义报》1907 年第 3 期。

⑧ 申叔：《无政府主义之平等观》，《天义报》1907 年第 7 期。

世纪》，客观上也传播了马克思主义。例如，李石曾认为："私产主义，利于少数资本家；共产主义，自然利于多数贫民。故共产主义之合于公道真理，不待明言。社会上事情，自然要从多数着想。"[①]

无政府主义者对马克思主义的理解是从自身政治立场出发的。他们对经典著作进行编译时，往往将自己的政治理念渗透其中，并非真正赞同马克思主义。认为马克思主义的国家理论使"共产之良法美意亦渐失其真，此马氏学说之弊也"[②]。社会主义讲习会第一次开会时就明确提出："吾辈之宗旨，不仅以实行社会主义为止，乃以无政府为目的者也。"[③]刘师培指出，社会主义"易为国家所利用……必致一切权利均为国家所垄断"，"若行无政府主义，则此弊无自而生"[④]。这体现出他们并没有从内心真正接受马克思主义。但其对马克思主义的介绍、对未来美好社会的描述，"激发起知识分子的浪漫主义热情和改造社会的冲动"[⑤]，客观上促进了进步知识分子从民主主义向社会主义的转变。

尽管当时资产阶级改良派、资产阶级革命派和无政府主义者动机不一，"往往在一定程度上对马克思主义进行了'意义扩大'或'意义减少'的解读"[⑥]，后来也没有长期坚持马克思主义，但他们客观上为马克思主义的早期传播作出了积极贡献，促进了广大民众对这一理论的认识，为这一理论在中国的广泛传播奠定了基础。

（四）早期共产主义者对马克思主义的传播

1915年9月，陈独秀在上海创办《青年杂志》（后改名为《新青年》），揭开了新文化运动的序幕。新文化运动高举民主与科学的大旗，对封建思想进行猛烈批判，逐渐打破了人们的思想禁锢。1916年，陈独秀在《吾人最后之觉悟》一文中指出："三纲之根本义，阶级制度是也。所谓名教，所谓礼

---

① 民：《驳时报"论中国今日不能提倡共产主义"》，《新世纪》1908年第72期。
② 林代昭、潘国华编：《马克思主义在中国——从影响的传入到传播》上，清华大学出版社1983年版，第265页。
③ 公权：《社会主义讲习会第一次开会记事》，《天义报》1907年第6期。
④ 申叔：《欧洲社会主义与无政府主义异同考》，《天义报》1907年第6期。
⑤ 顾昕：《无政府主义与中国马克思主义的起源》，《开放时代》1999年第2期。
⑥ 王刚：《马克思主义中国化的起源语境研究——20世纪30年代前马克思主义在中国的传播及中国化》，人民出版社2011年版，第177页。

教，皆以拥护此别尊卑明贵贱制度者也。"① 同年，他在《孔子之道与现代生活》中再次批判封建礼教，认为孔子提倡的道德是封建时代的道德，而"封建时代之道德，礼教，生活政治，所心营目注，其范围不越少数君主贵族之权利与名誉，于多数国民之幸福无与焉"②。新文化运动给予封建伦理道德以前所未有的打击，在思想界引起了强烈反响，为中国进步知识分子接受和传播马克思主义创造了条件③。

十月革命后，苏俄政府先后两次发表对华宣言，将之前在中国取得的密约与特权废止，在一定程度上增强了国人对马克思主义的认同。如果说第一次世界大战为国人提供了反面教材，那十月革命则为国人提供了正面教材，形成了鲜明对比。在十月革命后的短短两年内，介绍马克思学说的著述骤然增多了④。李大钊、陈独秀、李达等进步知识分子对这一革命予以高度关注，迅速转变为具有初步共产主义思想的知识分子。他们在报纸、杂志上撰文宣传十月革命，推动了马克思主义在中国的传播。例如，1918 年 7 月，李大钊对法俄两国革命进行比较，认为"前者根于国家主义，后者倾于世界主义；前者恒为战争之泉源，后者足为和平之曙光"⑤。1918 年 10 月，他在《BOLSHEVISM 的胜利》一文中热情歌颂了十月革命，并高呼："试看将来的环球，必是赤旗的世界！"⑥

马克思主义的早期传播使学术界初步了解了这一科学理论，为进步知识分子运用这一理论研究哲学社会科学准备了条件，也为党领导构建中国马克思主义哲学社会科学话语体系提供了契机。

三、分歧：三大文化思潮及其学术主张

新民主主义革命时期，除马克思主义外，自由主义、文化保守主义等文化

---

① 陈独秀：《吾人最后之觉悟》，《青年杂志》1916 年第 1 卷第 6 期。

② 陈独秀：《孔子之道与现代生活》，《新青年》1916 年第 2 卷第 4 期。

③ 贾兴权：《陈独秀传》，山东人民出版社 1998 年版，第 119 页。

④ 中共中央马克思恩格斯列宁斯大林著作编译局马恩室编：《马克思恩格斯著作在中国的传播》，人民出版社 1983 年版，第 249 页。

⑤ 李大钊：《法俄革命之比较观》，载杨琥编：《中国近代思想家文库·李大钊卷》，中国人民大学出版社 2014 年版，第 223 页。

⑥ 李大钊：《BOLSHEVISM 的胜利》，《新青年》1918 年第 5 卷第 5 期。

思潮也对哲学社会科学产生了深远影响。各派学者对中国哲学社会科学的发展有着不同的见解和主张，构成了党领导构建哲学社会科学话语体系的重要历史语境。

（一）自由主义派的西化主张

自由主义文化思潮是指19世纪末20世纪初以来，在民族危机下，一些深谙西方文化或直接留学海外的知识精英，把西方的进化论哲学、自然科学精神、个人自由和民主制度等多种多样的西方观念介绍到中国，并用这些观念来批判传统文化，主张中国学习西方，实现中国的政治民主、经济自由和文化现代化[①]。

近代中国，首次全面介绍西方自由主义思想的当数严复。1895年，他在天津《直报》上发表了《原强》《救亡决论》等文章，指出中国必须向西方学习近代思想文化，并从文化角度分析了中西方的异同，认为两者差距的根源在于"自由不自由异耳"[②]，即将中西方的差异归结为自由的差异。他在认真比较中西文化之不同特点的基础上，"得出了中国文化无论是科学技术，还是政治制度，无论是学术思想，还是思维方式都不如西方文化的结论"[③]。因此，在严复看来，中国文化的出路只能是向西方学习。他于1898年将赫胥黎的《进化论与伦理学》翻译为《天演论》出版，将"物竞天择、适者生存"的进化论思想引入中国，使中国人的思想观念发生了重大变化。之后，又将《原富》（亚当·斯密）、《群学肄言》（斯宾塞）、《群己权界论》（约翰·穆勒）、《社会通诠》（甄克斯）、《法意》（孟德斯鸠）、《名学》（约翰·穆勒）、《名学浅说》（耶芳斯）译为中文出版，与《天演论》合称为"严译八大名著"，对于近代思想启蒙起到了重要作用。严复介绍的西学内容非常广泛，但其中贯穿着一条主线，即以英国经验论哲学为背景的西方自由主义思想[④]。有学者认为，虽然20

---

① 方光华：《中国百年文化思潮》，陕西人民出版社2014年版，第209页。

② 严复：《论世变之亟》，载胡伟希选注：《论世变之亟——严复集》，辽宁人民出版社1994年版，第3页。

③ 郑大华：《梁漱溟与胡适——文化保守主义与西化思潮的比较》，中华书局1994年版，第20页。

④ 胡伟希选注：《论世变之亟——严复集》，辽宁人民出版社1994年版，编序第4页。

世纪很多学者从西方引介了种种自由主义理论，"但无一能绕过严复的思想"，因此，"严复堪称为中国自由主义之父"[①]。

新文化运动后，胡适成为自由主义的旗手。他大力宣传健全的个人主义——易卜生主义，认为"社会最大的罪恶，莫过于摧折个人的个性，不使他自由发展"，而"发展个人的个性，须要有两个条件：第一，须使个人有自由意志；第二，须使个人担干系、负责任"[②]。进而指出："自治的社会，共和的国家，只是要个人有自由选择之权……若不如此，决不能造出自己独立的人格。社会国家没有自由独立的人格……决没有改良进步的希望。"[③] 对易卜生主义的提倡，清晰地阐释了自由个人主义的基本思想，起到了解放个人的作用[④]。此外，胡适批判封建礼教，相信西方文化已是"世界的文化"，提出"东方的文明的最大特色是知足，西洋的近代文明的最大特色是不知足……神圣的不知足是一切革新一切进化的动力"[⑤]，认为"我们必须承认我们自己百事不如人"[⑥]。陈序经则认为："凡是平心静气的人，总不能不承认中国文化，无论在那一方面，都比不上西洋文化……中国文化根本上既不若西洋文化之优美，而又不合于现代的环境与趋势，故不得不彻底与全盘西化。"[⑦] 他相信，"百分之一百的全盘西化，不但有可能性，而且是一个较为完善较少危险的文化的出路"[⑧]。可见，自由主义者的文化取向实质上是西化[⑨]，其学术思想和治学方法也大多来自西方。例如，胡适深受赫胥黎和杜威的影响：前者的怀疑

---

① 胡伟希：《中国自由主义之父——严复》，《甘肃社会科学》1994 年第 2 期。

② 胡适：《易卜生主义》，《新青年》1918 年第 4 卷第 6 期。

③ 胡适：《易卜生主义》，《新青年》1918 年第 4 卷第 6 期。

④ 方光华：《中国百年文化思潮》，陕西人民出版社 2014 年版，第 250 页。

⑤ 胡适：《我们对于西洋近代文明的态度》，《现代评论》1926 年第 4 卷第 83 期。

⑥ 姜义华编：《中国现代思想史资料简编》第三卷，浙江人民出版社 1983 年版，第 168 页。

⑦ 陈序经：《关于全盘西化答吴景超先生》，《独立评论》1935 年第 142 期。

⑧ 姜义华编：《中国现代思想史资料简编》第三卷，浙江人民出版社 1983 年版，第 643 页。

⑨ 郑师渠：《思潮与学派——中国近代思想文化研究》，北京师范大学出版社 2005 年版，第 54 页。

主义以及"拿证据来"口号，使其得以展开对中国传统思想文化的全面批判；后者的"思维五步法"，使其提出名扬天下的"大胆的假设，小心的求证"①。自由主义者意识到哲学社会科学的时代性，认为"各种民族都在那'生活本来的路'上走，不过因环境有难易，问题有缓急，所以走的路有迟速的不同，到的时候有先后的不同"②。在他们看来，东西方学术的差异仅在于发展的快慢不同，即先进与落后的差别，却在一定程度上忽视了哲学社会科学的民族性和西方文化的弊端。虽然他们对中国传统学术的部分内容也持有肯定态度，但总体来看，对于传统哲学社会科学思想的优点还是缺乏客观评价，不利于中国本土化哲学社会科学的构建。

（二）文化保守主义派的"中国立场"

如前文所述，鸦片战争后，中国传统学术已无法适应时代需要，而西方文化的弊端也在日渐显露。在这种形势下，文化保守主义的影响力日渐扩大。文化保守主义不同于顽固守旧派，他们从来不反对引进西方科技，他们反对的是科学至上、科学万能的科学主义，而非科学本身③。他们既坚守传统文化，又对其进行反思；既批评西方文化，又不反对向西方学习，提倡在以传统文化为主体的前提下，融汇西方文化，从而重构中国文化系统④。新民主主义革命时期，文化保守主义派学者在近代民族危机下写出了一部部弘扬传统文化的著作，在中国哲学社会科学领域留下了浓墨重彩的一笔。他们反对"西化论"，认为东西方社会有着不同的文化和历史，各自都是特殊的，应坚持中国文化的主体地位，具有强烈的"中国立场"。章士钊认为："凡欲前进，必先自立根基，旧者，根基也，不有旧，决不有新，不善于保旧，决不能迎新，不迎新之弊，止于不进化，不善于保旧之弊，则几于自杀。"⑤吴宓也指出："夫新旧乃对待之

---

① 陈平原：《中国现代学术之建立——以章太炎、胡适之为中心》，北京大学出版社 2010 年版，第 159 页。

② 胡适：《胡适谈读书》，百花洲文艺出版社 2016 年版，第 247 页。

③ 何晓明：《返本与开新——近代中国文化保守主义新论》，商务印书馆 2006 年版，第 6 页。

④ 郑大华：《中国文化保守主义研究的几个问题》，《天津社会科学》2005 年第 2 期。

⑤ 章士钊：《新时代之青年》，《东方杂志》1919 年第 16 卷第 11 期。

称，昨日为新，今日则旧。旧有之物，增之损之，修之琢之，改之补之，乃成新器。举凡典章文物，理论学术，均就已有者，层层改变递嬗而为新，未有无因而至者。故若不知旧物，则绝不能言新。"①

文化保守主义派另一位代表人物冯友兰则非常欣赏《诗经》中的一句话——"周虽旧邦，其命维新。"他认为，当时的中国就是旧邦而有新命，要努力"保持旧邦的同一性和个性，而又同时促进实现新命"②。文化保守主义派考虑的重点已经不仅仅是西方哲学社会科学如何"化入"中国情境的问题，而是中国哲学社会科学如何复兴的问题了。然而实际上，他们很难真正分清传统文化的精华与糟粕，多局限于"中体西用"模式。其对传统学术的扬弃和超越相对欠缺，在一定程度上忽视了哲学社会科学的时代性，"使中国传统文化中本该抛弃的一些糟粕以新的形态得以复活"③，并不能从根本上推动中国哲学社会科学的进步。

（三）马克思主义派的"中国化"主张

五四时期，马克思主义在中国广泛传播，李大钊、陈独秀、瞿秋白等人"迅速地放弃了原来的'西化'主张"④，开始运用唯物史观来分析文化问题。李大钊指出，"就道德与物质的关系论，只有适应，断无背驰"，因为"道德是精神现象的一种，精神现象是物质的反映……道德的要求是适应物质上社会的要求而成的"⑤。他认为经济基础发生变化，文化层面就要随之变化，要宣传马克思主义，提倡新文化，否定儒家思想的统治地位。与此同时，李大钊也意识到，马克思主义必须适应中国的环境。"我们只要把这个那个的主义，拿来作工具，用以为实际的运动，他会因时、因所、因事的性质情形，生一种适用环境的变化。"⑥提倡理论联系实际，实际上已初步具有了马克思主义中国化的

---

① 吴宓：《论新文化运动》，《学衡》1922 年第 4 期。

② 何晓明：《返本与开新——近代中国文化保守主义新论》，商务印书馆 2006 年版，第 239 页。

③ 周全华：《马克思主义中国化学术史》，广东人民出版社 2018 年版，第 190 页。

④ 郑大华：《梁漱溟与胡适——文化保守主义与西化思潮的比较》，中华书局 1994 年版，第 15 页。

⑤ 李大钊：《物质变动与道德变动》，《新潮》1919 年第 2 卷第 2 期。

⑥ 李大钊：《再论问题与主义》，《太平洋》1919 年第 2 卷第 1 期。

思想。陈独秀也强调马克思主义在中国的实际运用，认为这一理论有"两大精神"，即"实际研究的精神"和"实际活动的精神"，要"以马克思实际研究的精神研究社会上各种情形"①。瞿秋白则明确提出，社会科学的研究"本是为解释现实的社会现状，解决现实的社会问题，分析现实的社会运动"②。由此可见，马克思主义指导下的哲学社会科学，其主要任务已经不是去验证一些关于社会事实的普遍性命题，而是解释和解决具体而复杂的中国现实问题，因而必然要求哲学社会科学与中国实际相结合。

从五四时期对马克思主义的大力传播，到"中国社会性质论战"中以这一理论来统领中国哲学社会科学研究，再到对"马克思主义中国化"命题加以论证，马克思主义派学者的"中国化"主张日渐清晰并最终确立。其不仅停留在马克思主义与中国实际相结合的"工具理性"层面，更是发展到了马克思主义与中国文化相结合的"价值理性"层面。1939—1940年间，中国共产党在延安、重庆等地发起了学术中国化运动。强调反对学术上的教条主义，提倡既吸收外来的学术文化又不照搬，既重视本民族的优秀文化遗产又不复古，坚持哲学社会科学民族性与时代性的统一。有学者认为，正是在与其他派别相互争鸣中，马克思主义"最后成为20世纪中国学术思潮的主潮"③。相比自由主义派和文化保守主义派，马克思主义派的"中国化"主张更符合中国实际情况和学术发展规律，且汲取了前两派包含的合理因素，代表着中国哲学社会科学话语体系的前进方向。

四、选择：马克思主义自身科学智慧和理论力量的感召

在不同的学术主张中，历史最终选择了马克思主义。在中国共产党的领导下，艾思奇、翦伯赞、范文澜、吕振羽等马克思主义派学者以辩证唯物主义和历史唯物主义为指导，推动了新哲学、新史学等学科的发展，逐步构建起马

---

① 陈独秀：《马克思的两大精神》，载任建树主编：《陈独秀著作选编》第二卷，上海人民出版社2009年版，第453—454页。
② 瞿秋白：《〈新青年〉之新宣言》，《新青年》（季刊）1923年第1期。
③ 方松华、陈祥勤、姜佑福：《中国马克思主义学术史纲》，学林出版社2011年版，第17页。

克思主义哲学社会科学话语体系，从学理层面深刻论证了中共革命话语的合理性，成为当代中国特色哲学社会科学话语体系的重要源泉。这一历史的选择离不开各种外在因素，但其最根本的内在原因还在于马克思主义自身科学智慧和理论力量的感召。

（一）马克思主义揭示了人类社会发展的基本规律

马克思主义在扬弃人类文明优秀成果的基础上，揭示了人类社会发展的基本规律。恩格斯指出，马克思"发现了现代资本主义生产方式和它所产生的资产阶级社会的特殊的运动规律……而先前无论资产阶级经济学家或者社会主义批评家所做的一切研究都只是在黑暗中摸索"[①]。唯物史观指明了人类历史的发展方向，唯物辩证法则为人类认识世界和改造世界提供了科学方法，对于哲学社会科学的发展具有重大意义。成立于1930年的中国社会科学家联盟（以下简称"社联"）在其纲领中明确提出，"马克思主义已经证明是贯通社会科学与自然科学思想的唯一正确的基础"，要"以马克思主义的观点，分析中国及国际的政治经济，促进中国革命"[②]。杨松则指出："马列主义本身是科学的真理……它之为科学是像生物学家达尔文的学说，物理学家牛顿的学说，天文学家克皮尔尼克的学说等等一样的。"[③]

可见，新民主主义革命时期的进步学者已经初步意识到马克思主义的科学性对于哲学社会科学发展的重大意义。马克思主义对人类社会发展基本规律的揭示正是其能够从众多思想体系中胜出，最终成为党领导构建哲学社会科学话语体系的指导思想的重要内在原因之一。

（二）马克思主义与中华优秀传统文化相契合

马克思主义和中华优秀传统文化都具有开放性和包容性。马克思主义的创立汲取了19世纪人类最优秀的科技文化成果，传统文化在发展过程中也大量吸收了来自佛教、各少数民族文化和部分国外文化的内容。这种开放包容的品质为这一理论与传统文化的融合提供了可能。一种外来学说能不能在本土生根

---

① 中共中央马克思恩格斯列宁斯大林著作编译局编译：《马克思恩格斯文集》第三卷，人民出版社2009年版，第601页。

② 《中国社会科学家联盟底成立及其纲领》，《新思想月刊》1930年第7期。

③ 杨松：《关于马列主义中国化的问题》，《中国文化》1940年第1卷第5期。

发芽、得到发展，除了这种学说自身的科学性之外，还得看它和本土文化之间有无契合点。马克思主义在社会理想、辩证思维等方面，与传统文化均具有高度契合性。

社会理想方面，马克思主义洞悉人类社会发展趋势，提出了物质财富极大丰富、人民精神境界极大提高的共产主义社会伟大理想。而在中华优秀传统文化中，对平等、和谐社会的向往始终没有间断过。《礼记》中对"小康""大同"的描述影响深远，历代农民起义几乎都提出过与之类似的口号。如宋代农民起义领袖钟相、杨幺提出的"等贵贱、均贫富"，洪秀全提出的"无处不均匀、无人不饱暖"等①。虽然"大同社会"只是基于道义的追求，与建立在唯物史观、剩余价值学说基础上的共产主义理想并不相同，但二者对美好社会的向往、对幸福生活的渴望是有契合之处的。有学者指出，儒家的大同理想降低了中国进步知识分子理解科学社会主义的难度，"奠定了他们接受科学社会主义的心理基础"②。

人道主义方面，马克思主义和中国传统儒家学说都蕴含着人道主义精神。马克思的人道主义源自近代启蒙主义，儒家人道主义是农业文化的产物，二者有着本质上的不同。但马克思主义和儒家学说都是共同体主义（或群体主义）的人道主义，都从人的共同体、人的关系入手理解人③。在儒家看来，个人是群体家庭中的个人，是某个家庭的父亲、丈夫、儿子等，反对把个人放在"家"之上，而"家"之上还有"国"这个更大的共同体。马克思主义则超越了"家"这种血缘共同体，认为个人是"社会群体"中的个人。虽然对共同体的理解不尽相同，但二者都认为人生的意义不在于个人，而在于群体④。儒家讲"舍生取义""家国天下"，马克思主义强调"无产阶级的运动是绝大多数人的，

① 陈方刘：《马克思主义与中国传统文化相结合研究》，上海人民出版社2014年版，第32页。

② 吴雁南等主编：《中国近代社会思潮（1840—1949）》第二卷，湖南教育出版社2011年版，第368页。

③ 刘志扬：《马克思主义与儒家文化：当代中国文化的传统与展望》，山东人民出版社2015年版，第123页。

④ 刘志扬：《马克思主义与儒家文化：当代中国文化的传统与展望》，山东人民出版社2015年版，第125页。

为绝大多数人谋利益的独立的运动"[1]。二者在人道主义与集体主义相统一方面是有相通之处的。

辩证思想方面，毛泽东在《矛盾论》中指出："辩证法的宇宙观，不论在中国，在欧洲，在古代就产生了。"[2]《周易·系辞下传》中说："易穷则变，变则通，通则久。"即事物发展到达顶点之后，必将发生新的变化，变化才能使事物发展不受阻塞，才能不断发展。这种变化、发展的观点与唯物辩证法的发展观不谋而合。而中华优秀传统文化中的阴阳学说不仅说明对立的两个方面不能截然分开，而且指出，对立面的相互作用可以推动事物的变化发展。老子认为："万物负阴而抱阳，冲气以为和。"（《道德经》第四十二章）王夫之则指出："万殊之生，因乎二气；二气之合，行乎万殊。"（《张之正蒙注·太和篇》）李约瑟甚至提出："辩证唯物主义源于中国，由耶稣会士介绍到西欧，经过马克思主义者们的一番科学化后，又回到中国。"[3]无论这一结论是否科学，马克思主义在社会理想、人道主义、辩证思想等多方面的确与中华优秀传统文化的基本精神是相通的。而中华优秀传统文化又是中国哲学社会科学的根脉所在，这也为后来马克思主义哲学社会科学话语体系植根于本土实践提供了可能。

（三）马克思主义是完成中国革命任务的必然选择

"哲学家们只是用不同的方式解释世界，问题在于改变世界。"[4]哲学社会科学对世界的认识不是脱离实际的，如前文所述，"是为解释现实的社会现状，解决现实的社会问题，分析现实的社会运动"[5]。每个时代都有要面对和解决的现实问题，在灾难深重的民族危机面前，实现民族独立和人民解放需要发挥哲学社会科学的思想先导作用。哲学社会科学话语体系必须要适应革命形势，助力完成革命任务。1930年，"社联"在其纲领中指出："革命的马克

---

① 中共中央马克思恩格斯列宁斯大林著作编译局编译：《马克思恩格斯选集》第一卷，人民出版社2012年，第411页。

② 《毛泽东选集》第一卷，人民出版社1991年版，第303页。

③ 薛学共：《中国传统文化与马克思主义中国化》，湖南师范大学出版社2010年版，第290页。

④ 中共中央马克思恩格斯列宁斯大林著作编译局编译：《马克思恩格斯选集》第一卷，人民出版社2012年，第136页。

⑤ 瞿秋白：《〈新青年〉之新宣言》，《新青年》季刊1923年第1期。

思主义者，决不是限于理论的研究，无疑地应该努力参加中国无产阶级解放运动的实际斗争。"[1]

马克思主义产生于资本主义迅速发展、社会矛盾不断激化的欧洲。它洞悉人类社会发展规律，号召无产阶级用革命的形式改变不合理的社会制度；勾勒出未来社会的美好蓝图，并强调这一蓝图"只有用暴力推翻全部现存的社会制度才能达到"[2]。"要革命，就需要革命的学说；要反帝，就需要反帝的武器。马克思主义正是这样一种学说和武器。"[3] 这一理论的革命性符合正处于帝国主义和封建主义统治下的中国的实际需要，对于哲学社会科学更好地服务于救亡图存的历史使命具有重大意义。面对日本帝国主义将其军国主义"皇道"与中国封建糟粕相融合，从而以复古、盲从和迷信来磨灭中国人抗争精神的企图，面对国民党以"党化教育"对哲学社会科学的限制和渗透，构建以马克思主义为指导的哲学社会科学话语体系，以学术话语论证革命话语的合理性和科学性，成为党领导中国革命的必然选择。

---

[1]《中国社会科学家联盟底成立及其纲领》，《新思想月刊》1930 年第 7 期。

[2] 中共中央马克思恩格斯列宁斯大林著作编译局编译：《马克思恩格斯选集》第一卷，人民出版社 2012 年版，第 435 页。

[3] 彭明、程歗主编：《近代中国的思想历程（1840—1949）》，中国人民大学出版社 1999 年版，第 459 页。

第二章　党领导构建哲学社会科学
话语体系的基本历程 ①

任何一种学术话语体系的构建都不是一蹴而就的，都要经历一个逐步成熟的过程。新民主主义革命时期，马克思主义广泛传播，并逐步适应中国文化。在党的领导下，进步知识分子译介了大量马克思主义经典著作，将学术研究与政治斗争紧密结合，经过话语引入、话语重塑与话语转换等系列过程，构建起马克思主义哲学社会科学话语体系，并将其植根于中国实践，赋予其中国特色。

一、话语引入（1921—1927）：马克思主义在中国哲学社会科学领域的早期运用

如前文所述，从 19 世纪末到五四运动前，除早期共产主义者之外，资产阶级改良派、革命派和无政府主义者也为马克思主义在中国的早期传播作出了重要贡献。但这一时期的传播多限于零星介绍，且出于各自的政治目的，他们的译介并不十分准确，"既有误解，也有歪曲，甚至有的还持批判态度"②。从五四运动前后开始，尤其是中国共产党成立后，这一理论的传播有了组织性和较为清晰的目的。该时期相关著作在中国的编译出现了第一个高潮，很多报刊文章对马克思主义经典著作进行了摘译，部分著作如《共产党宣言》出现了多

① 本章部分内容已发表在《马克思主义研究》2020 年第 3 期（题目：《马克思主义哲学社会科学话语体系的初步构建（1919—1949）》）。

② 周子东等编著：《民主革命时期马克思主义在上海的传播（1898—1949）》，上海社会科学院出版社 1994 年版，第 34 页。

个版本的摘译本和首个全译本，为国人深入理解马克思主义提供了条件。随着马克思主义的广泛传播，进步知识分子开始意识到这一科学理论对于学术研究的重大意义，马克思主义逐渐被引入中国哲学社会科学研究中。

（一）马克思主义经典著作编译与"创造性阐释"

有学者认为："由于中西文化系统很不相同，翻译是一件很不容易的事情，往往是'一名之立，旬日踌躇'。而这个过程，在一定意义上是一种再创造的过程。"①翻译在将他国语言转换为本国语言时，要顾及本国的文化环境、表述习俗等，有些内容如果生硬地直译，只能导致译文晦涩难懂，从而无法有效传播。因此，很多情况下，早期马克思主义者对经典著作的翻译并不是完全直译，而是融入自己的理解，进行有选择性、创新性的翻译；并将来自国外的马克思主义话语与本土语言相融合，加入符合本土语境的古语和案例，有学者将之归纳为"创造性阐释"②。

例如，黄楠森等人认为，瞿秋白于1924年出版的《社会哲学概论》中，"唯物哲学与社会现象"这一部分"基本上是恩格斯《反杜林论》的摘译"。而其同年出版的《现代社会学》，"除第一章外，则几乎是布哈林《历史唯物主义理论》的转译"③。同时也承认，瞿秋白并不是简单地直译，而是"结合中国哲学史和中国当时思想界的斗争之处，所以读来并不感到隔膜"④。布哈林的《历史唯物主义理论》在阐释哲学原理时列举的是俄国的例子，瞿秋白在《现代社会学》中将其替换为符合中国文化环境的例子。为了说明"宇宙间一切都是动的"，他以人类为例，指出："人类自己亦是变迁的，中国人的祖先在古时未必不和现在僮猺相类似。"⑤为了解释"总和之定义"，他举例说："'中

---

① 张岱年、程宜山：《中国文化论争》，中国人民大学出版社2006年版，第156页。

② 路宽：《创造性阐释：马克思主义早期传播的跨语际实践——以瞿秋白的〈社会哲学概论〉和〈现代社会学〉为例》，《中共党史研究》2018年第1期。

③ 黄楠森、庄福龄、林利主编：《马克思主义哲学史》第六卷，北京出版社1989年版，第162页。

④ 黄楠森、庄福龄、林利主编：《马克思主义哲学史》第六卷，北京出版社1989年版，第163页。

⑤《瞿秋白文集·政治理论编》第二卷，人民出版社1988年版，第449—450页。

国一九二四年男孩的总数'——这就是逻辑的总和。"① 此外，他用"近朱者赤，近墨者黑"来形容社会环境对个人的影响②。在阐述问题的过程中运用"五行""阴阳""玉皇大帝""城隍土地"等中国本土词汇，使经典著作初步与中国历史文化相结合，让其概念、范畴更易为国人所接受。这种"创造性阐释"为马克思主义学术话语进入中国哲学社会科学界铺平了道路。

（二）强调马克思主义在哲学社会科学研究中的重要性

进步知识分子历来重视马克思主义在哲学社会科学研究中的重要作用。1920年，李大钊在《唯物史观在现代社会学上的价值》一文中指出："社会学得到这样一个重要的法则，使研究斯学的人有所依据，俾得循此以考察复杂变动的社会现象，而易得比较真实的效果。这是唯物史观对于社会学上的绝大贡献，全与对于史学上的贡献一样伟大。"③ 同年，李荫清在《唯物的历史观与科学的历史》中指出："马氏历史观——马氏的历史哲学的方法和原理——的发明可算是他一生最大的创造与贡献；许多的学问（如历史社会学等），不能用一定的法则说明的，不能成为科学的，一旦得着他这唯物史观，也就能用一定的法则说明了，也自然就能成为科学了。"其认为这是"为学问界开了一个新纪元"④。尤其在历史学方面，李荫清认为："马克思的唯物史观之对于历史学的重要，就和达尔文的生物进化论之对于生物学是一样。"⑤

1922年，李汉俊在《民国日报》副刊《觉悟》上撰文指出："要严密地说明宇宙与其进化、人类底发达、其对于人心的反照，只有用辩证法的思索法……所以辩证法的思索法，只是合理的思索法，并不是什么诡辩。"⑥1924年，施存统在《中国青年》上刊文，明确强调了马克思主义在社会科学研究中

① 《瞿秋白文集·政治理论编》第二卷，人民出版社1988年版，第463页。
② 《瞿秋白文集·政治理论编》第二卷，人民出版社1988年版，第476页。
③ 李大钊：《唯物史观在现代社会学上的价值》，载陆学艺、王处辉主编：《中国社会思想史资料选辑》民国卷（上），广西人民出版社2007年版，第49—50页。
④ 李荫清：《唯物的历史观与科学的历史》，《史地丛刊》1920年第1期。
⑤ 李荫清：《唯物的历史观与科学的历史》，《史地丛刊》1920年第1期。
⑥ 汉俊：《唯物史观不是什么？》，《民国日报·觉悟》1922年1月23日。

的重要性，认为"我们最初研究社会科学，必须先研究一种最合理的最能圆满解释社会现象的社会科学理论"，而马克思主义恰是这样的理论，"所以研究马克思学说，是研究社会科学的朋友第一个需要"[1]。同年，蒋光慈（即蒋侠僧）提出，"马克斯首先使历史成为真正的科学"，其唯物史观是"我们研究人类社会真正的方法"[2]。瞿秋白则在同年出版的《社会哲学概论》中指出："研究社会现象的时候，尤其应当细细的考察这唯物主义的、互辩律的（dialectique）哲学——他是一切社会科学的方法论。"[3] 此处提到的"唯物主义的、互辩律的哲学"即唯物辩证法。瞿秋白在其同年出版的另一部著作《现代社会学》中也强调："世界上一切事物都在'动'与'变'之中，没有一种东西是停滞不前的……所以社会科学中的根本方法就是互辩的唯物主义。"[4]

随着马克思主义的广泛传播，越来越多的知识分子意识到这一科学方法对于哲学社会科学的重要价值，再加之中国共产党的有力宣传，马克思主义逐渐深入哲学社会科学研究领域。

（三）马克思主义在哲学社会科学各具体学科的运用

在党的创建和大革命时期，马克思主义者撰写了大量理论文章和著作，如李大钊的《史学要论》、瞿秋白的《社会科学概论》、王学文（即王首春，后文不再备注）的《中国经济现状概观》和毛泽东的《中国社会各阶级的分析》，等等。这些著作涵盖了很多具体学科，马克思主义学术话语在这些学科中得到运用，并初步与中国实际问题相结合（部分著作、文章见表2-1）。

萧楚女在《社会科学概论》中以马克思主义观点阐释学术概念，认为社会是"一种能制造工具的人类之劳动的结合"[5]；认为经济学是"研究人类在社会

① 存统：《略谈研究社会科学——也是一个书目录》，《中国青年》1924年第2卷第26期。

② 蒋侠僧：《唯物史观对于人类社会历史发展的解释》，《新青年》季刊1924年第3期。

③ 《瞿秋白文集·政治理论编》第二卷，人民出版社1988年版，第334页。

④ 《瞿秋白文集·政治理论编》第二卷，人民出版社1988年版，第450—452页。

⑤ 萧楚女：《社会科学概论》，中央军事政治学校政治部宣传科1926年版，第10页。

生活中，应当如何生产，如何分配其生活品（即如何组织其社会经济组织）之科学"①。王学文则在《中国经济现状概观——其过渡的性质——余之观察法》中将"生产力决定生产关系"的马克思主义话语引入中国经济研究，指出："社会的发达，本于生产力之发展，有一定之生产力，即有与此适应之一定生产关系，此等生产关系之总体即构成社会之经济组织。"②毛泽东在《中国社会各阶级的分析》中运用唯物史观分析了中国社会结构和阶级构成，正确认识了敌友问题，是这一时期马克思主义科学运用的典范。

表2-1　1921—1927年部分马克思主义哲学社会科学著作、文章统计表③

著作、文章名称	作者	出版机构、刊载报纸	出版时间
史学与哲学	李大钊	《复旦》第17期	1923年
马克思的经济学说	李大钊	《时事新报》特刊《合作》第52期	
史学要论	李大钊	商务印书馆	1924年
社会科学概论	瞿秋白	上海书店	
社会进化史	蔡和森	民智书局	
中国经济现状概观——其过渡的性质——余之观察法	王学文	《孤军》第3卷第4期	1925年
中国社会各阶级的分析	毛泽东	《革命》第4期	
现代社会学	李达	现代丛书社	1926年
社会科学概论	萧楚女	中央军事政治学校政治部宣传科	
政治学概论	恽代英	中央军事政治学校政治部宣传科	

　　这些早期学术著作与文章介绍了马克思主义的学术观点，将马克思主义话语引入中国哲学社会科学研究中，对学科基础概念进行诠释，突出了唯物史观和唯物辩证法的重要作用。一些著作更是有意识地开始考察中国的实际情况，为中国马克思主义哲学社会科学话语的进一步发展奠定了基础。

---

①萧楚女：《社会科学概论》，中央军事政治学校政治部宣传科1926年版，第19页。

②王首春：《中国经济现状概观——其过渡的性质——余之观察法》，《孤军》1925年第3卷第4期。

③资料来源：全国报刊索引数据库、瀚文民国书库、大成民国图书全文数据库、《瞿秋白文集·政治理论编》第二卷，人民出版社1988年版，第544页。

二、话语重塑（1927—1936）：中国马克思主义哲学社会科学话语体系的初步构建

大革命失败后，国民党不仅在军事上对共产党进行围剿，在文化上也竭力扼杀进步思想。国共两党的斗争不仅体现在政治上的分歧、军事上的对抗，还反映在学术领域的针锋相对。国民党试图构建"三民主义社会科学"，以服务于其专制统治，共产党则在新（兴）社会科学运动中初步构建起马克思主义哲学社会科学话语体系，实现了对学术话语体系的重塑。一些主张"为学问而学问"的学院派知识分子则在国共两党的博弈中陷入了"左右为难"之境地。

（一）学院派知识分子"为学问而学问"的治学态度及其困境

所谓学院派知识分子，是指与现实政治保持一定距离的、主要以教学和科研为职业的学者。他们中很多人主张以学问为目的，不为手段。1928 年，郭任远在其著作《社会科学概论》序言中指出，这本书"绝对不提倡任何主义"，因为他"不要离开自然科学者的立场，更不愿把这本书做带有色彩的宣传品"[①]。顾颉刚在 1929 年明确指出："要在中国建一个学术社会。"[②]在他看来，"为学问而学问的积极态度，正值得大提倡而特提倡"[③]。1930 年，吕思勉在《蔡孑民论》中认为，研究学术"宜置致用于度外，而专一求其精深"，并提出："以学术事功，相提并论，总不免有轻学术而重事功之见……其实学问只分真伪，真正的学术，哪有无用的呢？"[④]陈寅恪则反复强调要有"独立之精神，自由之思想"。在这种治学态度的影响下，学院派知识分子普遍认为哲学社会科学研究应站在纯客观立场，像研究自然现象那样研究社会现象；认为做学术是为了求知识，而不是求应用。但是，在民族危亡的背景下，在国共两党激烈较量的大环境中，学院派知识分子这种实证立场难免陷入困境。

究其原因，一方面，九一八事变之后，国难加深，学院派知识分子自己开始反思这种研究"是否一种浪费"[⑤]，学术界也开始质疑"为学问而学问"这种

① 郭任远：《社会科学概论》，商务印书馆 1928 年版，序第 2 页。

② 顾潮：《顾颉刚年谱》，中国社会科学出版社 1993 年版，第 169 页。

③ 顾潮：《顾颉刚年谱》，中国社会科学出版社 1993 年版，第 92 页。

④ 吕思勉：《蔡孑民论》，转引自王汎森：《中国近代思想与学术的系谱》（增订版），上海三联书店 2018 年版，第 501 页。

⑤ 李济：《李济考古学论文集》，（台北）联经出版公司 1977 年版，第 139 页。

治学态度。1935 年，柳诒徵在《讲国学宜先讲史学》中明确反对"为学问而学问"，指出："只讲考据和疑古辨伪都是不肯将史学求得实用，避免政治关系，再进一步说是为学问而学问，换句话就是说讲学问不要有用的。"① 他认为《论语》中的"博学而笃志，切问而近思"是"讲学问的最好的方法"，指出："博学不是搬与人看的，要有笃实的志向，为自己为最近的人和当时的国家，如此方能得到最切近的问题，才能靠近的想。"② 这就将学问与报国统一起来。另一方面，由于哲学社会科学鲜明的意识形态属性，完全脱离政治的纯学术在当时是不可能的。正如杨东莼在《中国学术史讲话》中指出："支配思想界的，就只有三民主义与共产主义……治学术的人，都不能不有他各自的立场。"③ 郭任远也承认，"这种'左右为难'的危险是免不了的"④。

（二）国民党试图构建"三民主义社会科学"

大革命失败后，国民党为巩固其独裁统治，强调要"树立以三民主义为中心之文化"⑤，要"建立一个三民主义的新国家"⑥。1929 年 3 月，蒋介石在国民党第三次全国代表大会上不仅将"三民主义"作为"凡党员之一切思想、言论、行动及实际政治工作，悉当以之为规范而不可逾越"⑦ 的根本大法，还规定："关于党的一切理论政纲之最高原则，应从总理遗教及本党最高权力机关之解释，各级党部及党员个人，不得妄出己见。"⑧ 从根本上垄断了对"三民主义"的话语阐释权。

同年，国民党中央执行委员会训练部在其提出的《建立三民主义的社会科

---

① 柳诒徵：《讲国学宜先讲史学》，《广播周报》1935 年第 25 期。

② 柳诒徵：《讲国学宜先讲史学》，《广播周报》1935 年第 25 期。

③ 杨东莼：《中国学术史讲话》，岳麓书社 1986 年版，第 304 页。

④ 郭任远：《社会科学概论》，商务印书馆 1928 年版，序第 2 页。

⑤ 叶再生：《中国近代现代出版通史》第三卷，华文出版社 2002 年版，第 436 页。

⑥ 蒋介石：《庐山训练之意义与革命前途》（一九三三年七月十八日对庐山军官训练团第一期开学典礼上的讲话），载《中国国民党历史教学参考资料》第二册（1927.4—1937.7），中国人民大学中共党史系 1986 年版，第 563 页。

⑦ 荣孟源主编：《中国国民党历次代表大会及中央全会资料》上，光明日报出版社 1985 年版，第 654 页。

⑧ 荣孟源主编：《中国国民党历次代表大会及中央全会资料》上，光明日报出版社 1985 年版，第 633 页。

学案》中指出，"三民主义系以最高之观点综合社会科学之全部所成"，建议在中央研究院中"特设三民主义的社会科学研究一股"，并着重强调了建立三民主义社会科学的必要性，认为所有反对三民主义的理论，都要依靠某种社会科学的论断作为掩护，因此，要消灭这些理论，就要"将三民主义的科学性确树"，以便"收坚壁清野之效"①。

此时国民党标榜的"三民主义"并不是孙中山的"革命的三民主义"，而是受到戴季陶影响的、抛弃了革命精神和民主成分的"儒化三民主义"。将"三民主义"的精髓解释为中国封建主义的伦理道德，有利于其维护和加强自身的专制统治。1931年2月，国民党中央宣传部在其制定的《关于省市党部宣传工作实施方案》中指出：

为使宣传深入智识分子，应将三民主义应用到社会科学、社会问题及文艺的领域里去，依三民主义的原理去树立社会科学的体系……同时应用学术上的新发明以证实三民主义，使智识分子深刻的接受本党主义。②

可见，出于掌控意识形态的目的，国民党确定将"三民主义"作为其构建社会科学话语体系的指导思想。1935年2月成立的中央政治学校研究部将"建立三民主义社会科学体系"作为其成立的重要目的之一③。同年12月，国民党五届一中全会明确提出，要"编著哲学、教育、政治、经济、社会诸理论学说，使本党理论完全渗透贯彻于各种学说之中，以收潜移默化之效"；强调其意识形态与哲学社会科学的密切关系，试图"一扫已往党义自党义，学说自学说，彼此扞格不入之弊"④。实质上是想将其政党意识形态融入哲学社会科学话语之中，服务于其独裁统治。

对于国民党对"三民主义社会科学"的提倡，学术界也给予了一定回应。例如，杨幼炯在《如何建设三民主义的社会科学新系统》一文中认为："国家

---

① 《教育界消息：三全会中关于教育之三提案》，《教育杂志》1929年第21卷第4期。

② 中国第二历史档案馆编：《中华民国史档案资料汇编》第5辑第1编，文化（1），江苏古籍出版社1994年版，第13—14页。

③ 朱燕平编：《中国国民党中央政治学校文献类编（1927—1949)》，江苏人民出版社2014年版，第83页。

④ 荣孟源主编：《中国国民党历次代表大会及中央全会资料》下，光明日报出版社1985年版，第379页。

多乱，社会思想失其中心。所以在今日我们尤应本三民主义的理论，树立社会科学的新系统，以确定社会思想之重心。"①他明确表示不赞同"马氏的结论"，认为"社会组织变动的基础要因，不是阶级斗争，而在人类的求生存的问题"；所以"根据民生史观的精义，主张以'人类求生意志'为三民主义社会科学新系统的中心理论"②。而"过去以'唯心'或'唯物'为基本理论的社会科学系统，都失去了它们在科学上的价值"③。其理论依据显然是"民生史观"。再如，叶青在《三民主义是学术》一文中提出："三民主义不仅是学术，而且是科学的学术……三民主义不仅是学术，而且是博大的学术……三民主义不仅是学术，而且是精深的学术……三民主义除了自身是学术外，还要作用于学术，并且广大地影响一切学术……三民主义的学术，是三民主义的学术化，也是学术的三民主义化。"④

在大力鼓吹"三民主义社会科学"的同时，国民党对于进步哲学社会科学书籍，尤其是宣传马克思主义的书籍进行严酷查禁，妄图垄断哲学社会科学话语权。面对严峻形势，中国共产党以马克思主义为指导，与国民党展开针锋相对的斗争，逐步构建起自己的哲学社会科学话语体系，新（兴）社会科学运动在这一过程中蓬勃发展起来。

（三）"新（兴）社会科学"运动的开展与学术话语体系的重塑

大革命失败后，人们开始反思"中国向何处去"。吴亮平（即吴黎平，后文不再备注）在《中国社会科学运动的意义》一文中指出："大革命提出了无数迫切的任务，无数紧要的问题，在革命失败之后，这些问题丝毫没有解决。"⑤民众愈发意识到，要彻底解决这些问题，只能依靠马克思主义。"于是新兴社会科学——马克思主义社会科学——在中国遂蓬勃怒发，社会科学的书籍，遂如

---

① 杨幼炯：《如何建设三民主义的社会科学新系统》，《中山文化教育馆》季刊 1934 年创刊号。

② 杨幼炯：《如何建设三民主义的社会科学新系统》，《中山文化教育馆》季刊 1934 年创刊号。

③ 杨幼炯：《如何建设三民主义的社会科学新系统》，《中山文化教育馆》季刊 1934 年创刊号。

④ 叶青：《三民主义是学术》，《三民主义周刊》1941 年第 1 卷第 10 期。

⑤ 梁平：《中国社会科学运动的意义》，《世界文化》1930 第 1 期。

雨后春笋，普遍于全国。"① 由此可见，新（兴）社会科学运动的兴起并不是偶然的，而是革命实践的需要，是历史的必然。此外，在这一时期，哲学社会科学领域发生了关于中国社会性质问题的论战。由于马克思主义本身的科学性，参与论战的各派包括非马克思主义者在涉及社会性质与历史问题时，都试图运用马克思主义来争夺话语权。因此，大革命失败后，马克思主义"在青年一代中反而更加热烈地被接受、被传播、被欢迎"②。据统计，仅 1928—1930 年间新翻译的马克思恩格斯著作就有近 40 种③，不少书店老板和书商看到新（兴）社会科学书籍十分畅销，有利可图，也开始印刷和经销这类书籍。1929 年前后，马克思主义经典著作的翻译和出版达到一个高潮，署名"君素"的作者总结了 1929 年除文艺理论之外的社会科学译著，涵盖《哲学的贫困》（杜友军译）、《经济学大纲》（陈豹隐译，即陈启修译，后文不再备注）等百余种④。面对哲学社会科学发展新形势，1929 年秋，中共中央专门设立文化工作委员会，第二年在上海成立"社联"，以马克思主义指导哲学社会科学研究，"仅在三十年代初就出版马列著作四十种，马克思主义哲学、社会科学著作一百五十多种"⑤。

1930 年 3 月，柯柏年撰写出版了《怎样研究新兴社会科学》（同年 8 月增订再版）一书，认为："社会科学之任务，是要在社会现象中发见社会的因果律。"⑥ 用什么方法来发现社会的因果律呢？他进一步指出："研究社会现象，决不能单采用形式逻辑，但要采用着这高级的方法——辩证法。"⑦ 该书将社会科学分为两类——"布尔乔亚汜的社会科学"（即资产阶级社会科学）和"普罗列塔利亚特的社会科学"（即无产阶级社会科学），并把无产阶级社会科学简

---

① 梁平：《中国社会科学运动的意义》，《世界文化》1930 第 1 期。

② 李泽厚：《中国现代思想史论》，生活·读书·新知三联书店 2008 年版，第 70 页。

③ 中共中央马克思恩格斯列宁斯大林著作编译局马恩室编：《马克思恩格斯著作在中国的传播》，人民出版社 1983 年版，第 272 页。

④ 君素：《一九二九年中国关于社会科学的翻译界》，《新思潮》1929 年第 2—3 期。

⑤ 上海市哲学社会科学学会联合会编：《中国社会科学家联盟成立五十五周年纪念专辑》，上海社会科学院出版社 1986 年版，第 222 页。

⑥ 柯柏年：《怎样研究新兴社会科学》，上海南强书局 1930 年再版，第 8 页。

⑦ 柯柏年：《怎样研究新兴社会科学》，上海南强书局 1930 年再版，第 13—14 页。

称为"新兴社会科学"①。认为只有新（兴）社会科学才能运用唯物辩证法研究社会现象，突出了新（兴）社会科学的优越性。

1932年8月，北平科学研究会出版了《新兴社会科学研究大纲》，认为自然科学与社会科学都是科学，"只是由于研究对象不同来区别"："自然科学研究的对象是自然的存在及发展，社会科学研究的对象是人类社会的成立及发展"②。该书同样强调了社会科学的阶级性和无产阶级社会科学的优越性——"因为无产阶级的使命，在扬弃资产阶级，同时是扬弃自己的阶级，所以能敢毫无顾忌的去接近真理。"③在介绍研究社会科学的方法时，该书指出"唯物辩证法是唯一的方法"，将"史的唯物论"作为"研究变革社会的方法论"④。

新（兴）社会科学运动中，进步知识分子以马克思主义为指导，撰写了大量哲学社会科学著作（部分著作见表2-2）。郭湛波认为："中国自一九二七年社会科学风起云涌，辩证唯物论的思想大有一日千里之势。"⑤何干之就马克思主义哲学的权威性指出，"在那时候，思想界出现了清一色现象"，马克思主义哲学被公认为"理性的尺度"，"甚至原来敌视新哲学的人，也不能不以它为幌子，企图在幌子之下，达到招摇撞骗的目的"⑥。何兹全曾回忆说，20世纪20年代末30年代初是马克思主义独步天下的时代，上海出现了许多出版相关著述的新书店，胡适等知名学者一时也只能退避三舍⑦。艾思奇也指出，1927年之后，"前进阶级的哲学才达到支配力的顶点的时代"，即便是顽固守旧的学者，如果不想被时代淘汰，"都不能不拭目一观马克思主义的典籍"⑧。孙道昇则提出，辩证唯物论"一入中国，马上就风靡全国，深入人心"，就影响力而

---

① 柯柏年：《怎样研究新兴社会科学》，上海南强书局1930年再版，第23页。

② 《新兴社会科学研究大纲》，北平科学研究会1932年版，第5—6页。

③ 《新兴社会科学研究大纲》，北平科学研究会1932年版，第6页。

④ 《新兴社会科学研究大纲》，北平科学研究会1932年版，第7页。

⑤ 郭湛波：《近五十年中国思想史》，岳麓书社2013年版，第278页。

⑥ 何干之：《近代中国启蒙运动史》，生活·读书·新知三联书店2012年版，第205页。

⑦ 北京师范大学历史系编：《史学论衡》下编，北京师范大学出版社2002年版，第280页。

⑧ 艾思奇：《廿二年来之中国哲学思潮》，《中华月报》1934年第2卷第1期。

言，国外传入的其他各类哲学思想"没有一派能够与他比肩的"①。谭辅之也认为，1928—1932年"是新书业的黄金时代。在这时，一个教员或一个学生书架上如果没有几本马克思的书，总要被人瞧不起的"②。这些论述反映出新（兴）社会科学运动对学术界的巨大影响。

表 2-2　1927—1936 年部分马克思主义哲学社会科学著作统计表③

著作名称	作者	出版机构	出版时间
国家论之基础知识	邓初民	新生命书局	1929 年
政治科学大纲	邓初民	昆仑书店	
中国产业革命概观	李达	昆仑书店	
新政治学	陈豹隐	上海乐群书店	
中国古代社会研究	郭沫若	上海联合书店	1930 年
社会问题大纲	柯柏年	上海南强书局	
辩证法研究	郭湛波	景山书社	
现代社会学理论大纲	李鼎声	上海南强书局	
辩证法与唯物论	张如心	光华书局	1932 年
史的唯物论之伦理哲学	刘剑横	亚东图书馆	
政治学概论	秦明	上海南强书局	
中国近代史	李鼎声	光明书局	1933 年
社会哲学概论	赵一萍	生活书店	
经济学讲话	陈豹隐	北平好望书店	
新经济学大纲	沈志远	北平经济学社	1934 年
辩证法之理论的研究	李衡之	神洲国光社	
史前期中国社会研究	吕振羽	北平人文书店	
哲学讲话	艾思奇	读书生活社	1936 年
通俗辩证法讲话	陈唯实	新东方出版社	
现代哲学的基本问题	沈志远	生活书店	
社会学讲话	许德珩	北平好望书店	

有学者认为："中国马克思主义学术在五四时期创建起来并正式登上中国现代学术的舞台，在 20 世纪 20 年代末 30 年代初……成为中国现代学术的主流。"④ 侯外庐指出，这一时期的"新社会科学不但是'民间'一种知识运动，

---

① 孙道昇：《现代中国哲学界之解剖》，《国闻周报》1935 年第 12 卷第 45 期。

② 谭辅之：《最近的中国哲学界》，《文化建设》1937 年第 3 卷第 6 期。

③ 资料来源：瀚文民国书库、大成民国图书全文数据库、中国思想与文化名家数据库等。

④ 吴汉全主编：《中国马克思主义学术史》第一卷，人民出版社 2019 年版，第228 页。

而且到了九一八前后已经继承了中山先生所谓'误信旧经济学说之过当，其对于新经济学之真理盖未研究'之遗教，达到高中与大学教程采用新经济学之合法程度"①。可见当时马克思主义在学术界影响力显著提高。这一时期，在中国共产党的领导下，进步学者以唯物辩证法为根本研究方法，强调经济基础在社会要素中的决定性作用，形成了哲学社会科学全新学术话语，马克思主义哲学社会科学话语体系初具雏形，实现了对学术话语体系的重塑。

三、话语转换（1936—1949）：中国马克思主义哲学社会科学话语体系植根于本土实践

20世纪30年代中后期，随着民族危亡不断加深，民族意识更加深入人心。1936年，"社联"停止活动，联盟的大部分成员"参加各界救国会的工作，置身于抗日救亡的第一线"②。同年，在北平、上海等地发生了"呼吁共同对敌、振兴民族文化"③的新启蒙运动，在文化反思基础上提出了"中国化"主张。中国共产党领导下的马克思主义哲学社会科学话语体系逐步植根于本土实践，转换得更加贴近中国实际，为"马克思主义中国化"命题的正式提出营造了良好氛围、提供了学理支撑，实现了学术话语与政治话语的良性互动。

（一）新启蒙运动在文化反思基础上的"中国化"主张

在日本侵略者企图独占中国并在沦陷区实行奴化教育、国民党政府强化文化专制主义的背景下，艾思奇、何干之等自称为"新哲学者"的党领导下的马克思主义理论家和张申府等自由主义学者，以爱国主义为依归，以"继承并超越五四"为旗帜，发起了新启蒙运动。新启蒙运动参与者对传统文化价值进行了理性评估，既深入批判了复古逆流，又认为应该注意接受并光大中国最好的文化传统，并在文化反思基础上最早提出了"马克思主义中国化"口号④。

---

① 侯外庐：《中国学术的传统与现阶段学术运动》，《理论与现实》1939年第1卷第1期。
② 史先民：《中国社会科学家联盟资料选编》，中国展望出版社1986年版，第2页。
③ 王海军：《真理的追求——延安时期知识分子群体与马克思主义中国化研究》，人民出版社2013年版，第179页。
④ 王海军：《真理的追求——延安时期知识分子群体与马克思主义中国化研究》，人民出版社2013年版，第92页。

1936 年，陈唯实在《通俗辩证法讲话》一书中指出，在中国讲唯物辩证法"最要紧的，是熟能生巧，能把它具体化、实用化，多引例子或问题来证明它。同时语言要中国化、通俗化，使听者明白才有意义"①。这在一定意义上已经蕴含有"马克思主义中国化"的内涵。

1937 年 5 月，《读书》杂志邀请艾思奇、吴清友、何干之等人召开了"新启蒙运动座谈会"，就这一运动的起源、发生的社会根据、目前文化界的偏向、文化运动的任务及其推进方法等问题展开讨论；并谈及政治与文化的关系问题，认为政治与文化同为"社会经济的上层构造"，是不可分离且相互影响的。对于"文化应该走在政治前面还是后面"这一问题，会议认为：

> 文化和政治应该是相辅而行的，看起来，文化有时好像是走在政治的前面，有时好像是落在政治的后面。即先有文化上的创意，而后有政治的行为，其实这也并不是文化先于政治，因为文化上的创意，少不了是要根据政治的要求的；有了政治的要求，然后再在文化上表现出来，那也不就是文化做了政治的尾巴，而是政治用文化做了表达和发扬的手段。假如一定要说文化先于政治或政治先于文化，那就不免陷于机械论了。②

新启蒙运动参与者对文化与政治关系的辩证认识，恰从侧面反映出当时学术界的"中国化"思潮对政治领域"马克思主义中国化"命题之提出产生的影响。以上"中国化"主张都发生在中共六届六中全会召开之前，所以很多学者认为新启蒙运动与"马克思主义中国化"命题的提出有密切的联系。笔者认为，在现有的史料下，新启蒙运动参与者对毛泽东的直接影响较难估计，且毛泽东提出这一命题，是总结了之前革命的经验和教训，含有反对党内教条主义的考虑，是在将马列主义与中国实际相结合的过程中得出的结论，这是新启蒙运动参与者未曾达到的高度。因此，并不应该过分夸大新启蒙运动的作用。但毋庸置疑的是，新启蒙运动参与者在哲学社会科学领域的探讨和其"中国化"话语表述，为"马克思主义中国化"命题的正式提出营造了浓厚氛围，也为党领导下的哲学社会科学话语体系植根于中国本土实践创造了有利环境。

---

① 陈唯实：《通俗辩证法讲话》，新东方出版社 1936 年版，第 7 页。
② 艾思奇、吴清友：《"新启蒙运动"座谈》，《读书》1937 年创刊号。

（二）"马克思主义中国化"命题的提出

虽然早在五四时期，李大钊就已初步具有了马克思主义中国化的思想，之后中国共产党关于这一思想的探讨也日渐深入，但明确提出"马克思主义中国化"这一重大命题是在中共六届六中全会上。正是在这次全会上，毛泽东明确提出："没有抽象的马克思主义，只有具体的马克思主义……马克思主义的中国化，使之在其每一表现中带着中国的特性，即是说，按照中国的特点去应用它，成为全党亟待了解并亟须解决的问题。"[①]

这是党首次明确提出"马克思主义中国化"这一重大命题。有学者将其视为"毛泽东发出的要把马克思主义这一源自欧洲的西方话语转换为中国话语的宣言书"[②]。张闻天也在全会上指出，组织工作要考虑到中国的特点，使"组织工作中国化"[③]。这种话语转换，既是对之前革命经验和教训深入总结的结果，也受到了哲学社会科学界"中国化"思潮的影响。毛泽东不仅亲自从事哲学社会科学研究，撰写了《实践论》《矛盾论》等带有鲜明中国风格的学术著作，还与艾思奇、范文澜、何干之等人进行学术探讨，这些研讨和交流对"马克思主义中国化"命题的正式提出产生了重要影响。这一命题不仅在政治层面上对于革命道路的探索具有重大意义，其对教条主义的批判、对"中国作风与中国气派"的追求，也为哲学社会科学话语体系的发展指明了方向，直接推动了学术中国化运动的开展。

（三）学术话语与政治话语的良性互动

有学者指出，近代以来，中国政治思潮与学术思潮一直存在着密切的互动关系。"学术思潮往往是政治思潮的先声，会促进政治思潮的变革；而政治思潮又反过来对学术思潮产生影响，促进学术思潮的变动。"[④]这一互动关系贯穿于话语引入、话语重塑、话语转换全过程，在话语转换阶段尤为明显。早在新

---

① 毛泽东：《论新阶段》，《解放》1938 年第 57 期。

② 李永进：《毛泽东新民主主义革命话语研究》，清华大学博士学位论文，2017 年，第 118 页。

③ 中央档案馆编：《中共中央文件选集》第十一册，中共中央党校出版社 1991 年版，第 663 页。

④ 崔凤梅、毛自鹏：《左翼文化运动与马克思主义中国化研究》，人民出版社 2015 年版，第 198 页。

启蒙运动开展时期，其参与者就提出了"哲学中国化""科学中国化"等学术思想。"马克思主义中国化"命题正式提出后，艾思奇、柳湜等人立即响应，发文阐述这一命题的必要性和可能性，批驳一些人对"中国化"的曲解，并将其运用到学术研究中。重庆、延安等地发起了学术中国化运动。潘梓年在《新阶段学术运动的任务》一文中强调了学术研究的重要性，认为"一个民族，不能一日无文化，也就不能一日无学术；不只建国需要学术，即抗战亦需要学术"①。他回顾了前一阶段学术研究的成绩与不足，认为过去的学术运动存在照搬照抄现象，"没有远离贩运的阶段"，今后应克服公式主义，"使学术中国化"，"使我们的学术带着中国的味道、中国的光彩而发展生长起来"②。柳湜也提出，中国化不是"像一九二八年以后中国某些社会科学者机械的运用辩证唯物论及历史唯物论"，虽然我们坚持用马克思主义研究社会问题，但反对"脱离中国革命的实践，中国历史的运动"③。

由此可见，虽然学术中国化运动与之前的新（兴）社会科学运动具有相似之处——二者都运用马克思主义来研究中国的实际问题，都与非马克思主义者发生论战，在论战中坚持马克思主义的指导地位，都促进了马克思主义的广泛传播，但与大量翻译和介绍马克思主义理论却消融吸收不甚充分的新（兴）社会科学运动相比，学术中国化运动更强调纠正学术上的教条主义。何干之曾指出："1927 年以来，新哲学是登场了，但那时只偏重哲学原理的输入。"④侯外庐也曾回忆说，当年的学术论战"有一个最大的缺点，就是对于马克思主义的基本理论没有很好消化，融会贯通，往往是以公式对公式，以教条对教条"⑤。学术中国化运动则克服了这一缺点。如前文所述，这场运动既吸收外来的学术文化又不照搬，既重视本民族的优秀文化遗产又不复古，致力于创造新的中国学术。

潘梓年指出，中国化的学术"就是把目前世界上最进步的科学方法，用

---

① 潘梓年：《新阶段学术运动的任务》，《理论与现实》1939 年第 1 卷第 1 期。

② 潘梓年：《新阶段学术运动的任务》，《理论与现实》1939 年第 1 卷第 1 期。

③ 柳湜：《论中国化》，《读书月报》1939 年第 1 卷第 3 期。

④ 何干之：《新启蒙运动与哲学家》，《国民》1937 年第 1 卷第 13 期。

⑤ 侯外庐：《韧的追求》，生活·读书·新知三联书店 1985 年版，第 224—225 页。

来研究中华民族自己历史上⋯⋯把世界已经有了的科学，化为中国所有的科学"①。潘菽在《学术中国化问题的发端》一文中也认为，学术中国化是为了使中国的学术成为世界学术积极的一部分，提出：

> 我们要把中国改造成世界上最前进，最自由幸福的一个国家，因此，我们就必须把中国的学术提高到世界学术最高的水准。我们要使中国在学术上也成为世界上的一等国⋯⋯但要达到这一个目的就必须先把各种学术加以彻底的消化，使成为自己的。只有彻底消化而成为自己的以后才能有所创造有所贡献。②

嵇文甫也认为："世界上任何好东西，总须经过我们的咀嚼消化，融合到我们的血肉肌体中，然后对于我们方为有用⋯⋯我们要'中国化'，要适应着自己的需要，把世界上许多好东西都融化成自己的。"③这既承认对西方学术不可弃之不理，又反对"全盘西化"，提出要"彻底消化"，要有"自己的"学术，体现出哲学社会科学民族性与时代性的统一、批判继承与创新的统一。可见，与之前新（兴）社会科学运动相比，这一时期的学术话语已然发生转换，能更为妥当地处理中西文化关系，更加贴近中国实际。

党领导下的哲学社会科学话语体系逐步植根于中国实践，为"马克思主义中国化"提供了重要的学理支撑。同时，也正是"马克思主义中国化"这一政治话语转换，直接推动学术中国化运动走向高潮。和培元肯定了"马克思主义中国化"命题对于学术界的重大意义，认为：

> 辩证唯物主义的普遍原理与中国的具体革命实践的结合、与中国的历史实际的结合，这是毛泽东同志指示给我们和示范给我们的方向，有意识地把握这个方向，可以使我们的日常研究工作少走一些冤枉路，少犯一些只在抽象的法则范畴圈子里打转的错误。彻底贯彻这个方向，才能使辩证唯物主义真正中国化，才能使辩证唯物主义真正成为生动的思想上的武器，成为"不但说明世界，而且改造世界"的工具。④

---

① 潘梓年：《新阶段学术运动的任务》，《理论与现实》1939 年第 1 卷第 1 期。

② 潘菽：《学术中国化问题的发端》，《读书月报》1939 年第 1 卷第 3 期。

③ 嵇文甫：《漫谈学术中国化问题》，《理论与现实》1940 年第 1 卷第 4 期。

④ 和培元：《论新哲学的特性与新哲学的中国化：为延安新哲学会三周年纪念作》，《中国文化》1941 年第 3 卷第 2—3 期。

就连反对者叶青都认为："从今年四月起，有了'中国化'的呼声。这当然在毛泽东的同志所编的刊物上。就我所见到的说来，共有三个刊物六篇文章一致地解说毛泽东那一段话……这便是学术中国化之所由来。"[1]伯劳、桂馨在攻击"学术中国化"时也提到："所谓学术中国化的'学术'，则专有所指，所指者何？即马克思主义的'中国化'而已……'学术中国化'的内涵，就是要实行马克思主义的'中国化'。"[2]

由此可见，马克思主义学术话语为政治话语提供理论支撑，而政治话语为学术话语进一步指明方向，两者实现了良性互动。

---

[1] 叶青：《论学术中国化》，《时代精神》1939 年创刊号。
[2] 伯劳、桂馨：《所谓"学术中国化"的剖析》，《大路》1942 年第 6 卷第 5 期。

第三章　党领导构建哲学社会
科学话语体系的主要途径

哲学社会科学话语体系作为一个整体系统，是由主体系统、概念系统、理论系统、表达系统、环境系统等子系统构成的。如前文所述，根据钱学森的定义，"系统是由相互制约的各部分组成的具有一定功能的整体"[①]，即哲学社会科学话语体系的子系统之间不是孤立的，而是相互作用的。且根据系统论的观点，系统"会产生它的组分及组分总和所没有的新性质……这种非加和的新性质只能在系统整体中表现出来，一旦把整体还原为它的组成部分便不复存在"[②]，即整体多于部分之和。革命战争年代，中国共产党领导进步知识分子形成主体系统、构建概念系统、丰富理论系统、打造表达系统、完善环境系统，从多方面着手，形成合力，逐步构建起马克思主义哲学社会科学话语体系。

一、形成主体系统

新民主主义革命时期，在中国共产党的领导下，党的领导人、进步知识分子、党领导下的学术团体和教育研究机构以马克思主义为指导，撰写了大量学术著作与文章，形成主体系统，为马克思主义哲学社会科学话语体系的构建作出了重要贡献。

（一）党的领导人亲自从事并指导哲学社会科学研究

这一时期，党的领导人不仅高度重视哲学社会科学，还亲力亲为，带头从

[①] 苗东升：《系统科学精要》，中国人民大学出版社 2016 年版，第 20 页。

[②] 苗东升：《系统科学精要》，中国人民大学出版社 2016 年版，第 32 页。

事哲学社会科学研究。李大钊的《史学要论》，毛泽东的《实践论》《矛盾论》等，都成为哲学社会科学的经典著作，推动了学术话语创新。

早在大革命时期，毛泽东就以马克思主义观点撰写了《中国社会各阶级的分析》《湖南农民运动考察报告》等文章。红军长征抵达陕北后，毛泽东有了更系统地学习马克思主义的机会。他仔细阅读了众多马克思主义经典原著、苏联学者与中国学者撰写的哲学著作与教科书，并写下了翔实的批注。在此基础上，毛泽东于 1937 年 7—8 月间撰写了《辩证法唯物论（讲授提纲）》这部影响深远的讲义，并整理将讲义中的两节以《实践论》和《矛盾论》（以下简称"两论"）为题公开发表①。"两论"系统地阐释了马克思主义认识论和辩证法的基本观点，对"实践"概念的具体内涵进行了界定，并在认识过程的"两次飞跃"、矛盾普遍性与特殊性的关系等方面对马克思主义哲学话语作出创新；从哲学角度总结了中国革命的经验教训，指明了党的正确思想路线。此外，"两论"话语内容通俗易懂，与中华优秀传统文化紧密结合。例如：用《三国演义》中的"眉头一皱计上心来"形容"人在脑子中运用概念以作判断和推理的功夫"②，用"不入虎穴，焉得虎子"说明"离开实践的认识是不可能的"③，等等。"两论"将学术话语转换为老百姓喜闻乐见的表述方式，成为马克思主义哲学话语中国化的标志性成果。

除亲自研究外，毛泽东还经常鼓励和指导哲学社会科学工作者。1940 年 9 月，范文澜给新哲学会作中国经学史的演讲。毛泽东看到他的演讲提纲后，专门写信鼓励："提纲读了，十分高兴，倘能写出来，必有大益。"④党的领导人这种榜样示范和指导作用，对于调动进步知识分子的积极性、对于马克思主义哲学社会科学话语的广泛传播具有重要意义。此外，党的领导人还尽力为进步知识分子从事哲学社会科学研究提供帮助。例如，范文澜在主编《中国通史简编》时，手头缺乏图书资料，他自己的书在河南老家，张闻天得知此事，立即

① 李曙新：《中国共产党哲学思想史》，中共党史出版社 2003 年版，第 123 页。
② 《毛泽东选集》第一卷，人民出版社 1991 年版，第 285 页。
③ 《毛泽东选集》第一卷，人民出版社 1991 年版，第 288 页。
④ 《毛泽东书信选集》，人民出版社 1983 年版，第 163 页。

布置地方党设法运来，都是线装书，有 60 多箱，范文澜深为感动[1]。

（二）以相关政策引领知识分子从事哲学社会科学研究

哲学社会科学话语体系的构建离不开进步知识分子，中国共产党作为哲学社会科学话语体系构建的领导者和组织者，其知识分子政策显得极为关键。中国共产党成立初期，其成员几乎全部是知识分子，因此党的一大强调要在产业工人中吸收先进分子入党，但并不拒绝拥护中国共产党主张的先进知识分子入党。1923 年制定的《教育宣传问题决议案》中提出，要注意"文化思想上的问题"，认为"这是吸取知识阶级，使为世界无产阶级革命之工具的入手方法"[2]。大革命时期，党将知识分子视作和工农一样面临生存困境的群体，把知识分子看作新民主主义革命阵营的一支重要力量。1925 年 1 月，中共第四次全国代表大会制定的《对于宣传工作之决议案》对党的宣传工作进行了反思，认为在知识分子中，"我们党员常以只能得其同情的错误观念，很少注意于共产主义理论的宣传和引导，致使无产阶级的文化在他们中间尚很少发生影响"[3]。指出今后"在智识界中以马克思列宁主义的见地传布无产阶级的文化是很重要的一件工作。中央于此，应指导各地于可能范围内，设立马克思列宁主义研究会或其他临时的讲演讨论会，以扩大共产主义运动"[4]，显示出党对知识分子的重视。

大革命失败后，随着党内"左"倾错误的发展，党对知识分子的政策也曾一度趋"左"，给哲学社会科学发展带来严重影响。以毛泽东为代表的共产党人同否定和排斥知识分子的"左"倾错误不断进行斗争。1933 年 5 月，苏区中央局通过《关于纠正发展和巩固党的组织中错误倾向的决议》，认为"拒绝同情于工人阶级的职员及知识分子加入共产党"无疑是错误的。并指出：

把那些完全准备着在共产党与共产国际的基础之上为无产阶级的目的而斗

---

① 赵晓恩：《延安出版的光辉——〈六十年出版风云散记〉续编》，中国书籍出版社 2002 年版，第 23 页。

② 中央档案馆编：《中共中央文件选集》第一册，中共中央党校出版社 1989 年版，第 206 页。

③ 中共中央文献研究室、中央档案馆编：《建党以来重要文献选编（一九二一——一九四九）》第二册，中央文献出版社 2011 年版，第 256 页。

④ 中共中央文献研究室、中央档案馆编：《建党以来重要文献选编（一九二一——一九四九）》第二册，中央文献出版社 2011 年版，第 257 页。

争的知识分子吸收到党里面来，对于无产阶级的事业，是有很大的意义的。尤其现在苏区的党，领导着工农民主专政的党，由于许多条件还不能及时的造就工人阶级的知识分子的时候，吸收革命的知识分子的入党，更是必须的。[1]

1934 年 1 月，毛泽东在第二次全国苏维埃代表大会上的报告中指出："为了造就革命的智识分子，为了发展文化教育，利用地主资产阶级出身的智识分子为苏维埃服务，这也是苏维埃文化政策中不能忽视的一点。"[2] 随着 1935 年党内"左"倾冒险主义得到纠正，再加之华北事变中知识分子的先锋作用有目共睹，党对知识分子的理论和政策变得更为客观和实际。1935 年 12 月，中共中央政治局瓦窑堡会议认为："革命的智识分子是民族革命中可靠的同盟者。"[3]1939 年，随着抗日战争相持阶段的到来，共产党从主要配合正面作战转向独立自主的游击战，相继开辟了几块根据地，进入根据地的知识分子日益增多。同年 12 月，中共中央作出《大量吸收知识分子》的决定，从夺取抗战胜利的全局高度，正确评价了知识分子的重要作用，认为"没有知识分子的参加，革命的胜利是不可能的……对于知识分子的正确的政策，是革命胜利的重要条件之一"，并强调，土地革命时期对于知识分子的不正确态度，"今后决不应重复"[4]。这对于团结知识分子具有重要意义。正是因为有了对知识分子的正确认识这个前提，才有了延安时期哲学社会科学的繁荣发展。

延安时期，中共中央关心爱护知识分子，从工作、生活、参加党团组织等方面出台了一系列优待措施。以生活方面为例，徐懋庸曾回忆说："红军出身的各级领导干部，一般每月的津贴费，最多不过四、五元，而对一部分外来的知识分子，当教员或主任教员的，如艾思奇、何思敬、任白戈和我这样的人，津贴费每月十元。一九三八、一九三九年间，延安的物价很便宜……这十元的

---

① 中央档案馆编：《中共中央文件选集》第九册，中共中央党校出版社 1991 年版，第 202 页。

② 中共中央文献研究室、中央档案馆编：《建党以来重要文献选编（一九二一——一九四九）》第十一册，中央文献出版社 2011 年版，第 126—127 页。

③ 中央档案馆编：《中共中央文件选集》第十册，中共中央党校出版社 1991 年版，第 605 页。

④《毛泽东选集》第二卷，人民出版社 1991 年版，第 618—620 页。

津贴费，是很受用的……生活过得很舒服。"①1942 年 5 月 26 日，由中共中央书记处颁发的《文化技术干部待遇条例》规定，"在文艺界有威望、有著作、有成就者，每月给予十五元至三十元的津贴"，伙食"以吃小厨为原则"，窑洞要做到"一人独住，且保证内部阳光空气之足够"②，等等，进一步提高了知识分子的生活待遇。1954 年 4 月，中国科学院社会科学部筹备委员会成立，在 65 名委员会委员中，有许多是延安时期在党的领导下从事马克思主义研究的知识分子，如于光远、尹达、王学文、艾思奇、何其芳、吴玉章、吕振羽、沈志远、周扬、胡乔木、胡绳、范文澜、张如心、许涤新等③，这从侧面反映出革命年代党的知识分子政策的深远影响。在正确政策的引领下，进步知识分子全身心投入研究中，撰写了许多重要的学术著作，为马克思主义哲学社会科学话语体系的构建作出重要贡献。

除党领导下的进步知识分子之外，一些曾经加入过中国共产党，后因种种原因脱党，但仍信奉马克思主义的知识分子，如李达、陈豹隐、沈志远、李平心（即李鼎声、李圣悦，后文不再备注）等，一些当时未曾加入过中国共产党但倾向于马克思主义的知识分子，如邓初民、王亚南、陈端志等，出于自身思想信仰，撰写了大量马克思主义哲学社会科学的著作④，也是主体系统的重要组成部分。

（三）组建学术团体和教育研究机构，推动哲学社会科学发展

1. 组建学术团体

学术团体主要指党领导和建立的各类研究组织、读书会、讲学会等，其主要活动是学习和研究马克思主义及其指导下的哲学社会科学。新民主主义革命时期，党领导成立了马克思学说研究会、中央苏区马克思主义研究会、"社

---

① 《徐懋庸回忆录》，人民文学出版社 1982 年版，第 121 页。

② 陕甘宁边区财政经济史编写组、陕西省档案馆编：《抗日战争时期陕甘宁边区财政经济史料摘编》第八编，陕西人民出版社 1981 年版，第 604—605 页。

③ 王海军：《真理的追求——延安时期知识分子群体与马克思主义中国化研究》，人民出版社 2013 年版，第 342 页。

④ 参见阎书钦：《范式的引介与学科的创建——民国时期社会科学话语中的科学观念》，中国社会科学出版社 2017 年版，第 228—233 页；吴汉全主编：《中国马克思主义学术史》第三卷，人民出版社 2019 年版，第 186 页。

联"、延安新哲学会、政治经济学研究会、中国问题研究会、党建研究会等众多学术团体，并以之为平台进行学术交流，成为马克思主义哲学社会科学的重要话语主体。

"社联"在1930年成立之时就将"有系统地领导中国的新兴社会科学运动的发展"①作为主要任务之一，同时重视对各种非马克思主义思想的批判。1930年6月22日，"社联"召开了第一次大会，会议讨论决定了联盟今后的工作方针——"拥护苏联拥护苏维埃区域，打倒帝国主义，反对军阀混战，反对中国取消派，创造工农文化"；并指出："从文化运动的立场上看来，'社联'所负担的任务不应该受Academic倾向的拘束，更要克服文化主义的倾向，成为真正斗争的文化机关。"②可见，"社联"从事的哲学社会科学研究是服务于革命事业的。

"社联"在其创办的《社会科学战线》中强调，在社会科学领域，马克思主义的领导是"时代的必要"，认为"社会思想家必须团结在一个组织中，这是毫无疑义的，但是团结必须站在一定的原则上，不然便是乌合之众"，而这一原则就是"革命的马克思主义的立场"③。关于马克思主义的革命性和科学性，"社联"指出：

马克思主义是唯一澈底革命学说……马克思主义的辩证唯物论与唯物辩证法是唯一澈底的宇宙观、科学的方法论……马克思主义在社会现象领域上，根本扫除了一切唯心神秘学说的残余，发现了社会发展的规律性，它在这一点上，给旧式思想界一个空前致命的打击，所有唯心史观、社会哲学均暴露出它的反科学性……总而言之，社会科学不论在宇宙观上、方法论上，只有站在马克思主义的旗帜下，才能够正确的完成它的任务。④

在马克思主义的指导下，"社联"成员艾思奇、吴亮平、王学文、邓初民、柯柏年、胡乔木、杜国庠（即林伯修、杜守素、吴念慈，后文不再备注）等人积极运用马克思主义研究哲学社会科学，撰写相关著作，推动了新（兴）社会

---

① 《中国社会科学家联盟底成立及其纲领》，《新思想月刊》1930年第7期。
② 《中国社会科学家联盟的现状》，《世界文化》1930年创刊号。
③ 《中国社会科学家的使命》，《社会科学战线》1930年第1期。
④ 《中国社会科学家的使命》，《社会科学战线》1930年第1期。

科学运动蓬勃发展。"社联"原计划编辑出版"六大卷"的《社会科学讲座》，虽然只于 1930 年 6 月出版了一卷①，但包括了《马克思主义的基础理论》（朱镜我）、《唯物史观》（吴亮平）、《社会主义》（吴亮平）、《经济学》（王学文）、《经济史底阶级性》（柯柏年）、《经济学方法论》（郭沫若）、《中国国民经济的改造问题》（潘东周）、《国家与法律》（林伯修）、《新兴教育的产生》（柳岛生，即杨贤江、李浩吾，后文不再备注）、《社会方法论的问题》（冯乃超）等重要哲学社会科学文献②，体现出学术团体作为哲学社会科学话语主体的重要作用。

针对哲学社会科学领域专业术语翻译不统一，即一个术语在汉字里有多种译法的情况，"社联"还研究出《统一译语草案》，在学术界产生了广泛影响③，有利于正确把握相关概念，为学术话语体系的形成提供了基本元素。此外，"社联"还通过讲台传播马克思主义，其组织中"能够教课的人，在中华艺大、上海艺大、群治大学、法政学院、中国公学、法学院等学校都去教过课"④，课程"很受进步青年、进步学生以及一部分青年党团员的欢迎"⑤，有效提高了马克思主义在广大青年中的影响力。

除"社联"外，延安新哲学会也在马克思主义哲学社会科学话语中国化过程中发挥了重要作用。延安新哲学会是在毛泽东的倡导下，由艾思奇、何思敬等人于 1938 年 6 月组织成立的。艾思奇等在《新哲学会缘起》中阐明了学会宗旨，指出尽管当时出版物"像洪水一样的汹涌澎湃"，但"内容却常是贫乏、堆砌和重复的积累"，"理论的工作不能充分发挥它的反映现实的能力"⑥。艾思奇认为，新哲学会之成立，"就是想把目前做得不很够的理论工作推进一步"，而要达到这一目的，就要"接受一切中外最好的理论成果，要发扬中国民族传

---

① 史先民编著：《中国社会科学家联盟资料选编》，中国展望出版社 1986 年版，第 212 页。

② 社会科学讲座社编：《社会科学讲座》，上海光华书局 1930 年版，目录页。

③ 王学文：《回忆"中国社会科学家联盟"》，《四川社联通讯》1982 年第 1 期。

④ 王学文：《左联和社联的一些关系》，载史先民编著：《中国社会科学家联盟资料选编》，中国展望出版社 1986 年版，第 133 页。

⑤ 王学文：《左联和社联的一些关系》，载史先民编著：《中国社会科学家联盟资料选编》，中国展望出版社 1986 年版，第 134 页。

⑥ 艾思奇、何思敬、任白戈等：《新哲学会缘起》，《解放》1938 年第 53 期。

统中最优秀的东西"①。

1940 年 6 月,延安新哲学会举行第一届年会。艾思奇在报告会务工作时肯定了新哲学会的成绩,指出:

新哲学会成立后,即在许多学校或机关里组织了许多哲学研究小组,经常的进行各种报告和讨论……两年以来,延安各级干部的理论修养是提高了,一般的同志都能有意识的将理论与实践联系起来……就新哲学会的对延安以外的联系来讲,自本会成立以后,绥德、庆环、二战区、晋察冀等处,都有信来。重庆中国学术研究会成立后,也与我们取得联系,交换书报。②

可见,通过新哲学会,延安知识分子与外界加强了联系,学会在动员广大干部学习马克思主义哲学方面也发挥了很大作用。

"社联"和新哲学会等学术团体从翻译、教育、出版等多方面促进了马克思主义的传播,提高了这一理论在学术界的影响力,推动了学术话语大众化,成为主体系统的重要组成部分。

2. 成立教育研究机构

除学术团体外,党领导成立的各类教育研究机构也是推动哲学社会科学发展的重要平台,在广泛传播马克思主义、不断丰富马克思主义哲学社会科学话语内容等方面发挥了重要作用。例如:大革命时期国共两党合作创办的上海大学,中央苏区时期的苏维埃大学、马克思共产主义学校(中央党校前身),延安时期的中国人民抗日军政大学(以下简称"抗大")、马列学院(后改名为中央研究院)、陕北公学,等等。

上海大学是 1922 年由国共两党合作创办的一所学校。中共早期很多领导人、理论家,如瞿秋白、蔡和森、邓中夏、恽代英、萧楚女、张太雷、杨贤江等,都曾在该校任职任教,有力地推动了马克思主义哲学社会科学话语的传播。曾担任上海大学教务长、社会学系主任的瞿秋白将"切实社会科学的研究及形成新文艺的系统"作为"'上海大学'所以当有的理由"③。在实际教学中,

---

① 艾思奇、何思敬、任白戈等:《新哲学会缘起》,《解放》1938 年第 53 期。

② 《延安新哲学会举行第一届年会》,《新华日报》1940 年 8 月 1 日。

③ 瞿秋白:《现代中国所当有的"上海大学"》,载黄美真、石源华、张云编:《上海大学史料》,复旦大学出版社 1984 年版,第 2 页。

瞿秋白、蔡和森等人以讲台为阵地，进一步增强了马克思主义的影响力。尤其是上海大学社会学系，受到党的高度重视，除瞿秋白外，施存统、彭述之也先后担任过社会学系系主任。与用资产阶级社会学说教育学生的燕京大学社会学系、沪江大学社会学系不同，上海大学社会学系是"以马克思主义的科学理论武装学生"[①]的。例如，蔡和森讲"社会进化史"时，认真阐述了恩格斯的《劳动在从猿到人转变过程中的作用》，并多次引证《家庭、私有制和国家的起源》（上述两书在当时还没有中译本），讲课生动活泼，很多其他系的学生也来旁听，连窗子外面都挤满了旁听的同学[②]。再如，安体诚讲"现代经济学"时，介绍了马克思经济学说的主要内容，向学生阐述了生产关系一定要适合生产力的原理，并着重讲授了资本主义必然灭亡、共产主义必然胜利的规律，提高了学生的马克思主义理论水平[③]。上海大学社会学系还将讲稿整理成《社会科学讲义》出版，包括瞿秋白的《社会哲学概论》《现代社会学》，施存统的《社会思想史》《社会运动史》《社会问题》，安体诚的《现代经济学》等。上海大学的其他讲义，如董亦湘的《唯物史观》、萧楚女的《外交问题》、瞿秋白的《社会科学概论》、杨贤江的《青年问题》、施存统的《劳动问题讲演大纲》等，也由相关书局出版或在报刊上公开发表，产生了广泛的社会影响[④]。

除上海大学外，延安中央研究院也为中国马克思主义哲学社会科学话语体系的构建作出重要贡献。有学者认为，延安中央研究院"代表着中国近代文化转型的正确方向"[⑤]。延安中央研究院的前身是1938年成立的马列学院。1941年5月，毛泽东在延安干部会议上作了《改造我们的学习》的报告。根据报告精神，对马列主义的学习不能从书本到书本，应走出教室，到丰富的实际生活

[①] 王家贵、蔡锡瑶编：《上海大学1922—1927年》，上海社会科学院出版社1986年版，第5页。

[②] 胡允恭：《创办上海大学和传播马克思主义——蔡和森同志革命斗争的一件大事》，载黄美真、石源华、张云编：《上海大学史料》，复旦大学出版社1984年版，第89页。

[③] 王家贵、蔡锡瑶编：《上海大学1922—1927年》，上海社会科学院出版社1986年版，第8页。

[④] 王关兴：《瞿秋白与上海大学》，《上海大学学报（社会科学版）》2001年第1期。

[⑤] 韩凌轩：《论延安中央研究院》，《文史哲》2003年第3期。

中去。同年 7 月，马列学院改组为马列研究院。同年 8 月 1 日，中共中央发布《关于调查研究的决定》，为了更好地将决定精神落到实处，进一步深化对中国本土问题的研究，马列研究院又更名为中央研究院[①]。由此可见，"中央研究院"这一名称的由来本身就包含着将马克思主义哲学社会科学话语应用到中国实践中去的要求。中央研究院采取分科设室的原则，共设有九个教研室[②]。受整风运动影响，延安中央研究院存在时间较短，但很好地贯彻了"实事求是"的要求，其下属各研究室的业务规划"都以研究中国实际为主"[③]，代表了中国学术文化的发展方向，对于马克思主义哲学社会科学话语体系植根于中国实践具有重要意义。

二、构建概念系统

托马斯·库恩（Thomas Samuel Kuhn）在《科学革命的结构》一书中提出"范式"理论，并强调定义或概念对于"范式"的重要性。他指出："接受新范式，常常需要重新定义相应的科学……界定正当问题、概念和解释的标准一旦发生变化，整个学科都会随之转变。"[④] 党的领导人和进步知识分子高度重视概念、范畴对于学术话语的重要意义，他们对各学科的基础概念、研究对象进行重新界定，推动了哲学社会科学话语体系的重塑。例如，李大钊在《史学要论》中提出："从前许多人为历史下定义，都是为历史的纪录下定义，不是为历史下定义；这种定义，只能告诉我们什么构成历史的纪录、历史的典籍，不能告

---

① 李维汉：《中央研究院的研究工作和整风运动》，载温济泽等编：《延安中央研究院回忆录》，中国社会科学出版社、湖南人民出版社 1984 年版，第 7 页。

② 这九个教研室分别是：中国政治研究室，主任张如心；中国经济研究室，主任王思华；中国文化思想研究室，主任艾思奇；中国历史研究室，主任范文澜；中国文艺研究室，主任欧阳山；中国教育研究室，主任李维汉兼；中国新闻研究室，主任李维汉兼；国际问题研究室，主任柯柏年；俄语研究室，主任师哲兼。——董纯才、张腾霄、皇甫束玉主编：《中国革命根据地教育史》第二卷，教育科学出版社 1991 年版，第 156 页。

③ 叶蠖生：《我所了解的中国历史研究室》，载温济泽等编：《延安中央研究院回忆录》，中国社会科学出版社、湖南人民出版社 1984 年版，第 72—73 页。

④［美］托马斯·库恩：《科学革命的结构》，金吾伦、胡新和译，北京大学出版社 2012 年版，第 88、91 页。

诉我们什么是历史。"① 他对"历史"这个学科基础概念进行了唯物史观的界定，认为：

> 历史就是人类的生活并为其产物的文化。因为人类的生活并为其产物的文化，是进步的，发展的，常常变动的；所以换一句话，亦可以说历史就是社会的变革。这样说来，把人类的生活整个的纵着去看，便是历史；横着去看，便是社会。②

这就突出了"人类生活"在历史演变中的重要地位。与此同时，李大钊也对"历史学"这一概念进行了诠释，认为"历史学就是研究社会的变革的学问，即是研究在不断的变革中的人生及为其产物的文化的学问"③。这为中国马克思主义历史学话语走上科学轨道提供了前提。

再如，邓初民在其著作《政治科学大纲》中指出："始终站在新唯物论的立场上，从经济背景的深处来说明各种政治现象。"④ 他从研究对象、研究方法、研究目的等角度探讨政治学的概念，认为"以政治现象为研究对象，用科学的方法达到从混沌的政治现象中抽出因果关系法则的目的之学，便是政治学"⑤。究竟什么是"政治现象"？他认为："一阶级对于其他阶级之强力的支配底活动与现象，即是所谓政治活动与政治现象……是政治学所要研究的惟一对象。"⑥ 这就突出了政治学的阶级性。此外，他在《新政治学大纲》中概括出了"明确的、科学的政党之概念"，指出："所谓政党，是一定阶级之一部分，且是全阶级中最有阶级觉悟、最能团结、又最勇于为本阶级利益奋斗之一部分。概括言之，它便是由全阶级中之先进分子结集而成之指导社会斗争的组织。"⑦ 这就强调了政党的阶级性和其主要任务。

又如，李达在《经济学大纲》中将经济学的研究对象界定为"社会构成

---

① 李守常：《史学要论》，商务印书馆 1924 年版，第 3 页。
② 李守常：《史学要论》，商务印书馆 1924 年版，第 3 页。
③ 李守常：《史学要论》，商务印书馆 1924 年版，第 16 页。
④ 邓初民：《政治科学大纲》，昆仑书店 1929 年版，自序第 2 页。
⑤ 邓初民：《政治科学大纲》，昆仑书店 1929 年版，第 39 页。
⑥ 邓初民：《政治科学大纲》，昆仑书店 1929 年版，第 36 页。
⑦ 邓初民：《新政治学大纲》，生活书店 1947 年版（1939 年初版），第 158 页。

过程中的生产关系的总体，即社会的经济构造"，而"特定的经济构造是特定社会的基础"①，这就明确了经济学在哲学社会科学中的基础地位。沈志远则从整体视角进行分析，指出"社会科学所研究的对象是社会现象"，并对"社会现象"加以界定，认为社会现象"不是狭义地单指普通社会上所发生的各种现象，而是把一切直接有关于社会的现象都包括在里面的。因此，如经济（社会底基础）、政治（社会底'上层建筑'之一）、观念形态（另一'上层建筑'底形式）以及社会发展史等等，都应当归入社会科学研究对象底范围以内"②。这就扩大了哲学社会科学的研究范围。

此外，吴念慈、柯柏年、王慎名合编的《新术语辞典》于1929年由上海南强书局出版。"这本辞典比较准确地介绍了马克思主义社会科学理论的基本术语，对人们学习掌握这一新兴社会科学理论很有帮助。"③例如：辞典将商品的"价值"界定为"在商品底交换价值中所表现出来的共通的性质"④，将"帝国主义"界定为"资本主义底最末的阶段"⑤，等等。

进步知识分子对学科概念、研究对象、基本术语进行马克思主义的界定，构建起概念系统，为中国马克思主义哲学社会科学话语体系的构建提供了基本元素。

三、丰富理论系统

概念系统是哲学社会科学话语体系的基本元素，但并不能代表话语体系的全部。学术话语体系的构建绝非"造词运动"。沈壮海等指出："有生命力的'话语'、能够形成话语权的'话语'，背后一定有'道'，有深厚的思想，有深刻的见识"，话语体系的构建，"既要关注如何言说的问题，更要关注言说什

---

① 李达：《经济学大纲》（节选），载宋俭、宋镜明编：《中国近代思想家文库·李达卷》，中国人民大学出版社2015年版，第302页。

② 沈志远：《社会科学之哲学的基础》，《妇女生活》1935年第1卷第1期。

③ 徐素华编著：《中国社会科学家联盟史》，中国卓越出版公司1990年版，第76页。

④ 吴念慈、柯柏年、王慎名：《新术语辞典》，上海南强书局1929年版，第45页。

⑤ 吴念慈、柯柏年、王慎名：《新术语辞典》，上海南强书局1929年版，第184页。

么的问题"①。他认为，思想理论是"树之根、干"，强调"学术话语体系与话语权的建设，不能图乞花果而不植根干"②。逢锦聚也提出："就理论与理论体系和话语体系的关系而言，理论是内容，理论体系和话语体系是形式……没有理论创新，理论体系和话语体系创新就失去了根基。"③刘伟则认为理论是学术话语的题中之义，指出学术话语"最主要的就包括概念（范畴）、理论（理念，范式）与方法（路径，技术）三大板块"④。因此，在概念的基础上，以唯物辩证法为根本研究方法，以唯物史观为基本阐释方式所产生的思想理论，才是马克思主义哲学社会科学话语体系的深厚根基。新民主主义革命时期，在党的领导下，进步知识分子在哲学、历史学、经济学、政治学、社会学、法学等学科取得了显著成就，极大地丰富了理论系统，拓展了各具体学科的学术话语内容（关于哲学社会科学各学科学术话语的划分，只是一种大致分类法，并不具备严格意义上的界限，因为很多学术话语不仅仅涉及某一个学科）。

（一）哲学

1.话语引入阶段（1921—1927）：唯物史观的广泛传播与辩证唯物主义的启蒙

从中国共产党成立到国民革命失败，中共早期领导人和进步学者致力于唯物史观和辩证唯物主义的宣传与介绍，撰写了许多著作和文章，为哲学话语的传播作出重要贡献。

新民主主义革命时期，对哲学的研究与"救亡图存"有着密切联系。与辩证唯物主义相比，唯物史观与社会革命的关系更为密切，所以最先被引入中国。早在中国共产党成立之前，李大钊在《我的马克思主义观》一文中就初步

---

① 沈壮海等：《学术话语体系建设的理与路——一项分科的研究》，人民出版社2019年版，序言第3页。

② 沈壮海等：《学术话语体系建设的理与路——一项分科的研究》，人民出版社2019年版，第372页。

③ 逢锦聚：《着力创新构建中国特色社会主义政治经济学理论体系和话语体系》，载国家行政学院科研部主编：《第四届全国哲学社会科学话语体系建设理论研讨会论文集》，国家行政学院出版社2017年版，第131—132页。

④ 刘伟：《学术话语重构与我国政治学研究的转型》，载沈壮海等：《学术话语体系建设的理与路——一项分科的研究》，人民出版社2019年版，第252页。

梳理了唯物史观经典著作的脉络，节译了《哲学的贫困》《共产党宣言》等著作内容，并在这些译文后注明"以上的译语，从河上肇博士"（有学者指出，李大钊的这篇文章在较大程度上参考了由陈溥贤翻译并在《晨报》副刊连载的日本学者河上肇的《马克思的唯物史观》一文[①]）。李大钊在译文后总结说，"人类社会生产关系的总和，构成社会经济的构造"，而"一切社会上政治的，法制的，伦理的，哲学的，简单说，凡是精神上的构造，都是随着经济的构造变化而变化"[②]。这就初步表述了"经济基础决定上层建筑"的原理。与此同时，李大钊还积极地将这一理论运用于各具体学科的研究中，扩大了马克思主义哲学话语在学术界的影响，有学者称其为"中国运用唯物史观原理构建马克思主义学术体系和话语体系的先驱"[③]。

　　1922年1月，李汉俊在《唯物史观不是什么？》一文中，用否证法论述了唯物史观的内容。认为这一理论"不是物质唯一主义"，它"虽然认物质上的变化是人类社会进化的唯一根本原因，但并不否认精神的要素"[④]。同年4月，陈独秀在吴淞中国公学作《马克思学说》演讲时，从剩余价值、唯物史观、阶级斗争、劳工专政四方面展开。在提及唯物史观时，陈独秀指出："一切制度、文物、时代精神的构造都是跟着经济的构造变化而变化的，经济的构造是跟着生活资料之生产方法变化而变化的。"[⑤]陈独秀曾是新文化运动的主帅，在学术界有很大的影响力。有学者认为，在中国共产党成立以后，陈独秀发表的宣传唯物史观的文章，不见得是最多或水平最高的，但就影响力来说却是最大的。他运用唯物史观这一武器，先后批判了张君劢的自由意志论，张东荪、梁启超的实业救国论和资本主义改良论，丁文江的存疑唯心论，以及胡适的多元历史观和实验主义，对唯物史观在中国的传播作出了不可磨灭的贡献[⑥]。

---

① 胡为雄：《马克思主义哲学在中国传播与发展的百年历史》上，百花洲文艺出版社2015年版，第167页。

② 李大钊：《我的马克思主义观》上，《新青年》1919年第6卷第5期。

③ 吴汉全主编：《中国马克思主义学术史》第二卷，人民出版社2019年版，第16页。

④ 汉俊：《唯物史观不是什么？》，《民国日报·觉悟》1922年1月23日。

⑤ 陈独秀：《马克思学说》，《新青年》1922年第9卷第6期。

⑥ 李曙新：《中国共产党哲学思想史》，中共党史出版社2003年版，第28—29页。

此外，李达在 1926 年出版的《现代社会学》一书中对唯物史观进行了系统阐释。他提出："生产关系之成立，必适应于生产力……假如一定社会组织内之生产力尚有发展之余地，而人类必欲以一己意志企图颠覆，则生产力不但不能增进，反有衰减之虞。"[①] 这不仅坚持了生产力对生产关系的决定作用，也表达了生产关系的反作用。

随着革命形势的发展和唯物史观的广泛传播，中国共产党人逐渐不再满足于仅仅引入马克思主义的一些结论，而迫切希望能用哲学方法来指导革命实践。为适应这种需要，如前文所述，瞿秋白连续编译撰写了《社会哲学概论》和《现代社会学》两部著作，首次在中国系统介绍了辩证唯物主义[②]。他阐述了物质与精神的关系、辩证法的特征和三大规律、辩证唯物主义的认识论等内容；将辩证法译为"互辩法"，认为"互辩法的考察一切现象，第一要看现象之间的不断的联系，第二要看他们的动象"[③]，开辩证唯物主义在中国启蒙之先河。瞿秋白对辩证唯物主义话语的传播，改变了此前人们将唯物史观等同于马克思主义哲学的看法，使学术界对这一理论有了更为完整的认识。

虽然这一时期的哲学话语还处于起步阶段，还有着较为浓重的译介痕迹[④]，但已经开始了与中国实际的初步结合。党的领导人和进步知识分子意识到不能只研究马克思的理论，"还须将其学说实际去活动，干社会的革命"[⑤]，为马克思主义哲学话语的进一步传播和应用指明了方向。

2. 话语重塑阶段（1927—1936）：马克思主义哲学话语的通俗化、大众化

1927—1936 年是中国马克思主义哲学话语的快速发展时期。如前文所述，在新（兴）社会科学运动中，马克思主义哲学尤其是唯物辩证法的相关译著和著作大量出版，形成了"唯物辩证法热"。马克思主义哲学话语影响力的不断

---

① 《李达文集》编辑组编：《李达文集》第一卷，人民出版社 1980 年版，第 246、282 页。

② 李曙新：《中国共产党哲学思想史》，中共党史出版社 2003 年版，第 37 页。

③ 《瞿秋白文集·政治理论编》第二卷，人民出版社 1988 年版，第 451 页。

④ 李曙新：《中国共产党哲学思想史》，中共党史出版社 2003 年版，第 1 页。

⑤ 陈独秀：《马克思的两大精神》，载任建树主编：《陈独秀著作选编》第二卷，上海人民出版社 2009 年版，第 454 页。

提升引起了一些人的反对，张东荪等人指责唯物辩证法"闯入哲学界"，"侵入了哲学的领土"[①]，全面攻击唯物辩证法，挑起了唯物辩证法论战。在论战中，叶青以批判张东荪为名，歪曲、篡改马克思主义哲学，提出"哲学消灭论"等怪论，进一步造成了思想界、学术界的混乱。面对张东荪、叶青等人的进攻，在党的领导下，马克思主义派学者邓拓（即邓云特，后文不再备注）、艾思奇、沈志远等纷纷撰文发声，对反动论调一一进行批驳，加深了人们对唯物辩证法的认识，逐步提升了马克思主义哲学在学术界的话语权威。正是在唯物辩证法论战前后，中国人自己撰写的马克思主义哲学著作，不仅有很深刻的学术内涵，而且具有向通俗化方向发展的特点[②]。艾思奇、陈唯实、沈志远等人的著作使原本深奥的马克思主义哲学话语变得通俗易懂，为马克思主义哲学话语的大众化作出重要贡献。

1934 年 11 月—1935 年 10 月，艾思奇在《读书生活》上连载《哲学讲话》，并在 1936 年汇集成书，由读书生活社出版（后改名为《大众哲学》）。李公朴在《哲学讲话》序言中指出，"这本书是用最通俗的笔法，日常谈话的体裁，溶化专门的理论，使大众的读者，不必费很大气力就能够接受，这种写法，在目前出版界中还是仅有的贡献"[③]；并强调在此书之前"没有一本专为大众而写的新哲学著作"[④]，充分肯定了此书的开创性作用。艾思奇用照相作比喻，诠释了唯物论者和"不可知论者"在认识论方面的分歧；用"卓别麟和希特勒的分别"阐释感性认识和理性认识的矛盾；用"雷峰塔的倒塌"解释量变与质变；用孙悟空"七十二变"解释现象与本质。大众化的话语使哲学更加贴近生活，深受读者欢迎，有效地增进了人民群众对马克思主义哲学的理解，在哲学话语发展进程中占据重要地位。曾担任过蒋介石高级顾问和幕僚的马璧教授在赠艾思奇纪念馆的诗题注中提到，蒋介石在反思失败根源时，认为自己并非败于军事，而是"败于艾思奇先生之《大众哲学》"。"1975 年时蒋经国尚提到《大众

---

① 张东荪编：《唯物辩证法论战》，民友书局 1934 年版，第 135 页。

② 吴汉全：《中国马克思主义学术史概论（1919—1949）》中册，吉林人民出版社 2010 年版，第 479 页。

③ 艾思奇：《哲学讲话》，读书生活社 1936 年版，序言第 1 页。

④ 艾思奇：《哲学讲话》，读书生活社 1936 年版，序言第 3 页。

哲学》思想之威力"①，这也从侧面反映出《大众哲学》在当时马克思主义哲学话语大众化过程中取得的重大成就。

1936年，陈唯实撰写的《通俗辩证法讲话》在上海出版。陈唯实指出，很多学者把唯物辩证法"说得非常玄妙神秘，说了许多极抽象的名词，使人听了莫明其妙"，当务之急，是把唯物辩证法"具体化、实用化，多引例子或问题来证明它"，"同时语言要中国化、通俗化，使听者明白才有意义"②。这部著作用通俗的语言阐述了辩证法的相关定律，对于古今中外的辩证法予以全面介绍，并集中批判了"辩证法是舶来品"的论调，对传统文化中的辩证思想进行了提炼，指出老子、庄子等人的哲学思想"虽带着唯心、神秘、错误"，但"都已有了辩证的观点"③，为马克思主义哲学话语中国化提供了依据。同年，陈唯实的另一部著作《通俗唯物论讲话》出版，他在全书开篇的"几句话"中指出，讨论新唯物论的各项问题，不应语言晦涩，让人难以理解，而应从现实出发，联系实际，"尽可能的实行'哲学到大众去'"④。他以群众喜闻乐见的形式介绍了唯物论的发展历程，阐述了唯物论与唯心论的斗争，对于加深人们对马克思主义唯物论的认识、消除对这一理论的误会和曲解作出了重要贡献。

同年，由沈志远撰写的《现代哲学的基本问题》出版。在"自序"中，沈志远指出，此书的目的"就在把这种指导大众生活和社会实践的哲学理论，作一番简略而扼要的介绍，以便终日埋头苦干、时间经济两穷的大众朋友们，得在工作余暇当作消闲的读物来随便看看"，所以"这本书是用极通俗的文字来写成的"⑤。他认为"新哲学"不是少数大学教授、学术家和特殊知识分子的"专利品"，而是"真实的，科学的，跟大众现实生活息息相关的哲学"⑥。他用

---

① 卢国英：《智慧之路——一代哲人艾思奇》，人民出版社2006年版，第99页。

② 陈唯实：《通俗辩证法讲话》，新东方出版社1936年版，第7页。

③ 陈唯实：《通俗辩证法讲话》，新东方出版社1936年版，第162页。

④ 陈唯实：《通俗唯物论讲话》，大众文化出版社1936年版，"几句话"第2页。

⑤ 沈志远：《现代哲学的基本问题》，生活书店1948年第六版（1936年初版），自序第3—4页。

⑥ 沈志远：《现代哲学的基本问题》，生活书店1948年第六版（1936年初版），第2页。

"张某和李某"围绕花香展开的争论，引申出唯物论者和唯心论者的区别，用学习游泳的过程阐述实践与认识的关系，语言通俗易懂、贴近生活，有力地推动了马克思主义哲学话语的普及。

此外，杨伯恺撰写了《偶然、必然、自由诸范畴之检讨》《本质与现象》等文章，对哲学的基础概念和范畴进行了诠释。文章注重将哲学思想与生活实际相结合，例如他在阐述"必然与偶然"时指出："一个身体强健的人，若依其体魄之内在的发展，则长寿是必然的。但不幸偶尔在甚么地方接触了流行的病菌，遂感染疾病而死，这种病菌是外在的，所以他底死也就是偶然的。"[1]这种通俗阐释有利于广大群众对马克思主义哲学基本范畴的理解，进一步推动了哲学话语大众化。

与话语引入阶段相比，这一时期的马克思主义哲学话语更加全面和丰富，且呈现出通俗化、大众化趋势，得到了更为广泛的传播，对于革命和学术研究的指导意义愈发突出。

3. 话语转换阶段（1936—1949）：马克思主义哲学话语的中国化、现实化

1936—1949 年，随着革命形势的不断发展，马克思主义哲学话语逐步植根于实践，日益与本土历史文化相结合，服务于革命斗争的实际需要，实现了由大众化到中国化的转变。如前文所述，毛泽东的"两论"是这一时期马克思主义哲学话语中国化的标志性成果。除党的领导人之外，这一时期的进步知识分子群体也撰写著作与文章，推动了马克思主义哲学话语从通俗化到中国化的转换。

这一时期的哲学话语中国化，首先表现在将哲学话语应用于中国现实，特别是应用于中国革命实践。艾思奇在 1938 年发表的《哲学的现状和任务》一文中号召哲学研究的中国化现实化，指出哲学的通俗化运动"是有极大意义的"，"是中国化现实化的初步"，但"通俗化并不等于中国化现实化"[2]。1939年，艾思奇在《实践与理论》一书中指出，"哲学是有它的时代任务的"，面对民族危机，哲学应该与民族解放运动联系起来，"担负起一部分的任务"，"在文化的战线上进行它的战斗"；而且"中国目前的解放运动，也提供了无限的

---

① 杨伯恺：《偶然、必然、自由诸范畴之检讨》，《研究与批判》1935 年第 1 卷第 7 期。

② 艾思奇：《哲学的现状和任务》，《杂志》1938 年第 1 卷第 4 期。

新的历史材料，在这些材料的基础上，可以使新哲学的理论也得到更多的新内容，使它更丰富、更具体化，这对于哲学本身的发展也是很大的帮助"[1]。在这部著作中，艾思奇用唯物论分析民族解放运动，认为"民族危机的现实，决定了中国民众的民族抗争意识"[2]。其用对立统一规律诠释联合战线，认为"当各种矛盾中的某一个在民族运动上成为最主要的危险时，其余的各种矛盾就可以比较缓和下来，形成一个联合来对付这主要的矛盾"[3]，真正将马克思主义哲学话语运用于革命实践中。1946年，胡绳在《辩证法唯物论入门》中指出，"辩证唯物论从其一开始时，就和社会实践绝对不能分离"，它是改变现实的武器；"而在今日，我们正要意识地把握着辩证唯物论来使之服务于摧毁日寇的侵略势力，建立独立的和平幸福的新的民主共和国的斗争任务"[4]。再次强调要将马克思主义哲学应用于革命斗争之中。

其次，这一时期的马克思主义哲学话语中国化还体现在对中国传统哲学的深入研究。进步知识分子以科学理论为指导，重视对传统哲学中辩证法和唯物论思想的研究，找到了马克思主义哲学与传统哲学之间的契合点，为马克思主义哲学中国化奠定了重要基础[5]。赵纪彬（即向林冰、纪玄冰，后文不再备注）撰写的《中国哲学史纲要》以"发现中国哲学中辩证法、唯物论要素的发展法则"[6]为研究目的，对中国古代哲学思想进行了系统的诠释与评价，进一步推动了马克思主义哲学话语中国化。有学者认为，这部著作"建立了以马克思主义为指导的中国哲学史研究的话语体系"[7]。

总体来看，这一时期的马克思主义哲学话语已不再满足于经典著作话语的引入或"转述"，也不再拘泥于公式般的套用，而是实现了从通俗化到中国化

---

① 艾思奇：《实践与理论》，读书生活出版社1940年第三版（1939年初版），第1—2、42—43页。

② 艾思奇：《实践与理论》，读书生活出版社1940年第三版（1939年初版），第14页。

③ 艾思奇：《实践与理论》，读书生活出版社1940年第三版（1939年初版），第30页。

④ 胡绳：《辩证法唯物论入门》，辽东建国书社1946年版，第2页。

⑤ 王海军：《真理的追求——延安时期知识分子群体与马克思主义中国化研究》，人民出版社2013年版，第190页。

⑥ 向林冰：《中国哲学史纲要》，生活书店1939年版，第1页。

⑦ 吴汉全主编：《中国马克思主义学术史》第四卷，人民出版社2019年版，第53页。

的转换，以具有中国风格的哲学话语去分析中国革命存在的问题，真正植根于本土实践之中。

（二）历史学

1. 话语引入阶段（1921—1927）：唯物史观初步应用于历史学研究

五四运动后，随着马克思主义在中国的广泛传播，一些进步学者逐步意识到唯物史观对于哲学社会科学研究的重大意义，并将其引入历史学研究，尤其是在中国近代史研究领域取得了重要成果。

早在中国共产党成立之前的 1920 年 12 月，李大钊在《唯物史观在现代史学上的价值》一文中就指出，"从前把历史认作只是过去的政治"，"这种历史观，只能看出一部分的真理而未能窥其全体……人类的历史，应该是包括一切社会生活现象，广大的活动。政治的历史，不过是这个广大的活动的一方面"[1]。这就突破了以往政治史观的限制，扩大了历史学的研究范围。同年，在《原人社会于文字书契上之唯物的反映》中，李大钊运用唯物史观分析中国远古至商周时期的社会，并重视用考古材料"推测当时的社会状态的一般"，同时从"较为可靠的一部分的《尚书》和《诗经》"[2]中寻取旁证。这种考古材料与文献相结合的研究方法对于古代史研究具有重要意义。在近代史研究方面，李大钊认为近代以来的中国是"列强的半殖民地的中国"[3]，同时正确阐明了封建势力在中国社会经济中的地位[4]。他在《狱中自述》中指出："数年研究之结果，深知中国今日扰乱之本原，全由于欧洲现代工业勃兴，形成帝国主义，而以其经济势力压迫吾产业落后之国家……吾之国民经济，遂以江河日下之势而趋于破产。"[5]这为后来的进步学者正确认识近代中国社会

---

[1] 李大钊：《唯物史观在现代史学上的价值》，《新青年》1920 年第 8 卷第 4 期。

[2] 李大钊：《原人社会于文字书契上之唯物的反映》，载杨琥编：《中国近代思想家文库·李大钊卷》，中国人民大学出版社 2014 年版，第 322 页。

[3] 李大钊：《在中国国民党第一次代表大会上的发言》，载《李大钊文集》第四卷，人民出版社 1999 年版，第 369 页。

[4] 吴汉全：《中国马克思主义学术史概论（1919—1949）》上册，吉林人民出版社 2010 年版，第 288 页。

[5] 李大钊：《狱中自述》，载杨琥编：《中国近代思想家文库·李大钊卷》，中国人民大学出版社 2014 年版，第 502 页。

性质问题提供了借鉴。

除李大钊之外，陈独秀、蔡和森等人也在这一时期撰写了相关文章与著作，进一步丰富了马克思主义历史学话语。1923年，陈独秀在《中国国民革命与社会各阶级》一文中阐明了中国近代社会的"半殖民地"性质，并认为中国革命的特殊形式"本是殖民地半殖民地的政治及经济状况所自然演成的"①。同年，他在广东高师演讲时提出："中国表面上虽说是一个独立的国家，其实是个半殖民地……所以中国劳动阶级和社会主义者的目前工作，首先要做打倒军阀打倒帝国主义的国民革命。"②其对社会性质和革命任务的考察对中国近代史研究影响深远。

1924年，蔡和森在其撰写的《社会进化史》一书中以大量史料阐释了人类历史演变的进程和规律，根据摩尔根、马克思、恩格斯的学说，将"有史以前"的人类历史社会分为野蛮时代、半开化时代和文明时代，并认为"每个时代的变化有每个时代的新特征，而这些新特征即直接为生产方法的变迁所引起"③，体现了唯物史观的基本原则。蔡和森善于引用中国社会史作为例证，使马克思主义历史学话语富有中国风格。例如，在论及"一夫多妻"制时，他指出在中国"畜妾与多妻不过是富人的特权"，"'小老婆'大都是由金钱购买来的；至于一般民众，大概总是过一夫一妻的生活"，从而证明"多妻为富人之奢侈品"④。1926年，蔡和森任中共驻共产国际代表团团长时，应莫斯科中山大学旅俄支部邀请作了《中国共产党史的发展》这一报告，认为"要知道中国革命及我党要如何发展及其发展的道路如何"，就应对党史有所了解；且"我党虽仍青年，但是已经有了很多的复杂的事实，而值得我们研究了"⑤。报告首次提出了"中国共产党历史的发展"的命题，成为中共第一部党史著作，为马克思主义历史学话语的中国化作出了独特贡献。

---

① 独秀：《中国国民革命与社会各阶级》，《前锋》1923年第1卷第2期。

② 陈独秀：《关于社会主义问题——在广东高师的讲演》，载任建树主编：《陈独秀著作选编》第三卷，上海人民出版社2009年版，第86、88页。

③ 蔡和森：《社会进化史》，民智书局1926年第三版（1924年初版），第6页。

④ 蔡和森：《社会进化史》，民智书局1926年第三版（1924年初版），第44—45页。

⑤ 蔡和森：《中国共产党史的发展（提纲）——中国共产党的发展及其使命》，载《蔡和森文集》，人民出版社2013年版，第786页。

这一时期，党领导下的进步学者将马克思主义历史理论引入中国历史研究，对学科基础概念予以科学界定，取得了一些具有开创性意义的理论成果。尤其是对中国近代史的研究，为20世纪30年代马克思主义历史学话语权的提升奠定了基础。

2. 话语重塑阶段（1927—1936）：马克思主义历史学话语影响力的显著提升

1927—1936年是马克思主义历史学话语发展的第二阶段，这一时期发生了中国社会性质、中国社会史和中国农村性质三大论战。由于论战涉及中国历史发展阶段和当时中国社会性质问题，进步知识分子对中国历史进行了贯通性考察，郭沫若、吕振羽、李平心、何干之等人潜心治学，提出了一些重要观点，极大地推动了历史学话语的发展。

1930年，郭沫若将《〈周易〉的时代背景与精神生产》《〈诗〉〈书〉时代的社会变革与其思想上之反映》等五篇文章汇集成《中国古代社会研究》一书，由上海联合书店出版[1]。郭沫若在该书序言中指出，"世界文化史的关于中国方面的记载，正还是一片白纸"，中国人"应该自己起来，写满这半部世界文化史上的白纸"[2]。此书以唯物史观视角对中国古代史进行研究，论证了中国历史符合人类历史一般规律；并且他把古文字学应用于历史研究，首次将甲骨、金文、卜辞等实物材料与古代文献结合起来，为后来的历史学研究提供了科学研究方法。虽然受当时考古学水平的限制，该书也得出了一些错误的结论，但其开创了以唯物史观系统研究中国古代史的新纪元，"第一次把帝国主义侵入以前的中国历史，叙述为原始社会、奴隶社会和封建社会这样几种生产方式有规律地更替的历史，确认马克思主义关于社会发展规律的学说完全适合中国的国情"[3]，为之后的历史学研究开辟了道路，"标志着中国马克思主义史学的真正建立"[4]。翦伯赞在其所著《历史哲学教程》一书中评价说：

---

① 谢保成、魏红珊、潘素龙编：《中国近代思想家文库·郭沫若卷》，中国人民大学出版社2014年版，第223页。

② 郭沫若：《中国古代社会研究》，上海新新书店1930年版，序第5页。

③ 周子东等编著：《三十年代中国社会性质论战》，知识出版社1987年版，第48页。

④ 陈其泰：《中国马克思主义史学的理论成就》，国家图书馆出版社2008年版，第81页。

在中国开始以史的唯物论把历史来作系统研究的，要算是郭沫若，他在其所著的中国古代社会研究的序言中，自己说是应用恩格斯的历史方法论研究中国的古代社会，虽然他对于社会形势发展的诸阶段，有许多的错误，对于辩证唯物论的运用，也不十分正确，但他总是在中国历史的研究上，有着其相当贡献的一个人。[①]

郭湛波在《近五十年中国思想史》中指出："郭先生是用唯物史观研究中国社会史最有成绩的人，也是研究甲骨文字最有成绩的人。不只开中国史学界的新纪元，在中国近五十年思想史上也有莫大的贡献。"[②]蔡尚思则把中国人研究历史学总结为四种方法，其中第四种方法的学者——即"把书本考证学、甲骨史料与马克思、恩格斯的唯物史观结合起来去治古史古学者"——以郭沫若等为代表；并认为郭沫若"超过了王国维和胡适"，是正式运用无产阶级唯物史观治古史的第一人[③]。

1933 年，李平心出版《中国近代史》一书，弘扬了马克思主义派学者在中国社会性质论战中的观点，成为 20 世纪中国第一部以唯物史观为指导的近代通史著作[④]。他将鸦片战争作为中国近代史的起点，认为这场战争是"中国开始为国际资本主义的浪涛所袭击，引起社会内部变化的一个重大关键"，"从鸦片战争后，中国才日益走上殖民地化的途径"[⑤]；并强调了研究方法的重要性，认为"在我们研究中国近代史之前，首先必须弄清楚的，就是用什么方法去理解许多历史的现象与事变，去发现其中存在的因果规律"[⑥]；提出应"将历史看作

① 翦伯赞：《历史哲学教程》，生活书店 1938 年版，第 29 页。

② 郭湛波：《近五十年中国思想史》，岳麓书社 2013 年版，第 173 页。

③ 蔡尚思：《郭沫若在中国古代史研究上的首出地位——读郭老〈中国古代社会研究〉》，载蔡尚思：《中国古代学术思想史论》，上海古籍出版社 2013 年版，第 56 页。

④ 吴汉全：《中国马克思主义学术史概论（1919—1949）》中册，吉林人民出版社 2010 年版，第 694 页。

⑤ 李鼎声：《中国近代史》，光明书局 1935 年第三版（1933 年初版），第 4 页。

⑥ 李鼎声：《中国近代史》，光明书局 1935 年第三版（1933 年初版），第 7 页。

对立物相互转变的过程","从各种历史事象的变动过程去追究他们的发展"①，"须从历史上各方面的联系去研究一切事变的过程与关系，不能将它们当作彼此孤立的事情看待"②。他的论述充满了唯物辩证法思想，对于后来的史学工作者具有重要的启迪意义。

1934 年，吕振羽撰写的《史前期中国社会研究》出版。吕振羽认为："史的唯物辩证法，不啻是我们解剖人类社会的唯一武器，史的唯物论，是唯一的历史学方法论。"③他以唯物史观为指导，将中国古籍中神话传说的记载和出土文物有机结合，"给无人过问的史前期整理出一个粗略的系统"④，确认奴隶制为社会发展的必经阶段，有力地论证了马克思主义历史学理论的普遍意义。

此外，华岗的《一九二五年至一九二七年的中国大革命史》、吴玉章的《中国历史教程绪论》等均是这一阶段中国马克思主义历史学的代表性研究成果。这一阶段无论在古代史还是近代史研究领域均取得了显著的进步，标志着中国马克思主义历史学的形成。党领导下的进步学者在学术论战中连续撰文发声，有效地提升了中国马克思主义历史学话语的影响力，增强了学术话语权。

3. 话语转换阶段（1936—1949）：中国马克思主义历史学话语初步走向成熟

1936—1949 年，面对日军的野蛮侵略和反动派的残酷统治，范文澜、翦伯赞、侯外庐、吕振羽、尹达等进步知识分子在"以古鉴今"的强烈使命感下著书立说，在历史学研究领域取得了显著成绩，推动了中国马克思主义历史学话语初步走向成熟。

1938 年，翦伯赞撰写的《历史哲学教程》一书出版。他高度重视历史哲学的重大意义，认为"无论何种研究，除去必须从实践的基础上，还必须要依从了正确的方法论，然后才能开始把握和理解其正确性"。而历史哲学的任务就是"从一切错综复杂的历史事变中去认识人类社会之各个历史阶段的发生发展与转化的规律性"⑤。该著作强调历史学的阶级性，指出历史学"反映着现社

---

① 李鼎声：《中国近代史》，光明书局 1935 年第三版（1933 年初版），第 9 页。
② 李鼎声：《中国近代史》，光明书局 1935 年第三版（1933 年初版），第 11 页。
③ 吕振羽：《史前期中国社会研究》，北平人文书店 1934 年版，第 7 页。
④ 吕振羽：《史前期中国社会研究》，北平人文书店 1934 年版，自序第 1 页。
⑤ 翦伯赞：《历史哲学教程》，生活书店 1938 年版，序第 4 页。

会正在敌对着的诸种倾向与其意识形态，所以当着分析或批判一切历史事实的时候，便必然直接地当然地站在一定的社会立场上，而表现出不同的甚至相反的认识……这不仅是一个哲学问题、理论问题，而是一个现实的政治问题"[①]。这就将历史学话语置于唯物史观指导之下。此外，翦伯赞于全民族抗战时期撰写的《中国史纲》第一、二卷也是优秀的中国古代史著作。《中国史纲》以马克思主义为指导，详细论述了中国史前史、殷周史、秦汉史；重视考古学的新发现，认为出土的文物"不但可以考验文献上的史料之真伪，而且还可以补充文献上的史料之缺失"[②]；对于各时代的古器物"均附有图片"，对于各时代的历史活动范围"都附地图"[③]，使历史学话语更加具体、直观。

1941年，范文澜组织编写的《中国通史简编》在延安出版，产生了重要的学术影响。中国历史研究会为此书所作的序言中指出，《二十五史》《资治通鉴》这类现成的史书"无非记载皇帝贵族豪强士大夫少数人的言语行动，关于人民大众一般的生活境遇，是不注意或偶然注意，记载非常简略"，"不适于学习历史的需要"[④]。而范文澜编写的《中国通史简编》始终以唯物史观为指导，将中国历史划分为原始社会、奴隶社会、封建社会，形成了以社会形态划分中国历史阶段的通史体系；并充分肯定阶级斗争的作用，纠正了旧史书诋毁农民起义的偏见。该著作出版同年，金灿然评价指出，此书"在研究中国历史的新方向上打下了一个基石。它是用新的方法整理中国历史的一个宝贵的成果，在处理历史材料与分析历史问题上，它打破了中国旧的史学者的狭隘的阶级偏见，立脚在先进的立场上，洞照了历史发展的全过程"[⑤]。

1943年，尹达的《中国原始社会》由延安作者出版社出版。尹达指出，"剥削者所御用的知识分子"所提出的"命里注定"论调只是"统治阶级的谎言"，"阶级社会并不是永恒的东西"；马克思主义认为，"在阶级社会之前曾

[①] 翦伯赞：《历史哲学教程》，生活书店1938年版，第3—4页。

[②] 翦伯赞：《中国史纲·第一卷》，五十年代出版社1944年版，序第3页。

[③] 翦伯赞：《中国史纲·第一卷》，五十年代出版社1944年版，序第6页。

[④] 范文澜：《中国通史简编》上，华北新华书店1948年版（1941年初版），序第2页。

[⑤] 金灿然：《中国历史学的简单回顾与展望》，《解放日报》1941年11月22日。

经存在过'共同生产，共同分配'的原始共产社会"，而中国并没有"逃出马列主义指示给我们的社会发展规律之外"[①]。该书以马克思主义为指导，引用最新的考古学资料，再现了中国原始社会的基本概貌，是以中国马克思主义历史学话语解读原始社会的有益尝试。

此外，范文澜的《中国近代史》上册，侯外庐的《中国近世思想学说史》，郭沫若的《青铜时代》《十批判书》等，均是这一阶段中国马克思主义历史学话语探索的杰出成果。这一阶段无论在通史还是断代史方面都取得了突破，与中国革命实践的联系更加紧密，引用的考古学材料更为丰富，显示出中国马克思主义历史学话语水平的显著提升。

（三）经济学

1. 话语引入阶段（1921—1927）：马克思主义经济学话语的宣传和初步运用

五四运动后，马克思主义经济学话语逐渐被引入中国学术界。李大钊、陈独秀、王学文等撰文宣传马克思主义经济学理论，并开始尝试用其分析中国经济的发展情况。

在中国共产党成立以前李大钊就提出，从经济思想史上观察经济学的派别，可分为三大系，即"个人主义经济学，社会主义经济学，与人道主义经济学"，而"马克思是社会主义经济学的学祖"[②]。李大钊认为，社会主义、人道主义的经济学将要取代个人主义经济学"正统的位系"。"从前的经济学，是以资本为本位、以资本家为本位。以后的经济学，要以劳动为本位、以劳动者为本位了。"[③]指明了经济学的发展趋势。他认为马克思主义经济学有两个要点——"余工余值说"和"资本集中说"，而"余工余值说"是从马克思的"劳工价值论"演化而来的；进而介绍了马克思的劳动价值论、剩余价值论、资本集中理论等，并指出剩余价值论是马克思"全经济学说的根本观念"[④]。1922年，他在北京大学马克思学说研究会以"马克思的经济学说"为题进行演讲，深入浅出

---

① 尹达：《中国原始社会》，作者出版社 1943 年版，第 2—3 页。
② 李大钊：《我的马克思主义观》上，《新青年》1919 年第 6 卷第 5 期。
③ 李大钊：《我的马克思主义观》上，《新青年》1919 年第 6 卷第 5 期。
④ 李大钊：《我的马克思主义观》下，《新青年》1919 年第 6 卷第 6 期。

地阐释了价值、剩余价值的含义，论述了"资本家取利的方法"[①]，揭示了剩余价值的来源。此外，他还对西方经济学思想、社会主义经济制度、中国经济发展道路等问题进行了评述和初步研究，使中国学术界对马克思主义经济理论有了更为全面的了解，有效地推动了经济学话语在中国的传播。有学者认为，他是"在中国传播马克思主义经济学的先驱，是中国马克思主义经济学的开创者"[②]。

1921年1月，陈独秀在工业学校演讲时指出，"旧式经济学说生产要素是——一、土地；二、劳动；三、资本"；而"现世新经济学"则认为，土地"若不经劳力者开垦，是没有价值"，"资本没有劳力，也是没有独立的价值"，所以"土地和资本，断不能与劳力平行，要附属于劳力底下"[③]。陈独秀所说的"现世新经济学"即代表劳动者利益的马克思主义经济学。他倡导工学生应"和体力劳动者结合团体，共同进行，把资本家推倒"[④]。1922年4月，陈独秀在吴淞中国公学演讲时高度评价马克思在经济学领域的成就，认为"马克思是一个大的经济学者，他的学说代表社会主义的经济学和斯密亚丹代表个人主义的经济学一样，在这一点无论赞成马克思或是反对者都应该一致承认"[⑤]。陈独秀还对"国民革命成功后"的中国经济制度进行了探索，认为那时的经济制度"自然是家庭的手工业与农业、小生产制、私人资本主义的大生产制、国家资本主义等，四种并行"[⑥]。陈独秀初步指出了将来多种经济成分并存的状况。此外，他还强调经济学要研究中国实际才有意义，认为："我

① 李大钊：《马克思的经济学说——在北京大学马克思学说研究会上的演讲》，载杨琥编：《中国近代思想家文库·李大钊卷》，中国人民大学出版社 2014 年版，第 341 页。

② 吴汉全：《中国马克思主义学术史概论（1919—1949）》上册，吉林人民出版社 2010 年版，第 176 页。

③ 陈独秀：《在工业学校演说词——工学生与劳动运动》，载任建树主编：《陈独秀著作选编》第二卷，上海人民出版社 2009 年版，第 354—355 页。

④ 陈独秀：《在工业学校演说词——工学生与劳动运动》，载任建树主编：《陈独秀著作选编》第二卷，上海人民出版社 2009 年版，第 356 页。

⑤ 陈独秀：《马克思学说》，《新青年》1922 年第 9 卷第 6 期。

⑥ 陈独秀：《答沈滨祈、朱近赤（国民革命之归趋）》，载任建树主编：《陈独秀著作选编》第四卷，上海人民出版社 2009 年版，第 269 页。

国各学校所授之经济学，若多用外国理论的，不及国内经济状况，盖此种教授，实属无稗实用也。"[1] 这实际上提出了经济学中国化的任务。

1925—1927年，曾经师从日本经济学家河上肇的王学文发表了《中国经济现状概观》《军阀官僚之剥夺》等文章，宣传了马克思主义经济理论，并学以致用，认为中国"内受军阀官僚之剥夺，外受列国资本家之侵略，经济发展之推进力受此政治的经济的二重束缚，不得前进，处于萎缩停顿状态之下"[2]。同时指出，研究一国之经济，不能只列举这个国家的各种经济形态，而应注意研究经济的发展过程与趋势。对于中国而言，要着重研究"经济之动的性质"，即"经济变化发展之顺路倾向"[3]。他认为中国经济正处于"过渡的时期"，"旧形低级之地方经济、封建的经济渐趋于衰微崩坏，新形高级之国民经济、资本主义的经济渐次代之以兴"，所以与其说中国经济正处于某个阶段，不如说"中国经济正在由旧封建的经济移向新资本主义的经济"[4]。这种重视考察中国经济发展从量变到质变过程的思想，符合唯物辩证法的要求。此外，王学文重视运用马克思主义的阶级观点来分析经济现象，力图在政治变革中实现中国经济振兴；认为要使国家富强，必须"去其政治上之压力，脱其经济下之束缚，起而为民族解放、经济解放之运动"[5]，体现出强烈的现实关怀，对于中国马克思主义经济学话语的发展具有积极的意义。

这一时期的进步学者不仅大力宣传马克思主义经济理论，而且初步用这一理论分析本土实际、探索发展道路，成为经济学话语中国化的良好开端。

2.话语重塑阶段（1927—1936）：马克思主义经济学话语"应用到本国的实际状况上去"

1927—1936年，随着中国社会性质问题论战的爆发和新（兴）社会科学

---

[1] 陈独秀：《教育与社会——在广东省教育会的演讲》，载任建树主编：《陈独秀著作选编》第二卷，上海人民出版社2009年版，第353页。

[2] 王首春：《军阀官僚之剥夺》，《独立青年》1926年第1卷第3期。

[3] 王首春：《中国经济现状概观——其过渡的性质——余之观察法》，《孤军》1925年第3卷第4期。

[4] 王首春：《中国经济现状概观——其过渡的性质——余之观察法》，《孤军》1925年第3卷第4期。

[5] 王首春：《中国经济现状之一面观》，《东方杂志》1925年第22卷第21期。

运动的开展，进步学者对经济学的重大意义有了更为深刻的理解，认为"只有具体的了解了经济发展中的种种问题，然后才能找出研究一切实际问题的头绪。也只有经济的研究，才能充实社会科学的研究"①。这就凸显了经济学在哲学社会科学中的重要地位。这一时期马克思主义经济学译著的大量出版也使得进步学者更好地掌握了研究中国经济的科学方法。李达、陈豹隐、薛暮桥、王学文、沈志远等在马克思主义的指导下对本土经济状况展开研究，有力地推动了经济学话语大众化、中国化。

1929 年，李达在《中国产业革命概观》中强调了产业革命的重要意义，认为政治革命与产业革命关系密切，"要获得中国社会改造的理论，惟有在中国产业革命的过程中去探求"②。他指出，中国产业革命是在外力压迫下开始的，中国的资本主义受帝国主义压迫，"绝没有在它们的掌握中翻过筋斗的可能"③。同时，用翔实的数据分析了中国农村经济破产的现状，揭示了其经济破产的原因，指明中国产业的出路在于"打倒帝国主义的侵略，廓清封建势力和封建制度，树立民众的政权，发展国家资本，解决土地问题"④，显示出马克思主义经济学话语的革命色彩。此外，李达特别强调要对中国经济展开探索，认为"我们不是为了研究经济学才研究经济学，而是为要促进中国经济的发展才研究经济学"⑤，反映出这一时期马克思主义经济学家的中国化主张。

1933 年，陈豹隐的经济学课程讲稿由听讲者整理，陈豹隐本人"亲自动笔，大加补削"后，以《经济学讲话》为题出版，以便"在许多入门书或好而不新，或新而不全，或全而不易理解的种种不满足的状况当中，提示一个比较各方面都顾到，比较可以省去初学者的脑力支出的浪费部分的本子"⑥。陈豹隐

---

① 潘东周：《中国经济发展中的根本问题》，《世界月刊》1929 年第 1 卷第 1 期。
② 李达：《中国产业革命概观》，昆仑书店 1929 年版，第 3 页。
③ 李达：《中国产业革命概观》，昆仑书店 1929 年版，第 10 页。
④ 李达：《中国产业革命概观》，昆仑书店 1929 年版，第 216 页。
⑤ 李达：《经济学大纲》（节选），载宋俭、宋镜明编：《中国近代思想家文库·李达卷》，中国人民大学出版社 2015 年版，第 314 页。
⑥ 陈豹隐：《经济学讲话》，好望书店 1933 年版，自序第 1 页。

高度肯定了经济学的重要性，认为"经济学是其他一切社会科学的基础"①。设"价值论""剩余价值论""平均利润论""资本积蓄论""资本社会扬弃论"等篇章，以通俗易懂的语言介绍了马克思主义经济学理论，对初学者起到了普及作用；且论述联系中国实际，强调"凡是关于一种学说或学理的讨论，总得拿它和本国的情形相对照，更进一步总得应用到本国的实际状况上去"，否则不过是"一些口头的空谈，名词的贩卖而已"②。

1934 年 10 月，薛暮桥在《怎样研究中国农村经济》一文中指出："农村经济学是经济学中的一个特殊部门，也可以说是研究'农村问题'底一种基础知识。"③即"农村经济学"是经济学的分支学科。他批判了关于农村经济研究的各种错误观点，指出农村经济学的研究对象应该是"中国农村社会底复杂的经济结构，以及直接间接支配着中国农民的整个经济体系"；并主张用"联系"和"发展"的观点来分析农村问题，提倡理论联系实际，"一方面用正确的理论来分析具体事实，另一方面由于事实底分析，理论底内容也就跟着充实起来"④。薛暮桥的论述指明了农村经济学的研究对象，给出了科学的研究方法，并重视对农村现状的分析，对于农村经济学具有开创性意义，推动了中国马克思主义经济学话语中国化。

此外，沈志远的《新经济学大纲》、陈豹隐的《财政学总论》、王学文的《中国资本主义在中国经济中的地位其发展及其前途》、狄超白的《通俗经济学讲话》等均推动了经济学话语的进一步丰富发展。这一时期的进步学者强调经济学的重要地位，科学界定了其研究对象，重视其话语普及，以通俗易懂的语言推动了马克思主义经济学话语大众化。同时，注重研究中国实际，与现实政治斗争紧密联系，使经济学话语更具中国特色。

3.话语转换阶段（1936—1949）：马克思主义经济学话语更好地服务于革命实践

1936—1949 年，进步学者在前期成果基础上展开深入探索，经济学话语

---

① 陈豹隐：《经济学讲话》，好望书店 1933 年版，第 29 页。
② 陈豹隐：《经济学讲话》，好望书店 1933 年版，第 699 页。
③ 薛暮桥：《怎样研究中国农村经济》，《中国农村》1934 年创刊号。
④ 薛暮桥：《怎样研究中国农村经济》，《中国农村》1934 年创刊号。

主要聚焦于中国实际问题。中国共产党高度重视经济理论的研究，号召经济学要以中国为研究中心，指出虽然理论水平较过去高了一些，但仍落后于中国革命实践，"还没有产生一本合乎中国经济发展的实际的、真正科学的理论书"[①]。王亚南、许涤新、王学文、钱俊瑞、薛暮桥、王思华、郭大力、沈志远等围绕中国经济潜心研究，取得了一批较前一阶段更为成熟的理论成果，在马克思主义经济学话语中国化进程中取得了显著进步。

1941年，王亚南提出了建立"中国经济学"的任务。他指出，"我们研究政治经济学，应随时莫忘记：我们是以中国人的资格来研究"[②]，不能照搬照抄欧美或日本经济学者的研究结论，"要由政治经济学的研究，逐渐努力创建一种专为中国人攻读的政治经济学"[③]。1944年，他在《关于中国经济学建立之可能与必要的问题》中解释了为何要"抬出'中国经济学'这个大题目"：

因为中国经济之科学的研究，尽管在理论方面，在实践方面，有如此的必要，但国人乃至国内经济学界人士，却始终对中国经济，不肯下一点科学研究工夫……惟其如此，"中国经济学"的提出，在消极方面可以说是要矫正这种根深蒂固的太看轻了、太看容易了中国经济这个对象之研究的错误，而在积极方面则是企图由此引起大家对这个研究对象，能严肃的予以注意，并振奋起科学研究的热枕。[④]

他不仅提出了创建"中国经济学"的任务，也在《中国经济原论》《关于中国经济学之研究对象与研究方法的问题》等著作与文章中将其付诸实践，推动了马克思主义经济学话语中国化，"为建立中国经济学的学术体系和话语体

① 《毛泽东选集》第三卷，人民出版社1991年版，第813页。

② 王亚南：《政治经济学在中国——当作中国经济学研究的发端》，载夏明方、杨双利编：《中国近代思想家文库·王亚南卷》，中国人民大学出版社2015年版，第119页。

③ 王亚南：《政治经济学在中国——当作中国经济学研究的发端》，载夏明方、杨双利编：《中国近代思想家文库·王亚南卷》，中国人民大学出版社2015年版，第122页。

④ 王亚南：《关于中国经济学建立之可能与必要的问题》，载夏明方、杨双利编：《中国近代思想家文库·王亚南卷》，中国人民大学出版社2015年版，第149页。

系作出了贡献"[1]。

　　1946 年，许涤新在《中国经济的道路》中将摆在我们面前的经济道路归纳为四条："鸦片战争以来所走的那条老路""欧美旧民主主义的道路""新民主主义的道路"和"最新式的社会主义的道路"[2]。该如何进行选择？他认为："一面要研究每一种制度的利弊，一面要照顾到中国本身的条件。"[3] 在经过充分论证后得出结论——"中国经济，既不能回头地走着半殖民地半封建社会的老路，或者走着欧美的旧民主主义的道路，又未能走着最新式的社会主义的道路"[4]；"在现阶段这种情况之下，只有新民主主义的经济，才能发展中国的生产，才能改变中国国民经济的面貌"[5]。针对有人质疑新民主主义"宽容了资本主义"，许涤新认为："拿发展资本主义去代替外国帝国主义与本国封建主义的压迫，不但是一个进步，而且是一个不可避免的过程。"[6] 该书对新民主主义国家的商业、财政、金融等问题进行了深入研究，使马克思主义经济学话语更好地服务于新民主主义革命实践。此外，许涤新在其另一部著作《新民主主义经济论》中明确提出，他"对于新民主主义经济的研究，是在一九四〇年毛泽东先生发表了《新民主主义论》以后才开始的"[7]。他在此书中阐释了新民主主义的历史条件、新民主主义经济的性质、新民主主义的法则及其倾向等问题，认为"新民主主义经济之实现，是明显地有待于新民主主义政治之实施，是明显地以新民主主义政治为前提的"[8]，而"新民主主义的政治，并不是从天上掉下来的，它决不能离开当时当地的现实的经济基础"[9]，即"新民主主义的政治是

---

① 吴汉全主编：《中国马克思主义学术史》第四卷，人民出版社 2019 年版，第 237 页。

② 许涤新：《中国经济的道路》，生活书店 1946 年版，第 115 页。

③ 许涤新：《中国经济的道路》，生活书店 1946 年版，第 116 页。

④ 许涤新：《中国经济的道路》，生活书店 1946 年版，第 131 页。

⑤ 许涤新：《中国经济的道路》，生活书店 1946 年版，第 133 页。

⑥ 许涤新：《中国经济的道路》，生活书店 1946 年版，第 134 页。

⑦ 许涤新：《新民主主义经济论》，中外出版社 1948 年版，序言第 1 页。

⑧ 许涤新：《新民主主义经济论》，中外出版社 1948 年版，第 8—9 页。

⑨ 许涤新：《新民主主义经济论》，中外出版社 1948 年版，第 9 页。

以经济的现实条件为基础的"[1]，揭示出经济学话语与革命话语的紧密联系。

同年，王学文在《解放区工业建设》中介绍了解放区工业现状，从经济政策方面探讨了解放区工业发展的原因，认为中国共产党制定的工资政策、工业放款政策、工业税收政策、吸收外资政策等经济政策对解放区工业发展起到了极为重要的作用；并展望了解放区工业的发展前途，认为解放区土地肥沃、农作物丰富，且土地改革使"农民所有土地与耕地面积扩大，劳动生产率提高，阶级地位与生活上升，财富收入与积蓄增加……不只为解放区工业扫除了大的发展障碍，同时也成为工业发展的一大推动力"[2]。此外，"土地改革所造成的农村广大工业品市场，城市工人与贫民等生活向上所造成的城市多数人口对工业品的需要"[3]，都成为解放区工业发展的推动力量。这不仅展现了解放区的经济状况，也有力地宣传了中国共产党的经济政策。

此外，薛暮桥的《现阶段的经济政策》、郭大力的《生产建设论》等均在马克思主义的指导下围绕中国现实问题展开探讨；毛泽东在《新民主主义论》中勾画的新民主主义社会经济蓝图则创造性地发展了中国马克思主义经济学话语，对后续相关研究产生了重要的指导意义。

（四）政治学

1. 话语引入阶段（1921—1927）：马克思主义政治理论与中国实际初步结合

五四运动后，李大钊、陈独秀、恽代英、瞿秋白等通过讲坛和报刊等形式展开学术研究和政治宣传，对阶级斗争、国家政权等问题进行介绍和阐释，将马克思主义政治学话语引入中国，并初步运用于中国政治研究。

早在中国共产党成立之前，李大钊就在《我的马克思主义观》一文中介绍了马克思主义唯物史观和"阶级竞争说"，指出"马氏所说的阶级，就是经济上利害相反的阶级……一方是压服他人掠夺他人的，一方是受人压服，被人掠夺的"；并认为"这经济上有共同利害自觉的社会团体，都有毁损别的社会团

---

[1] 许涤新：《新民主主义经济论》，中外出版社1948年版，第10页。

[2] 王学文：《解放区工业建设》，载《王学文经济学文选（一九二五——一九四九年）》，经济科学出版社1986年版，第429页。

[3] 王学文：《解放区工业建设》，载《王学文经济学文选（一九二五——一九四九年）》，经济科学出版社1986年版，第430页。

体以增加自己团体利益的倾向"①。1921 年，他在演讲中介绍了十月革命的由来和经过，并给予了高度评价，认为"俄国这次大革命，不是独独代表俄国精神，是代表人类共同的精神"②。1922 年，他在北京中国大学哲学读书会上演讲时，强调了政治对于解决社会问题的意义，认为"社会上小的问题，可以不说。至于大的问题，我们想解决他，非靠政治的力量不可。""有了强有力的政治团体，则能握到政权。先得到了政权，则可以徐图解决自身问题"③。这就突出了国家政权在政治中的重要作用。除介绍马克思主义政治理论和十月革命外，李大钊还注重对中国政治的研究，批判军阀政治，提出了政治改革的基本要求，开启了政治学话语中国化的道路。

1920 年，陈独秀在《谈政治》中强调阶级斗争的重要性，认为"少数游惰的消费的资产阶级"压迫劳动阶级是"世界各国里面最不平最痛苦的事"，并指出要改变这种情况，只能劳动阶级"自己站在国家地位，利用政治、法律等机关，把那压迫的资产阶级完全征服"④。1921 年，他在《政治改造与政党改造》中指出："既然有政治便不能无政党……政党不改造，政治决没有改造底希望……政党是政治底母亲，政治是政党底产儿；我们与其大声疾呼'改造政治'，不如大声疾呼'改造政党'！"⑤ 这就强调了政党在政治中的重要地位。1922 年，他在给黄凌霜的信中强调了无产阶级专政的重要性，指出"各尽所能，各取所需"的实现"非经过无产阶级专政不可"，而无产阶级专政的实现，"非有一个强大的共产党做无产阶级底先锋队与指导者不可"⑥。再次突出了政党在政治中的重要性。1924 年，他在《向导》刊文，对无政府工团主义"反对一切政党"的理论展开批判，指出"既然要问政治管理政治，便不能不要政党"，

① 李大钊：《我的马克思主义观》上，《新青年》1919 年第 6 卷第 5 期。

② 李大钊讲，李林昌记：《俄罗斯革命之过去现在及将来》，《民国日报·觉悟》1921 年 3 月 21 日。

③ 李大钊讲，刘月林记：《社会问题与政治》，《民国日报·觉悟》1922 年 12 月 29 日。

④ 陈独秀：《谈政治》，载任建树主编：《陈独秀著作选编》第二卷，上海人民出版社 2009 年版，第 252 页。

⑤ 独秀：《政治改造与政党改造》，《新青年》1921 年第 9 卷第 3 期。

⑥ 独秀：《答黄凌霜》，《新青年》1922 年第 9 卷第 6 期。

认为无政府工团主义若鼓吹工人不要政党则"正合军阀的口胃"①，阐述了建立无产阶级政党的必要性。陈独秀以马克思主义为指导考察中国政治，对阶级、政党的探索初步结合本土实际，为政治学话语的进一步发展指明了方向。

1926年，恽代英的讲稿《政治学概论》由中央军事政治学校政治部宣传科印行。该书原本是讲稿，所以注重对政治学基础概念和原理的阐释。例如，关于"政治学是什么"这一问题，恽代英指出，"自有历史（有阶级制度）以来，政治总是统治阶级（压迫阶级）之治术（治理被压迫阶级之术）"②，突出了政治的阶级性本质。而针对"国家是什么"这一问题，他认为，"国家是统治阶级的工具——国家机关，都是适合于用来压迫被治阶级的"③，并强调"国家不是固有的……是应于经济进化阶级发生后，统治阶级的需要产生的"④。这些概念诠释虽然没有出现"马克思主义"字样，但显然贯穿着马克思主义政治学理论。该书将"国体""政体"等政治学基本范畴与中国实际相结合，对"中国是纯粹的单一国否""君主政治，贤人政治，或立宪政治，在中国有实现之可能否"等问题展开探讨，内容浅显易懂，对马克思主义政治学话语的普及起到了积极的推动作用。

此外，谭平山的《中国政党问题及今后组织政党的方针》、瞿秋白的《现代中国的国会制与军阀》等均为马克思主义政治学话语的丰富和发展作出了贡献。这一时期，进步学者在宣传马克思主义的过程中，对政治学基础概念进行了马克思主义的理论阐释，并在研究过程中将马克思主义政治理论与中国实际相结合，为政治学话语的进一步发展铺平了道路。

2. 话语重塑阶段（1927—1936）：中国马克思主义政治学话语体系的形成

1927—1936年，进步知识分子以马克思主义为指导，结合革命斗争实践，对国家、阶级、政府、政党、革命等问题展开研究，邓初民、陈豹隐、秦明、高希圣（即高尔松，后文不再备注）、傅宇芳等撰写出版了一批影响力较大的著作，推动了中国马克思主义政治学话语体系的形成。

---

① 独秀：《无政府工团主义与黑暗势力》，《向导》1924年第69期。
② 恽代英：《政治学概论》，中央军事政治学校政治部宣传科1926年版，第2页。
③ 恽代英：《政治学概论》，中央军事政治学校政治部宣传科1926年版，第3页。
④ 恽代英：《政治学概论》，中央军事政治学校政治部宣传科1926年版，第4页。

1929 年，邓初民的《国家论之基础知识》由新生命书局发行。邓初民强调了"国家的本质"这一问题的重要性，认为中国青年如果对这一问题没有"一种基础的起码的认识"，就会走上两条死路——"不是国家主义的降俘，就是无政府主义的盲信者"[1]。并认为只有"把握了唯物辩证法"，"只有严格的站在这一科学的规律上，才能对于国家有一个真正的认识，得着一个正确的结论"[2]。该书批判了非科学的国家观，以马克思主义为指导对"科学的国家观"的特征展开论述，指出国家"是阶级矛盾之不可调和的产物"[3]，"是一种公共权力的建立"[4]，"是有组织的经济剥削之工具"[5]，"是生长流变的"[6]。并认为"科学的国家观"之所以科学，其学理根据"便是唯物史观"[7]。同年，邓初民在其另一部著作《政治科学大纲》中指出："以唯物辩证法为基础而建筑起来的研究方法，才是正确的科学的方法。"[8]该书在科学界定政治学性质、概念和研究方法的基础上，探讨了政治学与其他学科的关系，阐述了马克思主义关于阶级、政党、民族、国家的基本原理，"极受要求进步的青年读者欢迎"[9]，对后续的马克思主义政治学研究产生了深远影响。1932 年，邓初民在其著作《政治学》（署名田原）中强调，政治学的研究对象是"政治现象"，而政治现象是"以阶级矛盾为其基本内容的"[10]，这就明确指出了政治学的阶级性。该书以"阶级论""国家论""政府论""政党论""革命论"为框架展开论述，为中国马克思主义政治学话语体系的形成作出贡献。有学者认为，"中国社联所开

---

① 邓初民：《国家论之基础知识》，新生命书局 1929 年版，第 6 页。

② 邓初民：《国家论之基础知识》，新生命书局 1929 年版，第 7 页。

③ 邓初民：《国家论之基础知识》，新生命书局 1929 年版，第 32 页。

④ 邓初民：《国家论之基础知识》，新生命书局 1929 年版，第 37 页。

⑤ 邓初民：《国家论之基础知识》，新生命书局 1929 年版，第 42 页。

⑥ 邓初民：《国家论之基础知识》，新生命书局 1929 年版，第 46 页。

⑦ 邓初民：《国家论之基础知识》，新生命书局 1929 年版，第 60 页。

⑧ 邓初民：《政治科学大纲》，昆仑书店 1929 年版，第 56 页。

⑨ 石啸冲：《中国社联开创了马克思主义政治学的研究》，载上海市哲学社会科学学会联合会编：《中国社会科学家联盟成立五十五周年纪念专辑》，上海社会科学院出版社 1986 年版，第 78 页。

⑩ 田原：《政治学》，新时代出版社 1937 年版（1932 年初版），第 1 页。

创的马克思主义政治学研究，是从邓初民同志始"①的。

1929年，陈豹隐的《新政治学》由上海乐群书店出版，该书注重"解剖政治现象的因果关系，使政治学由从前的静态的学问，变为动态的学问"②。他将"政治学"定义为"研究人类在政治生活上的相互关系的学问"③，并分析了"资本主义政治学"和"社会主义政治学"的不同之处。认为"资本主义的政治学多带神秘的政治哲学的性质，常常站在唯心论的观点上"，且"因为要想维持资本主义势力所把持着的政权的缘故，不肯研究革命的真理"；社会主义政治学则"多带确实的政治科学的性质，常常站在唯物论的观点上"，"不但不隐蔽革命的真理，并且还用全力鼓吹革命"④。该书坚持在马克思主义指导下阐释政治现象，定位于"又可以供初学者独学之用，又可以供高中或大学预科的公民学的教本之用的入门书"⑤，推动了中国马克思主义政治学话语的普及。

1932年，秦明撰写的《政治学概论》作为"新社会科学丛书"之一出版。该书指出："真正的社会科学，是唯物辩证法的产物。"⑥书中所论述的"政治学"，"是依据真正的正确的社会科学方法，对于政治现象加以正确的观察或说明而成为一有系统的政治科学"⑦。秦明认为，"政治"与"政治学"都属于上层建筑，"必与它们的社会基础相适应"，肯定了经济基础对上层建筑的决定作用。同时也指出，政治学作为一种社会思想，"一旦成熟而流传起来，亦能影响社会制度"⑧。这就承认了上层建筑的反作用，明确了政治学的重大意义。该书对政治学的概念、"政治"与"政治学"在社会结构中之位置、国家和政党等问题展开论述，指出以前的一些政治学著作"不是站在正确的科学立场出

---

① 石啸冲：《中国社联开创了马克思主义政治学的研究》，载上海市哲学社会科学学会联合会编：《中国社会科学家联盟成立五十五周年纪念专辑》，上海社会科学院出版社1986年版，第78页。

② 陈豹隐：《新政治学》，上海乐群书店1929年版，序第2页。

③ 陈豹隐：《新政治学》，上海乐群书店1929年版，第20页。

④ 陈豹隐：《新政治学》，上海乐群书店1929年版，第24页。

⑤ 陈豹隐：《新政治学》，上海乐群书店1929年版，序第1页。

⑥ 秦明：《政治学概论》，上海南强书局1932年版，第3页。

⑦ 秦明：《政治学概论》，上海南强书局1932年版，第4页。

⑧ 秦明：《政治学概论》，上海南强书局1932年版，第16页。

发，里面还充满着鸦片，酒精，麻醉青年的药剂"，而该书以唯物辩证法为指导，承认阶级斗争，目的就在于"使中国的青年们，晓得政治学，还另有这么一套"①，进一步提升了马克思主义政治学话语的影响力。

此外，高希圣的《新政治学大纲》、傅宇芳的《马克思主义政治学教程》等均对这一时期政治学话语的丰富和发展作出贡献。这一时期的进步学者在马克思主义的指导下，对政治学的研究对象、研究目的、研究方法作了更为深入的探讨，逐步形成了中国马克思主义政治学话语体系，进一步认识到政治学话语必须与中国实际相结合，使马克思主义政治学话语更为科学、规范和带有中国特色。

3. 话语转换阶段（1936—1949）：中国马克思主义政治学话语的空前发展

1936—1949 年，陈昌浩、沈志远、邓初民、徐特立等进步学者结合中国革命形势，在马克思主义的指导下对政治学展开进一步研究。中国共产党提出了"新民主主义""毛泽东思想"等科学概念，实现了对马克思主义政治学话语的重要创新，使中国马克思主义政治学话语得到前所未有的发展。

1939 年，毛泽东在《中国革命和中国共产党》中明确提出了"新民主主义"概念，并在 1940 年年初的《新民主主义的政治与新民主主义的文化》（后题目改为《新民主主义论》）中加以详细阐释，提出了"新民主主义共和国"的目标，强调"这是一定历史时期的国家形式，因而是过渡的国家形式"②，从而突破了马克思主义政治学关于国家形式的已有话语表述，形成了过渡时期"国体"的新概念。同时，在之前相关研究的基础上，分析了半殖民地半封建中国的阶级构成，认为"中国无产阶级、农民、知识分子与其他小资产阶级，乃是决定国家命运的基本势力"③，并重点强调了民族资产阶级"一身而二任焉"的两面性，这是结合中国实际对马克思主义政治学话语的重要发展。

1946 年，陈昌浩在《政党论》中对政党的由来、共产党的性质和目的等问题作了较为全面的研究。他指出："政党是阶级斗争的产物，它的本身带着

---

① 秦明：《政治学概论》，上海南强书局 1932 年版，第 79—80 页。
② 毛泽东：《新民主主义的政治与新民主主义的文化》，《中国文化》1940 年创刊号。
③ 毛泽东：《新民主主义的政治与新民主主义的文化》，《中国文化》1940 年创刊号。

严格的阶级性。"①并阐述了共产党的产生历程：

无产阶级在与资产阶级斗争中建立了各种的组织。当无产阶级还没有充分的自觉而只是作经济斗争时，他们有储金互助会、职工会、合作社等组织，只有在无产阶级已经感觉到政治斗争之必要时，以及无产阶级斗争的科学形成并且灌输到工人运动中时，工人阶级中才发生了政治的组织——共产党。②

这就将政党的产生与阶级斗争联系起来，科学揭示了共产党的产生过程。他高度肯定了共产党的地位和作用，认为"没有共产党的领导，无产阶级是不能完成它的历史使命的⋯⋯无产阶级的全部利益是不能实现的"③。关于党的建设问题，陈昌浩认为："共产党要能成为工人阶级的先锋队，就必须用无产阶级的革命理论——马克思、恩格斯、列宁、斯大林的理论来武装自己。"④并且强调要有"意志的统一"，认为虽然不排斥党内意见的争论，但"到了意见争论已经完结，决议已经通过之后，则全体党员意志的统一与行动的统一就成为必要的条件了"⑤。该书还对共产党与无产阶级其他组织的关系等问题作了深入探讨。作为一部聚焦政党问题的专论性著作，它进一步丰富了中国马克思主义政治学话语。

1949 年，沈志远在《新政治学底基本问题》中对政治的概念、国家的本质和发展历程、现代国家的基本类型等问题进行了阐述。其将国家分为"四种不同的基本类型"："民主制的国家""法西斯独裁制的国家""社会主义的苏维埃国家"和"新民主主义的国家"⑥。分析了前三种国家的本质，指出"资本主义国家民主制底实质就是大资产阶级底专政"；"法西斯国家在形式上是一人独裁的国家⋯⋯可是也不一定只有一人独裁的国家才是法西斯国家"，比如日本，

① 陈昌浩：《政党论》，新知书店 1947 年版（1946 年初版），第 6 页。

② 陈昌浩：《政党论》，新知书店 1947 年版（1946 年初版），第 8 页。

③ 陈昌浩：《政党论》，新知书店 1947 年版（1946 年初版），第 8 页。

④ 陈昌浩：《政党论》，新知书店 1947 年版（1946 年初版），第 9 页。

⑤ 陈昌浩：《政党论》，新知书店 1947 年版（1946 年初版），第 12 页。

⑥ 沈志远：《新政治学底基本问题》，生活·读书·新知联合发行所 1949 年版，第 24 页。

政权被军部的几个匪首把持，"实质上是十足的军阀法西斯国家"[①]；"苏维埃制度的本质是整个劳工阶级底专政，是一切勤劳大众底政权，是社会主义变革底产物"[②]。重点剖析了"第四种国家制度"即新民主主义共和国的基本特点，点明了新民主主义共和国与资产阶级旧民主制国家、苏维埃共和国的不同之处，强调了其过渡性质：

> 这种国家是从资本主义到社会主义的过渡型的国家。它不容许再走资本主义的旧路，但亦尚未能立即实行社会主义，它是在人民的新民主政权下，逐渐完成民主主义的彻底改革，经过或长或短的新民主主义的现代化国家建设，逐渐过渡到社会主义的一种过渡的国家制度。[③]

沈志远关于新民主主义国家的阐述，与毛泽东《新民主主义论》中的观点是完全一致的，且文字浅显易懂，便于理解，有利于中国马克思主义政治学话语的通俗化、大众化。

此外，徐特立的《政党与政府》、邓初民的《新政治学大纲》等文章与著作，均对中国马克思主义政治学话语的丰富与发展起到了积极的推动作用。这一时期，"马克思主义中国化"命题和"新民主主义""毛泽东思想"等概念的提出，极大地促进了政治学话语与中国具体实际的结合，使政治学话语得到空前发展，为新民主主义革命实践提供了学理依据。

（五）社会学

1. 话语引入阶段（1921—1927）：初步运用马克思主义社会学话语分析中国现实问题

五四运动后，李大钊、陈独秀、李达、瞿秋白等早期马克思主义者在传播马克思主义过程中，逐步将马克思主义社会学理论介绍到中国，对其研究对象、学科性质等基本问题展开论述，并运用其分析本土社会现象，开启了社会

---

① 沈志远：《新政治学底基本问题》，生活·读书·新知联合发行所 1949 年版，第30 页。

② 沈志远：《新政治学底基本问题》，生活·读书·新知联合发行所 1949 年版，第37 页。

③ 沈志远：《新政治学底基本问题》，生活·读书·新知联合发行所 1949 年版，第40 页。

学话语中国化的历程。

早在中国共产党成立之前，李大钊就在《我的马克思主义观》中指出，唯物史观"于社会学上的进步，究有很大很重要的贡献"，因为它"能造出一种有一定排列的组织；能把那从前各自发展不相为谋的三个学科，就是经济、法律、历史，联为一体，使他现在真值得起那社会学的名称"①。李大钊认为："社会学是一种科学，研究社会上各种现象及其原则与一切社会制度的学问，且用科学方法，考究社会是何物，发明一种法则，以支配人间的行动。"②他对韦柯、孔德等西方社会学代表人物的社会学思想进行了介绍与评价，并以唯物史观为指导研究各种社会现象与社会问题。例如，他在《论自杀》中对"自杀"这种社会现象予以剖析，"断定自杀实受自然的社会的种种影响，而不是全然任意的行为"。为了减少自杀现象的发生，应从社会层面探求根源，找出问题所在，"以谋改造的方法，而为对于自杀的救济"③。此外，他对童工问题、妇女解放问题、农民土地问题等社会问题也有过论述，初步将马克思主义社会学话语运用于对社会实际问题的分析中。

1920年，陈独秀在《马尔塞斯人口论与中国人口问题》中对马尔萨斯人口论予以抨击，对中国人口问题进行科学分析。他用"非实际的生产过剩"来证明"社会上贫困的现象，不是因为生产物不足，乃是因为分配不均"；承认"贫民多子"是一种悲惨现象，但反对"专门限制贫民人口"，认为应从"社会制度"方面寻找原因。他指出："中国人口过多底现象，不是和土地比例的人口过多，乃是不生产而消费的游惰人口过多。"④从多方面提出了解决中国人口问题的对策，并在"限制人口"一项中专门强调："限制底方面应该注重在游惰的上流社会，不限于贫苦的劳动者。"⑤这明显不同于马尔萨斯人口论。此外，陈独秀还对中国妇女问题予以关注，认为中国社会的女子"都没有独立的

---

① 李大钊：《我的马克思主义观》上，《新青年》1919年第6卷第5期。

② 李大钊：《社会主义与社会运动》，载中国李大钊研究会编注：《李大钊全集》第四卷，人民出版社2006年版，第195页。

③ 李守常：《论自杀》，《学艺》1922年第3卷第8期。

④ 陈独秀：《马尔塞斯人口论与中国人口问题》，《新青年》1920年第7卷第4期。

⑤ 陈独秀：《马尔塞斯人口论与中国人口问题》，《新青年》1920年第7卷第4期。

人格",而女子之所以丧失人格是因为"经济不独立",这一问题"必到社会主义时候,才能根本解决"①。这些论述在马克思主义指导下聚焦于本土社会问题,是社会学话语在中国的创造性运用。

1926 年,李达担任湖南大学法科教授时编著的教材《现代社会学》由湖南现代丛书社出版,三年后又由上海昆仑书店再版发行。李达指出,"社会学为研究社会之科学"②,所以对社会本质问题的研究是这一学科的关键。他批判了"契约的社会说""生物的社会说"和"心理的社会说",认为这"三者皆拥护资本主义是也",要完成社会学的真正使命,必须"应用历史的唯物论说明社会之本质"③。他以马克思主义为指导,认为社会"乃由加入生产关系中之各个人结合而成"④,将"社会学"定义为"研究社会历程及其理法,并推知其进行之方向,明示改造方针之科学"⑤,突出了改造社会在社会学研究中的重要性。该书在历史唯物主义指导下对社会学之性质、社会之构造、社会之起源、社会意识、社会变革与进化等问题作了阐释,立场鲜明,体现了马克思主义社会学话语的阶级性与革命性。

此外,瞿秋白在《现代社会学》《社会科学概论》等讲义、著作与文章中也强调了社会学的重要性,将"社会"定义为"能制造工具的人类之劳动结合",并认为"此劳动结合——'经济体'之演化,乃生政治、法律、道德、宗教、哲学、风俗、艺术、科学等现象"⑥。将"社会学"定义为"研究人类社会及其一切现象,并研究社会形式的变迁,各种社会现象相互间的关系,及其变迁之公律的科学"⑦。并阐述了这一学科与其他学科的关系,论证了社会学存在的必要性。

这一时期的进步学者强调马克思主义对社会学的指导意义,围绕社会本

---

① 陈独秀:《妇女问题与社会主义》,《民国日报·觉悟》1921 年 2 月 14 日。
② 李达:《现代社会学》,上海昆仑书店 1929 年版(1926 年初版),第 1 页。
③ 李达:《现代社会学》,上海昆仑书店 1929 年版(1926 年初版),第 25—26 页。
④ 李达:《现代社会学》,上海昆仑书店 1929 年版(1926 年初版),第 26 页。
⑤ 李达:《现代社会学》,上海昆仑书店 1929 年版(1926 年初版),第 22 页。
⑥ 瞿秋白:《社会科学概论》,霞社校印 1939 年版(1924 年初版),第 13 页。
⑦《瞿秋白文集·政治理论编》第二卷,人民出版社 1988 年版,第 398 页。

质、社会学的概念和研究对象等学科基本问题展开初步研究，并尝试运用马克思主义社会学话语分析中国现实问题，为中国马克思主义社会学话语的进一步发展奠定了基础。

2. 话语重塑阶段（1927—1936）：学科基本问题的深入探讨与学术话语的进一步丰富

1927—1936 年，进步学者在论战中得出了中国社会是半殖民地半封建社会的论断，有力地推动了马克思主义社会学的发展。柯柏年、李平心、许德珩、冯和法、李剑华等人在唯物史观的指导下，对中国社会问题展开研究，撰写了很多著作与文章，进一步丰富了中国马克思主义社会学话语。

1930 年，柯柏年在《社会问题大纲》中批判了"五种很流行的关于社会问题的错误的见解"，以唯物史观为指导概括出社会问题的科学内涵：

在阶级的社会制度中，生产手段为少数人所私有，没有生产手段的人们，一定要藉他人所有的生产手段，才能生产；故那些拥有生产手段的人们，能够藉此掠夺那些没有生产手段的人们底生产物。这种因阶级掠夺而起的问题，就是社会问题。①

同时指出社会问题的发生"是由于社会制度之本身之缺点"，因此要解决社会问题，只能"根本变革现代的经济制度"②。柯柏年对劳动问题、农民问题等社会问题进行了详细阐释，并联系中国实际，注重分析中国劳动者的状态和中国劳动运动的民族革命意义。他认为中国劳动者被榨取的程度之高"虽在欧洲的资本主义底最黑暗的时期也是不曾有过的"③；且劳动者不仅受本国资本家压榨，还受帝国主义压迫和掠夺，所以"中国底劳动运动，带有民族革命的性质"④。柯柏年从经济制度角度剖析社会问题，为中国的社会变革提供了学理支撑，对于马克思主义社会学话语中国化具有重要影响。

1930 年，李平心撰写的《现代社会学理论大纲——唯物史观的社会学的基础理论》由上海南强书局出版，1932 年由上海光华书局再版。李平心指出：

---

① 柯柏年：《社会问题大纲》，上海南强书局 1930 年版，第 25—26 页。

② 柯柏年：《社会问题大纲》，上海南强书局 1930 年版，第 16 页。

③ 柯柏年：《社会问题大纲》，上海南强书局 1930 年版，第 64 页。

④ 柯柏年：《社会问题大纲》，上海南强书局 1930 年版，第 449 页。

"经济学、政治学、法律学等科学是各自研究一类特殊的社会现象的，而社会学却是要研究社会生活现象的总体，求出一般的社会现象的普遍法则的。"[①] 既说明了社会学与其他学科的区别，又肯定了社会学具有科学的性质，以研究"普遍法则"即规律为任务。他列举了当时西方社会学者给"社会学"下的几种定义，指出这些已有的定义是"抽象的、空洞的、杂乱无章的概念……不能给我们个关于社会学的具体的正确的合于科学的观念"[②]。他认为，为某种科学下定义，必须首先确定科学的立场，并明确指出了马克思主义的科学立场："(一)反形而上的唯心论之唯物论。(二)反自相矛盾的多元论之一元论。(三)能求出首尾一贯的结论之互辩法。"[③] 在这种科学立场的指导下，他将社会学定义为"研究人类在全部的劳动过程（广义）中的互动关系，及探求这关系中的一般法则，以分析一般的社会现象和找出社会的历史进程的路线的科学"[④]。并强调"社会学所应用的方法是历史的唯物的互辩法"[⑤]。这一概念诠释是完全符合唯物史观要求的。该书突出了唯物史观对于社会学研究的重大意义，认为"在社会学的领域中，唯物史观是发见社会生活的普遍法则的唯一工具"[⑥]，并以科学方法对社会构造、社会发展过程、阶级、国家和民族等问题予以阐释，扩大了马克思主义社会学话语在学术界的影响。

1936 年，许德珩将社会学课程的讲义编著成《社会学讲话》，由北平好望书店出版。该书主要面向大学一、二年级的学生，对社会学的研究方法、各派学者对于社会学的种种不同理论进行了详细介绍。他将"历史的唯物论"

---

① 李圣悦：《现代社会学理论大纲——唯物史观的社会学的基础理论》，光华书局 1932 年再版（1930 年初版），第 2 页。

② 李圣悦：《现代社会学理论大纲——唯物史观的社会学的基础理论》，光华书局 1932 年再版（1930 年初版），第 10—11 页。

③ 李圣悦：《现代社会学理论大纲——唯物史观的社会学的基础理论》，光华书局 1932 年再版（1930 年初版），第 11 页。

④ 李圣悦：《现代社会学理论大纲——唯物史观的社会学的基础理论》，光华书局 1932 年再版（1930 年初版），第 11 页。

⑤ 李圣悦：《现代社会学理论大纲——唯物史观的社会学的基础理论》，光华书局 1932 年再版（1930 年初版），第 44 页。

⑥ 李圣悦：《现代社会学理论大纲——唯物史观的社会学的基础理论》，光华书局 1932 年再版（1930 年初版），第 22 页。

视为"说明社会最确切的理论"，进一步指出"历史的唯物论，就是正确的社会学"[①]。在书中许德珩有力地批判了以唯心主义和二元论为基础的西方社会学流派，以历史唯物主义和辩证法阐明了社会学的基本理论，进一步丰富了马克思主义社会学话语。

此外，冯和法的《农村社会学大纲》、李剑华的《社会学史纲》等均对马克思主义社会学话语的发展作出了贡献。这一时期的进步学者继续对社会学的定义、研究内容等基本问题展开了深入的研究，在批判其他流派社会学的过程中对"社会""社会学"等概念作出了基于唯物史观的阐释，并从生产关系入手考察中国社会问题，探求改造道路，形成了较为完善的社会学话语。

3. 话语转换阶段（1936—1949）：马克思主义社会学话语与中国革命实践紧密结合

中共中央高度重视社会调查工作，注重理论与实践的结合、学术与革命的结合，推动了马克思主义社会学话语中国化。

以毛泽东为代表的中国共产党人在社会调查理论方面取得了重要成就。早在土地革命战争时期，毛泽东就在强调军事斗争的同时高度重视社会调查工作，以深化对国情的了解。例如：1927 年 11 月，"对宁冈县作详细调查，写下宁冈调查"[②]；1930 年 5 月，组织寻乌调查，"后来整理成《寻乌调查》，共五章三十九节，八万多字"[③]；1931 年 1 月，"分析整理写成《兴国调查》"[④]；1933 年 11 月，"详细地考察研究了长冈乡的工作，随后写出《长冈乡调查》"[⑤]；等等。延安时期，毛泽东继续弘扬注重社会调查的优良学风，在中国共产党内产生了积极影响。1941 年 9 月，他在《关于农村调查》这一讲话中强调了调查工作的

① 许德珩：《社会学讲话》，北平好望书店 1936 年版，第 61 页。

② 逄先知主编：《毛泽东年谱（1893—1949）》修订本上卷，中央文献出版社 2013 年版，第 225 页。

③ 逄先知主编：《毛泽东年谱（1893—1949）》修订本上卷，中央文献出版社 2013 年版，第 305 页。

④ 逄先知主编：《毛泽东年谱（1893—1949）》修订本上卷，中央文献出版社 2013 年版，第 320—321 页。

⑤ 逄先知主编：《毛泽东年谱（1893—1949）》修订本上卷，中央文献出版社 2013 年版，第 415 页。

重要性和长期性，概括出了农村社会调查的方法：第一，"对立统一，阶级斗争"的方法；第二，"详细地占有材料，抓住要点"的方法。特别指出调查要抓"矛盾的主导方面"，认为如果十样东西调查了九样，但调查的"都是一些次要的东西，把主要的东西都丢掉了，那末，仍旧是没有发言权"①。毛泽东还回答了"怎样开调查会""怎样找调查的典型""如何收集和整理材料"与"怎样使对方说真话"②等问题。毛泽东的社会调查理论与方法丰富了马克思主义社会学话语，使其构建在坚实的本土实践之上，对其中国化来讲具有重要意义。

1936—1949 年，进步学者继续深化马克思主义社会学研究，姜君辰、沈志远等撰文发声，进一步丰富了马克思主义社会学话语。1941 年，姜君辰在广西地方建设干部学校担任社会常识课程教师时所用的讲义《社会学入门》由文化供应社印行。该书"从社会的横断面说到纵断面，再从社会内在的法则说到现世界的时代潮流"，最后"说到对于中国社会所应有的认识和努力"③，注重"从多举中国现实的例子中，去把握真理，把握中心"④。姜君辰对半殖民地半封建社会的特征进行了分析和概括，并在具体分析中国社会问题时指出了"中国社会发展的不平衡性"，如"沿江沿海各地和内地发展的不平衡""中国社会的发展与其他各国发展的不平衡"⑤等。同时强调"这种不平衡的发展，却并没有妨害中国社会一般发展的特性，也并没有妨害中国社会在发展过程中某些社会现象的统一性"⑥，即不能改变"半殖民地半封建"的社会性质。他认为，要推进中国社会发展，就要摧毁"半封建半殖民地的生产关系"，而"这种摧毁的工作，无疑是属于社会急剧变革或斗争的性质，即普通所说的革命"⑦。"也就是说，必须彻底完成了反帝国主义与反封建的国民革命，中国社会才有其顺畅发

---

① 中共中央文献研究室编：《毛泽东文集》第二卷，人民出版社 1993 年版，第382 页。

② 中共中央文献研究室编：《毛泽东文集》第二卷，人民出版社 1993 年版，第383 页。

③ 姜君辰：《社会学入门》，文化供应社 1941 年版，"写在前面"第 3 页。

④ 姜君辰：《社会学入门》，文化供应社 1941 年版，"写在前面"第 2 页。

⑤ 姜君辰：《社会学入门》，文化供应社 1941 年版，第 190 页。

⑥ 姜君辰：《社会学入门》，文化供应社 1941 年版，第 191 页。

⑦ 姜君辰：《社会学入门》，文化供应社 1941 年版，第 218 页。

展的前途。"① 这就将马克思主义社会学话语与中国革命实践联系起来，论证了革命的合理性。

　　1949 年，沈志远在《新社会学底基本问题》中将"新社会学"与"旧社会学"进行了比较，从是否承认社会发展的客观规律性、有无具体的社会形态观、是否用阶级和阶级冲突的观点去理解社会的构成及其发展等角度对"新社会学"与"旧社会学"进行区分；批判旧社会学是"把活的具体的社会形态看成了死的呆板的永远不变的绝对体"②，揭示了新社会学的基本特征，指出新社会学是"历史唯物论或唯物史观的社会历史学说"③。他专门探讨了社会与自然的关系，强调社会"有它自己特殊的规律性，它的各种现象决非用自然法则所能说明的"④，突出了研究社会规律的重要意义。沈志远以马克思主义为指导对生产力与生产关系、社会结构与社会形态、阶级与阶级冲突等问题进行了阐述，肯定了阶级斗争的重大意义，认为"阶级斗争不但是必然的，而且对于历史的发展还是必需的，它不但不是什么'不争气'或'没出息'的玩意儿，而且还是历史发展底动力"⑤。他提出"社会变革本身就是一种革命的斗争"⑥，并结合中国实际，探讨"新民主主义的改革"的必然性，认为这种改革是"社会变革全过程中的一个必然和必需经过的阶段"⑦，进一步宣传中国新民主主义革命理论，体现出社会学话语鲜明的现实性和革命性。

　　这一时期的进步学者在批判"旧社会学"的同时对"新社会学"进行阐释

---

① 姜君辰：《社会学入门》，文化供应社 1941 年版，第 222 页。

② 沈志远：《新社会学底基本问题》，生活·读书·新知上海联合发行所 1949 年版，第 5 页。

③ 沈志远：《新社会学底基本问题》，生活·读书·新知上海联合发行所 1949 年版，第 10 页。

④ 沈志远：《新社会学底基本问题》，生活·读书·新知上海联合发行所 1949 年版，第 13 页。

⑤ 沈志远：《新社会学底基本问题》，生活·读书·新知上海联合发行所 1949 年版，第 44 页。

⑥ 沈志远：《新社会学底基本问题》，生活·读书·新知上海联合发行所 1949 年版，第 70 页。

⑦ 沈志远：《新社会学底基本问题》，生活·读书·新知上海联合发行所 1949 年版，第 72 页。

和宣传，在科学方法的指导下，社会学话语与本土实践特别是革命实践紧密结合，论证了中共新民主主义革命的合理性，体现出政治话语与学术话语的有机统一。

（六）法学

1. 话语引入阶段（1921—1927）：马克思主义法学理论的宣传与初步应用

五四运动后，随着马克思主义在中国的广泛传播，李大钊、陈独秀、杨匏安等开始宣传马克思主义法学理论，并初步应用这一理论批判资产阶级法律、争取劳动者的阶级利益，为中国马克思主义法学话语的进一步发展奠定了基础。

早在中国共产党成立之前，李大钊就在《我的马克思主义观》一文中阐述了经济基础对法律的决定性作用。他认为："经济现象虽用他自己的模型，制定形成全社会的表面构造（如法律、政治、伦理及种种理想上、精神上的现象都是），但这些构造中的哪一个也不能影响他一点。"[①]与此同时，李大钊也指出了法律对经济基础的反作用："在经济构造上建立的一切表面构造，如法律等，不是绝对的不能加些影响于各个的经济现象，但是他们都是随着经济全进路的大势走的，都是辅助着经济内部变化的，就是有时可以抑制各个的经济现象，也不能反抗经济全进路的大势。"[②]此外，李大钊还对资产阶级法律进行了批判。他在由上海大学举办的"劳动问题讲座"中指出，资产阶级法律是"帮助有产者，保护资本家的"，"无产的劳动者受到莫大的毒害"[③]。在湖北女权运动同盟会演讲会上，李大钊从法律层面提出了十点改革建议：

（一）宪法上之选举权及被选举权，应平等；（二）民法上之亲权、财产权、行为权及其他种种不平等之规定，俱应加以修正；（三）婚姻法也应该规定；（四）刑法上一方定有重婚罪，一方解释纳妾不为罪，大伤人道，极不平等，应修改；（五）买卖妇女在刑法上应厉禁；（六）同意年龄提高问题，在美、奥各国女权运动史上考察起来，极为注重，今中国刑法，尚付缺如，应要

① 李大钊：《我的马克思主义观》上，《新青年》1919 年第 6 卷第 5 期。

② 李大钊：《我的马克思主义观》上，《新青年》1919 年第 6 卷第 5 期。

③ 中国李大钊研究会编注：《李大钊全集》第四卷，河北教育出版社 1999 年版，第 295 页。

求国家增定之；（七）行政法上为官吏之权，女子应不受限制；（八）女子应有同受教育之机会；（九）职业平等，亦为极属重要之问题，女子苟脱离家庭之拘束，欲求有经济独立之权，其第一步则在有独立之职业，谋独立之生活，工作报酬之不平等，不仅中国然，美、奥两国，前亦均有此等事实，如在学校为教员者，男子多而女子独少，其适例也；（十）此外，一切男子之职业，女子可以参加者，均须有同等参加之权。①

这些建议欲以法律为武器维护妇女的权益，推动了法律理论与实践的结合，体现出马克思主义法律理论的人民性和斗争性。

陈独秀也曾在《谈政治》一文中阐述法律的阶级性，他认为："古代以奴隶为财产的市民国家，中世纪以农奴为财产的封建诸侯国家，近代以劳动者为财产的资本家国家，都是所有者的国家，这种国家底政治法律，都是掠夺底工具。"②但他并不因此而否认法律存在的必要性，因为法律是"一种改良社会的工具，工具不好，只可改造他，不必将他抛弃不用"③。他主张，无产阶级要"利用法律的强权"，防止资产阶级的"懒惰、掠夺"，"矫正他们的习惯，思想"④，体现出鲜明的阶级立场。1922 年 4 月，陈独秀在吴淞中国公学演讲时指出："社会生产关系之总和为构成社会经济的基础，法律、政治都建筑在这基础上面。"⑤指明了法律与经济基础的关系。

除李大钊、陈独秀等党的早期领导人之外，杨匏安在五四运动后发表了《马克斯主义》（一称《科学的社会主义》）一文，对法学理论作出了马克思主义的阐释。他提出："一国之法律，全视其国之社会经济而定……经济犹基础，法律政治犹建筑；若经济的特性有重大变化，则节制此经济之形式，必

---

① 《李大钊文集》第四卷，人民出版社 1999 年版，第 281—282 页。
② 陈独秀：《谈政治》，载任建树主编：《陈独秀著作选编》第二卷，上海人民出版社 2009 年版，第 256 页。
③ 陈独秀：《谈政治》，载任建树主编：《陈独秀著作选编》第二卷，上海人民出版社 2009 年版，第 254 页。
④ 陈独秀：《谈政治》，载任建树主编：《陈独秀著作选编》第二卷，上海人民出版社 2009 年版，第 253 页。
⑤ 陈独秀：《马克思学说》，《新青年》1922 年第 9 卷第 6 期。

随之而转移。"① 当法律与经济基础发生矛盾时，杨匏安认为："法律与其经济基础既不相称，以唯物的历史观论之，法律终必让步，随经济而转移。"②

这一时期，党的早期领导人和党领导下的进步学者围绕法律与经济基础的关系、法律的阶级性等问题展开研究，尝试运用马克思主义法律理论对资产阶级法律进行批判，并针对一些具体问题从法律层面提出改革建议，推动了中国马克思主义法学话语的传播，提升了这一话语的影响力，为其进一步与中国实际相结合作好了准备。

2. 话语重塑阶段（1927—1936）：马克思主义法学理论的深入阐释与实践

1927—1936 年，朱镜我等进步知识分子继续对马克思主义法学理论进行深入阐释，随着《井冈山土地法》《兴国土地法》《中华苏维埃共和国宪法大纲》等法律法规的出台，马克思主义法学理论在实践中逐步中国化，为根据地建设作出了重要贡献。

1929 年 8 月，朱镜我在《新兴文化》创刊号上发表《法底本质》一文，对什么是法、法的根本性质、私法与公法、民主主义国家的宪法产出和实行、民众权利等问题展开研究。他指出，"法的关系是与阶级的利害有直接的关系的"③，要认识法的本质，就要严守三个论纲：

第一，法之发生，内容，及其发展不是孤立的。

第二，法在发生，内容，及其发展上是常能产生出来的。

第三，法不外是从所与的社会关系所生产出来的东西，而且其内容是反映着那支配着的阶级底利益之支配阶级底利益之表现者。④

朱镜我对法律本质的阐述是符合马克思主义要求的。他进一步提出，"世界上一切所有的民主主义的国家的宪法都是为资产阶级底利益，由资产阶级

---

① 中共珠海市委党史研究室编：《杨匏安文集》，中央文献出版社 1996 年版，第168 页。

② 中共珠海市委党史研究室编：《杨匏安文集》，中央文献出版社 1996 年版，第169 页。

③ 朱镜我：《法底本质》，载王慕民编：《朱镜我文集》，海洋出版社 2007 年版，第170 页。

④ 朱镜我：《法底本质》，载王慕民编：《朱镜我文集》，海洋出版社 2007 年版，第171 页。

所包办的"[①]，劳苦群众想获得自身权利，"只有团结自己的力量，自动手来颠覆既成的国家制度，创建自己的国家权力，设置自己的法的关系，然后才能真正的确保自己的利益，然后才能扬弃一切的阶级对立，完成解放全人类的使命"[②]。体现出马克思主义法学理论鲜明的革命性。

除理论研究外，中国共产党将马克思主义法学理论与根据地实际相结合，制定了一系列法律法规，充分发挥了法学理论对根据地法制建设的指导作用。1928 年颁布的《井冈山土地法》否定了封建土地所有制，规定"没收一切土地归苏维埃政府所有"[③]，是一部代表农民利益的土地法规。1929 年颁布的《兴国土地法》将"没收一切土地"改为"没收一切公共土地及地主阶级的土地"[④]，是对《井冈山土地法》的继承和发展。毛泽东对这一时期根据地的土地改革实践给予了高度评价。他在《论联合政府》中指出："一九二七年至一九三六年，中国共产党实行了彻底改革土地制度的办法，实现了孙先生的'耕者有其田'的主张。"[⑤]

1931 年 11 月，中华苏维埃第一次全国代表大会通过了《中华苏维埃共和国宪法大纲》（以下简称《宪法大纲》）。《宪法大纲》第一条就体现了鲜明的阶级性，规定：

中华苏维埃共和国家根本法（宪法）的任务，在于保证苏维埃区域工农民主专政的政权和达到它在全中国的胜利。这个专政的目的，是在消灭一切封建残余，赶走帝国主义列强在华的势力，统一中国，有系统的限制资本主义的发展，进行国家的经济建设，提高无产阶级的团结力与觉悟程度，团结广大的贫

---

① 朱镜我：《法底本质》，载王慕民编：《朱镜我文集》，海洋出版社 2007 年版，第 175 页。

② 朱镜我：《法底本质》，载王慕民编：《朱镜我文集》，海洋出版社 2007 年版，第 179 页。

③ 中共中央文献研究室、中央档案馆编：《建党以来重要文献选编（一九二一——一九四九）》第五册，中央文献出版社 2011 年版，第 814 页。

④ 中共中央文献研究室、中央档案馆编：《建党以来重要文献选编（一九二一——一九四九）》第六册，中央文献出版社 2011 年版，第 184 页。

⑤《毛泽东选集》第三卷，人民出版社 1991 年版，第 1075 页。

农群众在它的周围，以转变到无产阶级的专政。[①]

《宪法大纲》以马克思主义为指导，是中华苏维埃共和国的根本大法，对于根据地的法制建设有重大意义。此外，1934 年颁布的《中华苏维埃共和国中央苏维埃组织法》规定：设立最高法院作为最高司法机关，"在最高法院之下设刑事法庭、民事法庭及军事法庭，各设庭长一人"[②]；"设检察长一人，副检察长一人，检察员若干人"[③]。用人民司法巩固了红色政权。

这一时期，马克思主义法学在理论和实践层面都取得了长足的进步，尤其是为根据地建设提供了重要保障。法学理论在实际运用中不断中国化，为此后中国马克思主义法学话语体系的初步形成奠定了基础。

3. 话语转换阶段（1936—1949）：中国马克思主义法学话语体系的初步形成

1936—1949 年，进步学者在此前的基础上继续深化对马克思主义法学的研究，董必武、李达等通过著作、文章、讲话等形式丰富了马克思主义法学话语。延安新法学会的成立进一步推动了马克思主义法学话语中国化，促进了中国马克思主义法学话语体系的初步形成。

1940 年 8 月，董必武在《更好地领导政府工作》中指出，"政府在党领导下所颁行的法令，所公布的布告，所提出的号召，我们的党组织和党员首先应当服从那些法令，遵照那些布告，响应那些号召"[④]，"党决不包庇罪人，党决不容许在社会上有特权阶级，党员毫无例外，而且要加重治罪"[⑤]，体现出董必武对党员与法律之间的关系的认识，彰显了法律的权威性。1949 年 3 月，董必

---

① 中共中央文献研究室、中央档案馆编：《建党以来重要文献选编（一九二一——一九四九）》第八册，中央文献出版社 2011 年版，第 649 页。

② 中共中央文献研究室、中央档案馆编：《建党以来重要文献选编（一九二一——一九四九）》第十一册，中央文献出版社 2011 年版，第 224 页。

③ 中共中央文献研究室、中央档案馆编：《建党以来重要文献选编（一九二一——一九四九）》第十一册，中央文献出版社 2011 年版，第 225 页。

④ 《董必武法学文集》编辑组编：《董必武法学文集》，法律出版社 2001 年版，第 3 页。

⑤ 《董必武法学文集》编辑组编：《董必武法学文集》，法律出版社 2001 年版，第 6 页。

武在《废除国民党的六法全书及其一切反动法律》[1]中提出：

国民党的法律，是为了保护封建地主、买办、官僚资产阶级的统治与镇压广大人民的反抗；人民要的法律，则是为了保护人民大众的统治与镇压封建地主、买办、官僚资产阶级的反抗。阶级利益既相反，因而在法律的本质上就不会相同。[2]

由此可见，董必武坚持马克思主义法学理论，强调法律具有阶级性，所以主张国民党制定的反动法律必须废除，"各级人民政府的司法审判，不得再援引其条文"[3]。

1941年，以李木庵、张曙时、鲁佛民、朱婴、何思敬、陈瑾昆等马克思主义法学家为骨干成员的延安新法学会成立。新法学会的成立是中国共产党积极倡导的结果。学会在其成立宣言中提出，"本会的任务就要推进新民主主义的法治运动"，"我们相信新民主主义应具备详细的明文所规定的法制……因此本会认为有制定成文法、民、刑、商、劳以及其他各种法律之必要，本会愿在这些方面，悉心探讨，求有心得，提供意见或起草法规，以备政府采用"[4]。延安新法学会的成立进一步推动了法律与政治的结合，促进了马克思主义法学话语中国化，为"突破苏维埃时期的司法传统以及南京国民政府司法理论话语，建立一套全新的符合陕甘宁边区实际的新民主主义司法体系"[5]作出了有益探索。正如毛泽东在《致陈瑾昆》中指出的：

从新的观点出发研究法律，甚为必要。新民主主义的法律，一方面，与社会主义的法律相区别，另一方面，又与欧美日本一切资本主义的法律相区别，

---

[1] 这是董必武签署的，由董必武和薄一波、蓝公武、杨秀峰以华北人民政府主席和副主席名义发布的训令。

[2] 《董必武法学文集》编辑组编：《董必武法学文集》，法律出版社2001年版，第14页。

[3] 《董必武法学文集》编辑组编：《董必武法学文集》，法律出版社2001年版，第14页。

[4] 侯欣一：《法学的中国学派：原因、方法及后果——以延安新法学会为中心的考察》，《政法论坛》2006年第6期。

[5] 韩伟、薛永毅：《中国新法学会与马克思主义法学理论中国化》，《人民法院报》2022年7月22日。

请本此旨加以研究。①

1947 年春，李达应聘到湖南大学法律系任教授，并写成《法理学大纲》作为法律系教材。有学者认为，李达的这部著作"是力图运用马克思主义的观点为我国的法学研究开辟一条新的路子"，李达则是"我国最早运用马克思主义研究法学的一位拓荒者和带路人"②。李达在这部著作中阐释了法理学的对象、任务、范围与研究方法，考察了法律与国家的关系，法律的本质与现象、内容与形式等问题，并对西方各个法学流派的学说作了简要介绍和深刻批判。由于国统区言论限制和湖南大学校方禁止他讲授马克思主义的现实情境，作为讲义而写作的《法理学大纲》中，避免使用"唯物辩证法"和"马克思主义"的字样，而一般用"科学的世界观""科学的社会观"和"科学的法律观"等术语③。李达认为，法理学是哲学的一个分支，是科学的世界观的构成部分，"这科学的世界观在法律领域中的应用和扩张，就构成为科学的法律观——这就是法理学"④。与此同时，由于法理学所研究的法律现象是社会现象中的一部分，所以法理学也是科学的社会观的构成部分，而科学的社会观的根本论纲是"社会的存在规定社会意识"⑤。在此基础上，李达进一步提出了以马克思主义为指导构建科学法律观的任务：

法理学必须接受科学社会观的指导，把法律制度当作建立于经济构造之上的上层建筑去理解；阐明法制这东西，是随着经济构造之历史的发展而发展，而取得历史上所规定的特殊形态，阐明其特殊的发展法则，使法律的理论从神秘的玄学的见解中解放出来，而构成为科学的法律观。⑥

在"法律的本质"这一问题上，李达认为，"法律是国家的统治者用以保障特定阶级的经济结构的许多规则之总和"，法律的本质"即是阶级关系，即

---

① 《毛泽东书信选集》，人民出版社 1983 年版，第 280 页。

② 韩德培：《〈法理学大纲〉序言》，载李达：《法理学大纲》，法律出版社 1983 年版，序言第 2 页。

③ 张小军：《马克思主义法学理论在中国的传播与发展（1919—1966）》，中国人民大学出版社 2016 年版，第 59 页。

④ 李达：《法理学大纲》，法律出版社 1983 年版，第 3 页。

⑤ 李达：《法理学大纲》，法律出版社 1983 年版，第 4 页。

⑥ 李达：《法理学大纲》，法律出版社 1983 年版，第 6 页。

是阶级性"①。这部著作运用马克思主义阐述法律现象和各派法理学说，形成了比较系统的法理学理论，为中国马克思主义法学话语体系的初步形成作出了重要贡献。

这一时期，进步学者的理论研究取得了重要成果，根据地法制建设深入开展，马克思主义法学理论逐步系统化、中国化，并与根据地法制建设的实际紧密结合，初步形成了中国马克思主义法学话语体系，为新中国成立后法学理论的进一步发展奠定了良好的基础。

除哲学、历史学、经济学、政治学、社会学、法学以外，党领导下的进步学者还在教育学、新闻学等其他学科潜心耕耘，撰写了大量相关著作与文章，从各自学术领域出发丰富了理论系统，为学术话语体系的构建作出了贡献。

四、打造表达系统

话语体系的构建"不仅是一个文本的生产过程，而且更重要的是一个文本被社会接受与传播的过程"②。话语的传播需要有效的表达系统。表达系统肩负着将话语由主体传送至受众的任务，是话语体系构建的关键环节。新民主主义革命时期，中国共产党领导创办进步报刊，高度重视相关著作与教科书的出版发行，利用广播媒体宣传党的方针政策、借助民间艺术形式增强话语感染力，打造出有效的表达系统，保证了中国马克思主义哲学社会科学话语的广泛传播。

（一）进步报刊对马克思主义哲学社会科学的传播

新民主主义革命时期，进步报刊在马克思主义哲学社会科学的传播方面发挥了关键作用。中国共产党自成立以来就高度关注报刊对于传播革命理论、发展哲学社会科学的重大意义。毛泽东在中国共产党成立之前就创办并主编了湖南省学生联合会机关报《湘江评论》，为湘雅医专编辑其校报《新湖南》，应聘为长沙《大公报》馆外撰述员，参与《湖南通俗报》的编辑与撰稿工作，逐渐形成了通过报纸宣传政治或社会主张的思想。毛泽东还将办报看成党的工作方式之一，他在陕甘宁边区文化教育工作座谈会上指出："过去我们学会

---

① 李达：《法理学大纲》，法律出版社 1983 年版，第 102 页。

② 张翼：《新时代社会科学话语体系的"形成"》，《中共中央党校学报》2018 年第 3 期。

了一种工作方式，就是开会……如果你们再把办报这个工作方式采用起来，那么许多道理、典型就可以经过报纸去宣传。这也是一个工作方式。"① 他曾为华中的《大众报》《拂晓报》，华北的《冀中导报》，延安的《解放日报》等题写报头，并为《八路军军政杂志》等撰写发刊词，提出各报刊的工作要求②。在党的领导人高度重视下，进步报刊成为马克思主义哲学社会科学话语的重要表达渠道。

首先，党领导下的政治理论报刊如《向导》《红色中华》《红旗》《解放》等，不仅承担着宣传和普及马列主义的重任，同时也是传播马克思主义学术话语的重要载体。例如：创刊于1937年4月的《解放》发表了吴玉章的《研究中国历史的意义》，艾思奇的《孙中山先生的哲学思想》《关于辩证法伦理学认识论的一致性》等文章，有力地推动了马克思主义哲学社会科学话语的中国化。

其次，党领导下的学术报刊，如《新思潮》《社会科学战线》《研究》《社会现象》《中国文化》等，则对马克思主义哲学社会科学话语进行了更为集中的传播。例如：1930年《新思潮》第5期出版"中国经济研究专号"，刊发了潘东周的《中国经济的性质》、吴亮平的《中国土地问题》等系列文章，以经济学学术话语论证了中国社会"半殖民地半封建"性质。只出版了一期的《研究》在《征稿简章》中声明，"本刊以研究社会科学为任务"③，刊发了王彬的《社会科学的任务》、方亦如的《中国经济问题》、伏尔加的《世界经济与经济政策》、慕鸥的《唯物辩证的思惟方法》等文章，发挥了学术报刊作为马克思主义哲学社会科学话语表达平台的重要作用。

1940年2月，由毛泽东提议出版的《中国文化》创刊。此刊是陕甘宁边区文化协会的机关刊物，编委会由艾思奇、周扬、丁玲、张仲实、范文澜、萧三组成，艾思奇任主编。该刊设有"研究""创作""短评""杂感"等栏目，主要研究中国文字、经济、哲学、政治制度史、民间文化与自然科学，被视为中国共产党领导下在抗日根据地创办的第一种"大型学术刊物"④。该刊发表了

---

① 《毛泽东新闻工作文选》，新华出版社1983年版，第113—114页。
② 郑保卫主编：《中国共产党新闻思想史》，福建人民出版社2004年版，第223页。
③ 《征稿简章》，《研究》1932年第1期。
④ 钱承军：《建国前中国共产党报刊研究》，中国文联出版社2009年版，第168页。

毛泽东的《新民主主义的政治与新民主主义的文化》、艾思奇的《哲学是什么》（哲学讲座）、范文澜的《关于上古历史阶段的商榷》等文章。除上述作者外，郭沫若、成仿吾、徐特立、王学文、陈唯实等人都曾在《中国文化》上发表过文章。该刊共刊登文章和作品 145 篇①（部分文章见表3-1），可见此刊物的学术质量和在哲学社会科学界的影响力。

表 3-1 《中国文化》刊发文章部分统计表②

题目	作者	刊期
新民主主义的政治与新民主主义的文化	毛泽东	1940 年创刊号
论中国特殊性	艾思奇	
新文字与新文化运动	吴玉章	1940 年第 1 卷第 2 期
无产阶级政治经济学的特点	王学文	
抗战中的陕甘宁边区文化运动	艾思奇	
关于上古历史阶段的商榷	范文澜	1940 年第 1 卷第 3 期
哲学是什么（哲学讲座）	艾思奇	1940 年第 1 卷第 4 期
关于马列主义中国化的问题	杨松	1940 年第 1 卷第 5 期
逻辑史鸟瞰	和培元	1940 年第 1 卷第 6 期
当前文化运动的任务	艾思奇	
华北联大底任务与工作	成仿吾	
"民族形式"商兑	郭沫若	1940 年第 2 卷第 1 期
关于殷商社会性质争论中的几个重要问题	尹达	
自然科学与社会科学的关系	温济泽	1940 年第 2 卷第 2 期
中国经学史的演变：延安新哲学年会讲演提纲	范文澜	
怎样研究"资本论"	张仲实	1940 年第 2 卷第 3 期
怎样进行自然科学的研究	徐特立	1940 年第 2 卷第 4 期
列宁论中国	杨松	1941 年第 2 卷第 5 期
关于社会主义与共产主义社会发展的动力问题	王思华	1941 年第 2 卷第 6 期
史大林发展了关于否定之否定的问题	陈唯实	1941 年第 3 卷第 1 期
在青铜时代的埃及社会	叶蠖生	
抗战以来的几种重要哲学思想评述	艾思奇	1941 年第 3 卷第 2—3 期
论新哲学的特性与新哲学的中国化：为延安新哲学会三周年纪念作	和培元	

　　最后，进步报刊在对哲学社会科学工作者的统战工作中也发挥了不可替代的作用。全民族抗战时期，中共南方局在国统区通过党主办的《新华日报》

---

① 齐卫平、周颖秋：《延安时期〈中国文化〉若干问题的研究》，《中国延安干部学院学报》2013 年第 6 卷第 3 期。

② 资料来源：由全国报刊索引数据库查询整理得出。

《群众》等刊物发表社论，宣传党的抗日民族统一战线政策。1938 年 1 月 11
日，《新华日报》在其发刊词中提出，想赢得战争、建立新中国，就必须"加
强我们内部的团结，巩固抗日民族统一战线"①。它除了刊发共产党的号召之外，
也"反映其他各党各派以及无党派的一切有利于抗战团结的意见和主张"②，且
注重团结党外哲学社会科学工作者。例如在马寅初教授因披露国民党几大家族
发国难财而被国民党当局逮捕后，中共南方局积极开展营救活动；新华日报社
送给他"不屈不淫征气性，敢言敢怒见精神"的寿联③，以庆祝其六十岁生日，
表达共产党对进步哲学社会科学工作者的尊重。当得知国民党主办的各种报刊
不再刊登马寅初的文章时，周恩来指示，由《新华日报》发表马寅初的各种文
章，并给予稿酬，显示出中国共产党对进步学者的关心，有利于提升马克思主
义哲学社会科学在学术界的影响力。

（二）相关著作与教科书的出版发行

新民主主义革命时期，国共两党均意识到哲学社会科学的重要作用，围绕
其话语权展开激烈博弈。国民党制定反动书刊审查法规，对进步书籍以各种罪
名进行严酷查禁。面对困境，中国共产党领导成立了众多红色出版发行机构，
成为出版哲学社会科学著作与教科书、保证学术话语传播的重要渠道。

中国共产党自筹备时期就高度重视出版发行工作。1920 年，毛泽东在湖
南创办了以宣传马克思主义为宗旨的书报发行机构——文化书社，积极购销各
种进步书刊，如《共产党宣言》《马克思资本论入门》《社会主义史》《新俄国
之研究》等④。同年，利群书社和新青年社也相继创立，通过出版经典著作推
动了科学理论的传播。

建党初期和大革命时期，党领导成立了人民出版社，专门负责编译出版马
克思主义经典著作，后与新青年社合并，改名为上海书店。上海书店开始时主要
是重印、经销以前人民出版社和新青年社出版的马克思主义著作，以及印发党

---

① 《发刊词》，《新华日报》1938 年 1 月 11 日。

② 《董必武选集》，人民出版社 1985 年版，第 44 页。

③ 魏邦良：《马寅初："敢言敢怒见精神"》，《同舟共进》2009 年第 4 期。

④ 李万青：《文化书社在长沙共产主义小组建立和活动中的历史地位》，《湖南党
史》2000 年第 5 期。

的对外宣传刊物，如陈望道翻译的《共产党宣言》，党的机关刊物《向导》《中国青年》等。经过一年左右的努力，1924 年才开始出版自己的新书。如前文所述，上海书店出版的《社会科学讲义》由上海大学讲稿整理而成，包括瞿秋白的《社会哲学概论》《现代社会学》，施存统的《社会思想史》《社会运动史》《社会问题》和安体诚的《现代经济学》等[①]。1926 年年初，随着革命形势的发展，上海书店原有的秘密发行已不能满足需要，中央派毛泽民同志负责，成立了一个秘密发行所，专门负责上海书店的图书发行工作[②]，逐渐形成了以上海书店为中心的马克思主义著作和革命书报的发行销售网[③]。继上海书店之后，汉口长江书店也翻印和出版了一批进步书刊，为宣传进步思想作出了重要贡献。

值得注意的是，这一时期一些马克思主义哲学社会科学教科书相继出版，对广大进步青年起到了启蒙作用。如前文所述，除上海大学的《社会科学讲义》之外，马克思主义哲学社会科学教科书还有：蔡和森撰写的《社会进化史》，是他于 1922 年在上海平民女校和上海大学讲授社会进化史的教材，1924年由上海民智书局出版；李达的《现代社会学》是其在湖南大学任教时撰写的教材，由湖南现代丛书社于 1926 年出版；等等。这些教科书推动了马克思主义哲学社会科学话语在校园中的传播，有效提升了其影响力。

土地革命战争时期，中共在中央苏区领导建立了众多红色出版发行机构[④]。

---

① 王关兴：《瞿秋白与上海大学》，《上海大学学报（社会科学版）》2001 年第 1 期。

② 欧阳恩良：《中国共产党的马克思主义理论学习研究（1921—1949）》，中国社会科学出版社 2015 年版，第 195 页。

③ 中共中央马克思恩格斯列宁斯大林著作编译局马恩室编：《马克思恩格斯著作在中国的传播》，人民出版社 1983 年版，第 268 页。

④ 编审出版机构主要有中央出版局、中央教育人民委员部编审委员会、中央革命军事委员会出版局、中央革命军事委员会编译委员会、马克思主义研究总会编译部、马克思共产主义学校编审处、中华苏维埃中央军事政治学校编审出版科、中国工农红军学校出版科，等等。发行机构主要有中央出版局总发行部、中央局发行部、工农红军总政治部出版发行科、工农红军学校发行所、工农红军卫生学校发行部、《青年实话》总发行所、《青年实话》书店、工农红军书局，等等。——严帆：《中央苏区新闻出版印刷发行史》，中国社会科学出版社 2009 年版，第 283—296 页；严帆：《中央革命根据地新闻出版史》，江西高校出版社1991 年版，第 68—74 页。

这些机构在艰苦环境中保证了大量进步书籍的出版问世。有研究考证，仅1931至1934年出版的图书就达389种，如：马克思、恩格斯的《共产党宣言》（1932年2月出版），列宁的《共产主义运动中的"左派"幼稚病》（1932年7月出版），《三个国际》（1932年4月出版）及《列宁主义问题》（1934年1月出版）等①，有力地提升了马克思主义的影响力。

此外，国统区的生活书店、读书生活出版社、新知书店、华兴书局、北方人民出版社、启阳书店、江南书局、平凡书店、乐群书店、无产阶级书店、昆仑书店等众多出版发行机构也出版了大量进步书籍。生活书店成立于1933年，前身是《生活》周刊社②。读书生活出版社于1936年由李公朴、柳湜、艾思奇等人在上海创立（上海沦陷后迁往武汉、重庆），1939年在重庆改名为读书出版社。新知书店于1935年在上海成立，其前身是《中国农村》月刊社和《中国经济情报》周刊社③。这三家书店"接受了中国共产党组织的领导和影响"④，有力地推动了学术话语的传播。例如：这一时期生活书店于1935年出版了沈志远的《新经济学大纲》，于1936年出版了艾思奇的《知识的应用（读书问答第二集）》；读书生活出版社于1936年出版了李崇基的《如何研究哲学》；新知书店于1936年出版了薛暮桥的《农村经济底基本知识》和狄超白的《通俗经济学讲话》；等等⑤。除这三家书店外，国统区其他进步出版发行机构也在这一时期出版了大量马克思主义哲学社会科学书籍。例如：昆仑

---

① 王海军：《马克思主义中国化进程中经典著作编译与传播研究（1919—1949）》，中国人民大学出版社2019年版，第97页。

② 《生活》周刊创刊于1925年10月，是上海中华职业教育社的一个机关刊物，专供该社成员阅读。1933年7月，《生活》周刊与中华职业教育社脱离关系，生活出版合作社（对外号称"生活书店"）正式成立。

③ 1935年夏，这两个刊物面临停刊，中国农村经济研究会集资筹办书店。同年秋，新知书店成立，钱俊瑞任理事长，徐雪寒与华应申负责业务，姜君辰主持编辑工作。

④ 杜芳：《抗日战争时期中国共产党文化领导权构建研究》，时事出版社2018年版，第178页。

⑤ 曹鹤龙、李雪映编：《生活·读书·新知三联书店图书总目：1932—1994》，生活·读书·新知三联书店1995年版，第5—7页。

书店于 1929 年出版了邓初民的《政治科学大纲》和李达的《中国产业革命概观》，华兴书局于 1930 年将瞿秋白撰写的《社会科学概论》以德国人"布浪得耳"著《社会科学研究初步》的名义发行，江南书局于 1930 年出版了张如心的《辩证法学说概论》，等等，有效地提升了马克思主义哲学社会科学话语的影响力。

全民族抗战和解放战争时期，共产党领导下的出版管理与发行机构进一步健全。延安时期创办的专营图书出版机构解放社、新华书店等，在进步书籍的出版发行方面发挥了重要作用。新华书店成立短短三年内，共发行延安出版的各种图书 160 余种、50 余万册，报刊 10 种、上百万册，还发行了大后方的进步书刊和苏联出版的图书 300 余种、报刊 70 余种[1]。其中包括一系列马克思主义指导下的哲学社会科学著作，如范文澜的《中国通史简编》（上册）、徐懋庸的《政治常识——讲授提纲》、韩启农的《中国近代史讲话》等[2]。

国统区的生活书店、读书出版社、新知书店等进步出版机构在中共领导下继续从事进步著作的出版发行（部分著作见表 3-2），成为传播马克思主义哲学社会科学话语的重要阵地。这些著作普遍以马克思主义为指导，结构严谨，很受国统区读者欢迎。例如新知书店出版的《历史哲学教程》是翦伯赞对马克思主义历史哲学思想的提炼与总结，他在迁至湖南的北平民国大学任教时曾将其作为讲义，是 20 世纪 30 年代中国马克思主义哲学教科书的代表作之一。此书 1938 年 8 月初版后受到读者青睐，在长沙、重庆、贵阳、桂林、广州、香港等地被抢购一空，文化界尤其是青年学生对此书倍感兴趣，后来又多次再版印刷，产生了广泛影响[3]。

---

① 文东：《红色发行机构——新华书店》，《中国图书商报》2001 年 7 月 5 日。

② 赵生明：《新中国出版发行事业的摇篮——延安时期的新华书店》，《中国出版史研究》2017 年第 1 期。

③ 胡为雄：《马克思主义哲学在中国传播与发展的百年历史》上，百花洲文艺出版社 2015 年版，第 356、393—394 页。

表3-2 1937—1949年国统区出版部分马克思主义哲学社会科学著作统计表[①]

著作名称	作者	出版机构	出版时间
近代经济学说史	沈志远	生活书店	1937年
通俗社会科学二十讲	曹伯韩	读书生活出版社	
战时乡村工作	薛暮桥	新知书店	1938年
大众资本论	王右铭	生活书店	
抗日民族统一战线论	侯外庐	生活书店	
历史哲学教程	翦伯赞	新知书店	
社会主义史	吴亮平	生活书店	
科学历史观教程	吴亮平、艾思奇	辰光书店	1939年
哲学选辑	艾思奇	辰光书店	
新社会科学基础知识	王明之	上海三户书店	
中国民族解放运动史	华岗	鸡鸣书店	1940年
社会史简明教程	邓初民	生活书店	
哲学研究提纲	艾思奇	辰光书店	
简明中国通史（上册）	吕振羽	生活书店	1941年
青铜时代	郭沫若	重庆文治出版社	1945年
十批判书	郭沫若	重庆群益出版社	
辩证法唯物论	毛泽东	中国出版社	1946年
中国经济的道路	许涤新	生活书店	
政治经济学	薛暮桥	大众书店	
中国通史简编	范文澜	大众书店	
中国启蒙运动史	何干之	生活书店	1947年
中国古代社会史	侯外庐	新知书店	1948年
中国官僚政治研究	王亚南	上海时代文化出版社	
新社会学底基本问题	沈志远	生活·读书·新知上海联合发行所	1949年

（三）广播媒体对党的方针政策的宣传

革命战争年代，被列宁称为"不要纸张，'不受距离限制'的报纸"[②]的广播格外重要。早在1924年6月，李大钊就在《新闻的侵略》一文中指出，"各国中从无许外人在内地自由传播消息的事"，"最近如日、美争在中国建无线电台，亦是利用传播敏捷消息的便利，在平时图操纵中国的金融、商业；战时亦

[①] 资料来源：

曹鹤龙、李雪映编：《生活·读书·新知三联书店图书总目：1932—1994》，生活·读书·新知三联书店1995年版，第7—16页；吴汉全主编：《中国马克思主义学术史》第四卷，人民出版社2019年版，第140、404页；阎书钦：《范式的引介与学科的创建——民国时期社会科学话语中的科学观念》，中国社会科学出版社2017年版，第227页；瀚文民国书库。

[②] 中共中央马克思恩格斯列宁斯大林著作编译局编译：《列宁全集》第49卷，人民出版社2017年版，第217页。

利用以供军事通讯，帮助中国一派军阀得到胜利"①。同年，周恩来先后在《赤光》杂志上发表了《列强共管中国的步骤》《无线电台果将实现共管了》两篇文章，揭露了帝国主义列强企图"国际共管"中国无线电事业的阴谋②，体现出早期马克思主义者对新闻广播的重视。

1931年1月1日，毛泽东与朱德在宁都南林签发红一方面军命令。命令专门指出：胜利后，须注意收缴敌人的无线电台，不准破坏，还应清查无线电台机务员、话务员等专业人才，给予优待，量才利用③。1931年年底，临时中央政府指示成立红色中华新闻台，以充分发挥广播媒体特有的宣传作用。刘寅回忆说："一苏大会期间，红色中华新闻社（台）成立了。我们党第一次越出了敌人的铜墙铁壁，向全中国的人民传播了胜利的佳音。"④

延安时期，在继续运用无线电报进行文字广播的基础上，党中央非常重视语言广播电台的建设。在日本侵略者和国民党反动派的新闻封锁下，党中央的抗日救国主张、新华社的许多重要消息都传不出去，建立自己的广播电台成为当务之急。1939年9月，周恩来因右臂受伤到苏联治疗，1940年元旦前夕出院，多次与共产国际领导人季米特洛夫、哥德瓦尔特会谈。在一次会谈中，季米特洛夫问："你们还需要什么？"周恩来告诉他，中国共产党想在延安办一座广播电台，缺少广播器材。季米特洛夫将这一情况向斯大林汇报后，决定以共产国际的名义援助中国共产党一台苏联制造的广播发射机。1940年春，周恩来将这台广播发射机带回延安⑤。1940年12月30日，延安新华广播电台建立，将

---

① 中国社会科学院新闻研究所编：《中国共产党新闻工作文件汇编》下卷，新华出版社1980年版，第125页。

② 郑保卫主编：《中国共产党领导人新闻实践与新闻思想研究》，中国人民大学出版社2011年版，第213页。

③ 郑保卫主编：《中国共产党领导人新闻实践与新闻思想研究》，中国人民大学出版社2011年版，第56—57页。

④ 严帆：《中央苏区新闻出版印刷发行史》，中国社会科学出版社2009年版，第75页。

⑤ 师哲：《周恩来带回了第一台广播发射机》，载中国广播电视学会史学研究委员会、北京广播学院新闻传播学院新闻系编：《延安（陕北）新华广播电台回忆录新编》，中国广播电视出版社2000年版，第71页。

党的方针政策和革命真理传向全中国、全世界，打破了敌伪的舆论封锁，突破了报纸发行的种种限制，被国统区听众称为"茫茫黑夜中的灯塔"①。1941年5月，中宣部专门作出《关于广播电台的指示》，要求"广播内容应以当地战争及政治、军事、经济、文化教育等各方面的具体活动为中心，并以具体事实来宣传根据地的意义与作用"②，体现出中央对新闻广播的重视。

延安新华广播电台充分发挥党的喉舌作用，报道了各根据地的政治消息、生产情况，以及《陕甘宁边区施政纲领》《继承辛亥革命的精神》《赶快退出内战漩涡》等中央文件和重要社论、文章，揭露了国民党的黑暗统治，成为传播革命话语的重要渠道。此外，在广播中间还曾插播过文艺节目。延安新华广播电台最早的播音员之一萧岩后来回忆说，当时"利用毛主席送来的一些唱片，像百代公司出版的梅兰芳演唱的《凤还巢》、马连良演唱的《四进士》等等"③，在广播中间插播了一些文艺节目。为了表现解放区朝气蓬勃的文艺生活，萧岩还自己表演"独角戏"，"什么《黄河大合唱》《兄妹开荒》等都播唱过"④，丰富了人民群众的精神生活。曾担任过重庆《新华日报》总编辑兼新华社重庆分社社长的熊复回忆："《新华日报》曾经刊登过延安台广播的蒋俘名单，收转过蒋俘家属的来信。延安广播在蒋管区是有很大影响的。"⑤原国民党空军上尉刘善本驾机起义飞到延安，说自己是听了延安广播才下决心起义的⑥。刘善本到延安后，参观了延安新华广播电台播音室和机器房，他感叹道："就是在这

① 刘瑞儒、张苗苗、胡瑞华：《延安时期党的广播媒体群众教育模式研究》，《现代教育技术》2019年第4期。

② 倪延年选编：《中国新闻法制通史·第五卷：史料卷》上册，南京师范大学出版社2015年版，第626页。

③ 中国广播电视学会史学研究委员会、北京广播学院新闻传播学院新闻系编：《延安（陕北）新华广播电台回忆录新编》，中国广播电视出版社2000年版，第7页。

④ 中国广播电视学会史学研究委员会、北京广播学院新闻传播学院新闻系编：《延安（陕北）新华广播电台回忆录新编》，中国广播电视出版社2000年版，第7页。

⑤ 中国广播电视学会史学研究委员会、北京广播学院新闻传播学院新闻系编：《延安（陕北）新华广播电台回忆录新编》，中国广播电视出版社2000年版，第13页。

⑥ 温济泽：《忆清凉山的战斗岁月》，载《万众瞩目清凉山——延安时期新闻出版文史资料》第一辑，延安清凉山新闻出版革命纪念馆1986年版，第300页。

样极端困难的条件下，把毛主席的思想播送到了遥远的地方，使茫茫大海中的人们在暗夜中看见了远方的灯塔，产生了希望，认清了方向，增强了奋斗的力量。"[1] 国统区"中央大学"的党的地下工作者，在收听新华广播电台的广播后，将广播内容进行改编，通过壁报、大字报或油印报，以及铅印的《中大新闻》进行宣传，有力地推动了对广大青年学生的宣传教育工作[2]。

1946 年 5 月，为更好地发挥新闻宣传机构的作用，党中央将原属《解放日报》编辑部的国际新闻部、解放区新闻部、国民党区新闻部等几个主要业务部门连同干部一起划归新华社，以加强和扩大新华社的广播力量。与此同时，中央还决定将分散在不同地方的新华广播电台的英文广播、中文广播和电台的口语广播集中到一起，建立广播集中台，把有限的设备和人员集中起来使用。1946 年 11 月，解放战争开始前，新华广播电台又在瓦窑堡建立了一线战备台，在晋察冀和晋冀鲁豫解放区建立了二线战备台，以保证文字和口语广播不中断，使新华社的广播业务做到万无一失[3]。1948 年 11 月，中共中央发布《对新解放城市的原广播电台及其人员的政策的决定》，对新中国广播事业的基本管理及经营方式作了明确规定，强调"新中国之广播事业，应归国家经营，禁止私人经营"[4]，体现出其对广播事业的高度重视。1949 年 6 月，为击破国民党制造的谣言，争取国统区各阶层人士对共产党的了解，新华总社发布了"关于揭破国民党造谣计划加强城市政策口播的指示"，要求组织一系列"对外口播宣传稿件"，其中就包括"叙述我们保护与团结知识分子，爱护青年学生，迅速恢复学校与各种经济文化事业，照顾知识分子的生活，任用原有各种技术人员

---

[1] 刘善本：《飞向传播毛泽东思想的地方》，载中国广播电视学会史学研究委员会、北京广播学院新闻传播学院新闻系编：《延安（陕北）新华广播电台回忆录新编》，中国广播电视出版社 2000 年版，第 311—312 页。

[2] 李慕唐：《党对学生运动的直接支持》，载中国广播电视学会史学研究委员会、北京广播学院新闻传播学院新闻系编：《延安（陕北）新华广播电台回忆录新编》，中国广播电视出版社 2000 年版，第 368—369 页。

[3] 郑保卫主编：《中国共产党领导人新闻实践与新闻思想研究》，中国人民大学出版社 2011 年版，第 88 页。

[4] 郑保卫主编：《中国共产党新闻思想史》，福建人民出版社 2004 年版，第 278 页。

与专门家，尊重他们的正确意见"①，显示出新闻广播对于团结哲学社会科学工作者的重要意义。由此可见，新民主主义革命时期党领导下的广播媒体发挥自身独特优势，增进了包括知识分子在内的广大群众对马克思主义的认同，为学术话语的广泛传播营造了良好氛围。

（四）借助民间艺术形式增强话语感染力

新民主主义革命时期，国难当头，尤其是全民族抗战时期，人们利用可以利用的一切途径来宣传抗战。很多民间艺术形式都被采用来表现抗战的内容，不论旧剧、皮黄、各种地方戏曲，还是大鼓、快板、评书，甚至山歌、小调、小曲以及金钱板、数来宝等，都用来宣传抗日和动员民众②。1942年5月，毛泽东在延安文艺座谈会上指出，"我们是无产阶级的革命的功利主义者"③，"要使文艺很好地成为整个革命机器的一个组成部分……帮助人民同心同德地和敌人作斗争"④。会后，广大文艺工作者深入百姓生活，开展了多种为群众喜闻乐见的文艺宣传活动，例如秧歌、话剧、平剧（京剧）等。

1. 秧歌

秧歌是流传于我国农村的一种常见的民间艺术。秧歌剧在舞蹈歌唱的基础上融入故事情节，深受群众喜爱。旧秧歌内容上既有积极的方面也有消极落后的东西，有的秧歌涉及男女调情，有的还渗透着封建迷信思想。延安文艺座谈会后，文艺工作者深入农村，对旧秧歌加以改造，把秧歌和革命结合起来。陕甘宁边区特别是延安，掀起了澎湃汹涌的新秧歌热潮，几乎无人不会扭秧歌⑤。在陕甘宁边区带动下，各抗日民主根据地纷纷开展新秧歌运动。新秧歌被老百姓称作"斗争秧歌"，反映了人民群众的斗争生活，体现出强烈的革命现实主义精神，使中国共产党的革命话语更贴近生活、更容易为人民所接受。例如，

---

① 倪延年选编：《中国新闻法制通史·第五卷：史料卷》上册，南京师范大学出版社2015年版，第689页。

② 蓝海：《中国抗战文艺史》，山东文艺出版社1984年版，第74页。

③ 《毛泽东选集》第三卷，人民出版社1991年版，第864页。

④ 《毛泽东选集》第三卷，人民出版社1991年版，第848页。

⑤ 蓝海：《中国抗战文艺史》，山东文艺出版社1984年版，第105页。

《军爱民 民拥军》唱出了八路军与老百姓的鱼水深情：

> 反动派，抢我村，
>
> 八路军救了咱一家人。
>
> 到今天，咱村上，
>
> 家家户户好吃好穿，
>
> 光景好呀好太平！
>
> 咱人民，好光景，
>
> 全靠八路军给呀给恩情。
>
> 送上那猪羊肉，
>
> 给咱队伍过节过年，
>
> 礼呀礼轻人意重。
>
> 八路军，八路军，
>
> 一个个年轻真呀真英雄！
>
> 有文来又有武，
>
> 打仗生产保卫边区，
>
> 爱国哪呀又爱民！ [①]

据不完全统计，"从 1943 年农历春节至 1944 年上半年，一年多的时间就创作并演出了三百多个秧歌剧，观众达八百万人次"[②]。新秧歌以老百姓喜闻乐见的形式真实反映了边区生活的方方面面，进一步增进了人民群众对共产党的信任，为马克思主义哲学社会科学话语的广泛传播创造了有利条件。

2. 话剧

话剧是新民主主义革命时期最活跃、最繁荣的艺术形式之一。早在 1936年，人民抗日剧社总社和众多的抗日剧团就创作和演出了许多独幕话剧和话剧形式的活报剧，如《秋阳》《察东之夜》《李七嫂》《死亡线上》《蹂躏与反抗》

[①]《延安文艺丛书》编委会编：《延安文艺丛书》第七卷（秧歌剧卷），湖南人民出版社 1985 年版，第 238 页。

[②]《延安文艺丛书》编委会编：《延安文艺丛书》第七卷（秧歌剧卷），湖南人民出版社 1985 年版，前言第 2 页。

《矿工》《撤退赵家庄》《卖国贼》等[①]。随着全民族抗战的爆发，大批文艺工作者齐聚延安，推动了延安话剧运动的发展。据统计，1937—1949年，在延安的戏剧舞台上演出过的剧目（不包括传统的旧戏曲）共约225个，其中话剧就有135个之多，占总数的60%[②]。延安文艺座谈会后，文艺工作者就如何创作新话剧来更好地满足工农兵的精神需要展开探索。周扬在1944年春发表《表现新的群众的时代》，对话剧提出了民族化、大众化的要求，认为"方言剧是值得提倡的"[③]。这一时期创作的话剧使这一艺术形式从城市走向乡村，喊出了人民群众的心声。例如：《把眼光放远一点》以喜剧形式表达了严肃斗争主题，《粮食》反映出八路军与群众之间的血肉关系，《过关》则体现了根据地人民踊跃参军的热情。此外，《我们的指挥部》《军民之间》《刘家父子》《保卫边区》等也都收到了很好的效果[④]。这些剧目除在延安上演外，还在各抗日根据地广泛流传，教育、动员了千百万军民，使中国共产党的革命话语更接地气，进一步拉近了人民群众与党的距离。

3. 平剧

京剧（当时称作平剧）历史悠久，剧目丰富，深得百姓喜爱。在党中央和毛泽东同志的关怀下，延安平剧研究院于1942年10月开学。延安平剧研究院确定的工作方针是：

总的方面，是理论与实践密切结合的方针。一方面研究平剧理论，一方面进行改造的实践，二者互相联系，互相推进。在目前条件之下，平剧的学习研究与演出密切结合起来。把学习研究所得，在演出里实践出来；将演出实践中的经验教训，反过来再推进理论的学习研究与创造。并且把作为艺术实践的演出与观众的需要密切结合，使平剧更完善地为新民主主义服务。[⑤]

---

① 《延安文艺丛书》编委会编：《延安文艺丛书》第九卷（话剧卷），湖南人民出版社1985年版，前言第2页。

② 《延安文艺丛书》编委会编：《延安文艺丛书》第九卷（话剧卷），湖南人民出版社1985年版，前言第7页。

③ 蓝海：《中国抗战文艺史》，山东文艺出版社1984年版，第248页。

④ 《延安文艺丛书》编委会编：《延安文艺丛书》第九卷（话剧卷），湖南人民出版社1985年版，前言第4—5页。

⑤ 艾克恩主编：《延安文艺史》下，河北教育出版社2009年版，第463页。

并特别强调"要克服'平剧与革命无关'的旧的观点"[①]。可见，当年的平剧既是一种艺术形式，也是一种传播进步思想的手段，是服务于革命事业的。为了不断扩大艺术宣传的范围、充分发挥戏剧在宣传教育中的优势，1943 年 3 月，中央文委开会讨论戏剧运动的方针问题。会议确定各抗日根据地的戏剧运动总方针是"为战争、生活、教育服务"，"内容是抗战所需要的，形式是群众所了解的"[②]。会议精神很快在各地党的宣传部门和剧团实际工作中得到落实。延安平剧研究院召开全院讨论大会，决定审查和修改已演出的旧剧本，凡对抗战有害的一律不演，鼓励创作能直接、间接为战争、生产和教育服务的历史剧和现代剧，用民间形式的戏剧来反映今天的现实[③]。延安平剧研究院从成立到离开延安，共演出 1200 多场，观众 200 多万人次，上演了《三打祝家庄》《嵩山星火》《岳飞》《武松》《大名府》等剧目[④]，以民间艺术鼓舞了抗战士气，提升了中共革命话语的感染力。其中，平剧《三打祝家庄》是延安平剧研究院的李纶、魏晨旭、任桂林受到毛泽东《辩证法唯物论（讲授提纲）》中关于宋江三打祝家庄那段论述的启发，根据现实需要而创作的。剧本没有拘泥于原故事，而是进行了一定加工，强调了调查研究的重要性，突出了利用矛盾、里应外合等策略思想。当时一般观众都说，"看完了戏，胸中引起了强烈的学习策略的愿望"；"观众对于剧中善于作调查工作的石秀，善于作内应工作的乐和、顾大嫂以及善作统战工作的宋江等，都很发生兴趣"[⑤]。这部剧有利于普通百姓对毛泽东《辩证法唯物论（讲授提纲）》中部分思想的理解，增强了学术话语的感染力，显示出平剧这种文艺形式对传播马克思主义哲学社会科学话语、提高话语影响力的积极作用。

五、完善环境系统

每个具体的系统都是从普遍联系的客观事物之网中相对地划分出来的，与

---

① 艾克恩主编：《延安文艺史》下，河北教育出版社 2009 年版，第 463 页。
② 艾克恩编纂：《延安文艺运动纪盛》，文化艺术出版社 1987 年版，第 435 页。
③ 艾克恩主编：《延安文艺史》下，河北教育出版社 2009 年版，第 358 页。
④ 艾克恩主编：《延安文艺史》下，河北教育出版社 2009 年版，第 464 页。
⑤《"三打祝家庄"开始公演》，《解放日报》1945 年 3 月 1 日。

外部事物有千丝万缕的联系[①]。能否营造有利的外部环境，对于哲学社会科学话语体系的构建至关重要。新民主主义革命时期，中国共产党通过多种教育形式提高了不同话语受众的接受能力，并领导参与了一系列学术论战，有效提升了马克思哲学社会科学话语的影响力，以完善的环境系统保证了话语体系的构建。

（一）通过多种教育形式提高不同话语受众的接受能力——以陕甘宁边区教育为例

在哲学社会科学话语体系构建过程中，受众是核心要素之一。只有被受众选择和接受的话语才是真正有影响力的话语。新民主主义革命时期，面对话语受众文化素质参差不齐的状况，中国共产党在各个时期都有针对性地采取了多种教育形式，以提高不同话语受众的接受能力。尤其是全民族抗战时期的陕甘宁边区，是当时党中央所在地，又是模范的抗日民主根据地，文化教育工作取得了巨大成就。

陕甘宁边区在旧社会时经济文化非常落后，党中央初到陕北时，这里可以说仍是文化教育的荒地。据统计，这里的文盲率高达99%[②]。例如：陇东华池县几百人中都没有几个能认字的；在环县，全县只有两人有过中学教育经历[③]。边区政府成立后就明确提出，"必须采取适当办法，实施以民族解放、民主政治为中心内容的普及教育"[④]，以提高边区人民的文化水平。在党和边区政府的领导下，干部教育、普通教育和社会教育都较好地开展了起来。

1. 干部教育

陕甘宁边区的干部大多出身工农，文化素质偏低，基层干部中文盲占了绝大多数。据统计，安塞县乡一级干部，几乎都是文盲，或者识几个字，但看不懂边区政府的文件[⑤]。干部文化水平的普遍偏低，严重影响了他们对马克思主义

① 苗东升：《系统科学精要》，中国人民大学出版社2016年版，第26页。

② 戴知贤、李良志：《抗战时期的文化教育》，北京出版社1995年版，第272页。

③ 梁星亮、杨洪、姚文琦主编：《陕甘宁边区史纲》，陕西出版集团、陕西人民出版社2012年版，第172页。

④ 陕西师范大学教育研究所编辑：《陕甘宁边区教育资料·教育方针政策部分》上，教育科学出版社1981年版，第248页。

⑤ 梁星亮、杨洪、姚文琦主编：《陕甘宁边区史纲》，陕西出版集团、陕西人民出版社2012年版，第176页。

哲学社会科学的接受能力，也成为他们工作水平进一步提升的瓶颈。面对这种情况，中共中央于 1939 年 3 月发布了《延安在职干部教育暂行计划》。同年 11 月，边区第二次党代会通过决议，认为"目前提高党干部底文化程度、政治水平和理论水平，提高党干部底马克思主义——列宁主义的觉悟程度，是巩固党、加强党，巩固边区、提高边区，争取全国抗战胜利的最重要保证"[1]，进而要求："务期于 1940 年内，完全消灭党干部中的文盲，达到每人至少认识一千字。"[2]

1940 年 1 月，中央书记处出台《关于干部学习的指示》，大致安排了干部教育的主要课程。其中：初级课程包括社会科学常识、中国近代革命史等；高级课程包括政治经济学、近代世界革命史等[3]。由此可知，除政治理论外，哲学社会科学知识也是干部教育的重要内容。同年 6 月，延安召开了在职干部教育周年总结大会。李维汉在大会上作报告时肯定了干部教育取得的成绩，指出："许多同志在理论水平和政治水平上，比以前提高了一步⋯⋯学习的制度和学习的习惯有了初步的养成，学习方法有了初步的建立。"[4]据 1940 年 12 月的统计，边区一级在职干部参加学习的共 1254 人，掀起了党内空前的学习热潮[5]。

1942 年 2 月，毛泽东在中央党校开学典礼上的讲话提出："我们的工农干部要学理论，必须首先学文化。没有文化，马克思列宁主义的理论就学不进去。"[6]同月，中共中央政治局通过《关于在职干部教育的决定》，再次要求"必须强调文化教育，反对轻视文化教育的错误观点"[7]，对于提高广大党员干部的文化水平、提升其对哲学社会科学话语的接受能力发挥了积极作用。为更好地落实这一决定，陕甘宁边区教育厅拟定了《在职干部教育实施办法草案》，

---

① 《关于党内干部教育问题的决议》，《解放》1939 年第 95 期。

② 《关于党内干部教育问题的决议》，《解放》1939 年第 95 期。

③ 陕西师范大学教育研究所编辑：《陕甘宁边区教育资料·在职干部教育部分》，教育科学出版社 1981 年版，第 32 页。

④ 罗迈：《延安在职干部一年来学习经验总结——1940 年 6 月 6 日延安在职干部教育周年总结大会上的报告》，《解放》1940 年第 110 期。

⑤ 梁星亮、杨洪、姚文琦主编：《陕甘宁边区史纲》，陕西出版集团、陕西人民出版社 2012 年版，第 180 页。

⑥ 《毛泽东选集》第三卷，人民出版社 1991 年版，第 818 页。

⑦ 《中共中央关于在职干部教育的决定》，《解放日报》1942 年 3 月 2 日。

要求"成立乡级在职干部学习小组"①，使干部教育有了组织保障。在党的领导下，陕甘宁边区的干部教育取得了显著成就，不仅"为其他解放区训练了4万个以上的政治、军事干部，及成千的文化和技术干部"②，也为马克思主义哲学社会科学话语在党员干部中的广泛传播提供了前提。

2. 普通教育

陕甘宁边区的普通教育可分为小学和中等学校教育。

小学方面，1938年4月，陕甘宁边区第一届各县第三科科长联席会议决议提出，应建立统一的小学课程。规定初级小学的课程是国语、算数、常识、劳作、体育、唱歌、图画7门；高小课程是国语、算数、自然、史地、政治、体育、唱歌、图画8门③。可见边区小学课程兼顾了基础的自然科学和哲学社会科学知识。

边区的小学教育具有公益性。"边区的儿童，读书是用不着付钱的，没有学费的名目。有钱人的子弟可以进学校读书，无钱的人也同样可以进学校读书。在边区读书，机会是平等的。"④"群众自愿供给其学校所需的一切费用，或者是负担一部分，由政府帮助一部分。"⑤小学教育内容很好地配合了抗战需要，同时注重提高儿童的文化水平，部分教学内容与哲学社会科学紧密相关。例如赤水县坳里完小的政治课是从《社会科学概论》中选的，历史选自《中国现代革命运动史》⑥，为这些学生将来更好地接受马克思主义哲学社会科学话语奠定了基础。

中等学校教育方面，边区中等学校肩负着双重任务：一方面，造就小学教

---

① 陕西师范大学教育研究所编辑：《陕甘宁边区教育资料·在职干部教育部分》，教育科学出版社1981年版，第169页。

②《林伯渠在三届一次参议会上的报告》，转引自戴知贤、李良志：《抗战时期的文化教育》，北京出版社1995年版，第283页。

③ 董纯才、张腾霄、皇甫束玉主编：《中国革命根据地教育史》第二卷，教育科学出版社1991年版，第330页。

④ 柯柏年：《边区的学校教育》，《战时教育》1938年第2卷第7期。

⑤ 柯柏年：《边区的学校教育》，《战时教育》1938年第2卷第7期。

⑥ 孙萍：《陕甘宁边区完小的一般状况》，载陕西师范大学教育研究所编辑：《陕甘宁边区教育资料·小学教育部分》下，教育科学出版社1981年版，第278页。

师队伍、培训在职干部；另一方面，为升入高一级学校作准备，属于小学教育和高等教育的一个中间环节 [①]。

陕甘宁边区教育厅高度重视师范学校教育，于 1942 年 8 月制定了《暂行师范学校规程草案》：指明师范学校是"依照新民主主义教育方针，培养健全的地方小学教师及区、乡级文化教育干部之场所"；要求"以各县市之面积广袤与人口密度，将边区划为若干师范区，每一师范区内得设师范学校一所" [②]。并规定：初级师范学校的课程包括公民知识、国文、新文字、历史、地理、数学、自然、生理卫生、美术、音乐、体育、军事训练、教育实施、儿童心理、教学法、教学实习、劳作；高级师范学校的课程包括社会科学概论、国文、中外历史、中外地理、数学、生物学、物理、化学、哲学、美术、音乐、体育、军事训练、教育行政、教育心理、课程及教材研究、教育测验及统计、劳作 [③]。陕甘宁边区开设的师范学校主要有鲁迅师范学校（简称鲁师）、边区师范学校（简称边师）、关中师范学校（也称边区第二师范）、三边师范学校（也称边区第三师范）、绥德师范学校（简称绥师）、鄜县师范、延安师范等 [④]。

此外，普通中学也是陕甘宁边区中等学校教育的重要组成部分。1942 年8 月，陕甘宁边区教育厅制定了《暂行中学规程草案》：指明中学是"依照新民主主义教育方针，继续小学教育，培养健全的新青年，以为从事边区各种建设事业及研究高深学术之预备场所"；并规定"中学分初级中学及高级中学"，"初中三年，高中二年" [⑤]。课程设置方面，兼顾自然科学和哲学社会科学：初级中学包括公民知识、国文、外国语、历史、地理、数字、自然、生理卫生、

---

① 董纯才、张腾霄、皇甫束玉主编：《中国革命根据地教育史》第二卷，教育科学出版社 1991 年版，第 317—318 页。

② 陕西师范大学教育研究所编辑：《陕甘宁边区教育资料·中等教育部分》中，教育科学出版社 1981 年版，第 32—33 页。

③ 陕西师范大学教育研究所编辑：《陕甘宁边区教育资料·中等教育部分》中，教育科学出版社 1981 年版，第 39、41 页。

④ 董纯才、张腾霄、皇甫束玉主编：《中国革命根据地教育史》第二卷，教育科学出版社 1991 年版，第 318—323 页。

⑤ 陕西师范大学教育研究所编辑：《陕甘宁边区教育资料·中等教育部分》上，教育科学出版社 1981 年版，第 18 页。

美术、音乐、军事训练、体育、劳作；高级中学包括社会科学概论、国文、外国语、中外历史、中外地理、数学、生物学、物理、化学、哲学、美术、音乐、军事训练、体育、劳作[①]。陕甘宁边区开设的中学主要有边区中学（简称边中）、延安中学、陇东中学、公立米脂中学（简称新米中）、三边公民学校（简称三边公学）、子长中学等[②]。

在边区政府的政策保障下，边区中等学校逐渐增多，到1942年已有两千余名学生[③]。这些学校以其开设的哲学社会科学类课程提高了学员的文化素质。例如：鲁迅师范学校开设有"中国史"课程，以李平心的《中国近代史》为主要教材，等等[④]。既为边区培养了小学教员和地方干部，也提高了学员对于马克思主义哲学社会科学话语的接受能力。

3. 社会教育

社会教育方面，其主要对象是不能脱离生产的文盲和半文盲，以及文化程度低的农村基层干部。1937年起草的《关于群众的文化教育建设草案》将"把广大群众从文盲中解放出来"作为党的主要工作之一，提出要"普遍的进行普及教育，使每个特区人民都有受教育的机会"[⑤]。1938年4月25日，《战时教育》刊发了吕良撰写的《边区的社会教育》一文，指出了教育方面存在的缺陷：过分重视学校教育，忽视了广大群众教育；只顾到成人儿童的普及教育，忽视了成人儿童的继续教育；过分重视文字教育，忽视了知识技能教育[⑥]。并以此为"边区重视和推行社会教育的根据"，认为"社会教育是学生不脱离生产而施以

---

① 陕西师范大学教育研究所编辑：《陕甘宁边区教育资料·中等教育部分》上，教育科学出版社1981年版，第25、27页。

② 董纯才、张腾霄、皇甫束玉主编：《中国革命根据地教育史》第二卷，教育科学出版社1991年版，第324—328页。

③ 中共陕西省委党史研究室编：《中国共产党在陕西（新民主主义革命时期)》，陕西人民出版社1991年版，第432页。

④ 陕西师范大学教育研究所编辑：《陕甘宁边区教育资料·中等教育部分》中，教育科学出版社1981年版，第57页。

⑤ 陕西师范大学教育研究所编辑：《陕甘宁边区教育资料·社会教育部分》上，教育科学出版社1981年版，第2页。

⑥ 吕良：《边区的社会教育》，《战时教育》1938年第2卷第9期。

普及的继续的教育"，在"人力财力一切为着抗战的现在，社会教育不仅在边区，而应该在全国被重视推动起来，因为这是唯一有效的穷办法"[①]。同年，陕甘宁边区教育厅印发的《社会教育工作纲要》再次强调了社会教育的重要性，指出："边区是文化比较落后的区域，据一般的估计，边区文盲占百分之九十以上……要设立千百个学校、千百个教员，巨大的经费，事实上一时也是不可能，唯一的时间、经费、能力的经济办法，只有开展广泛的深入的社会教育。"[②] 并具体提出了几项开展社会教育的工作，如怎样开办识字班、怎样办民众图书馆、怎样办民众墙报、怎样办俱乐部等。1940年3月，中央出台文件指出，"小学教员即应成为该乡该村社教的主持者，他的小学生中的优秀分子即可成为他的助手"[③]，并要求提高社教工作者的地位，"关心他们的学习与生活，并给其中的优秀分子以各种的奖励，反对任何轻视他们的不正确观点"[④]。在边区政府的高度重视下，社会教育取得了显著成绩。"边区农村识字的人数从1%提高到10%，在短短八年间能取得这样的成绩是很不容易的。"[⑤]

通过社会教育和学校教育，边区识字人数增加了10倍至40倍[⑥]，广泛提高了基层党员干部和普通百姓的文化水平，为马克思主义哲学社会科学话语的广泛传播和接受提供了可能。

（二）通过参与学术论战增强话语权威

一种新兴学术话语在其发展过程中难免与其他已有话语交融交锋。1933年6月，"社联"北平分盟主办的刊物《社会科学》在其创刊词中号召："一切拥护马列主义的社会科学者都聚集在马列主义旗帜之下，向反动理论与欺骗宣传

---

① 吕良：《边区的社会教育》，《战时教育》1938年第2卷第9期。
② 陕西师范大学教育研究所编辑：《陕甘宁边区教育资料·社会教育部分》上，教育科学出版社1981年版，第60—61页。
③ 中央档案馆编：《中共中央文件选集》第十二册，中共中央党校出版社1991年版，第329页。
④ 中央档案馆编：《中共中央文件选集》第十二册，中共中央党校出版社1991年版，第331页。
⑤ 宋金寿主编：《抗战时期的陕甘宁边区》，北京出版社1995年版，第641—642页。
⑥ 吴志渊：《西北根据地的历史地位》，湖南出版社1991年版，第273页。

的阵营进攻！"①从话语引入到话语重塑，再到话语转换阶段，中国马克思主义哲学社会科学话语体系在其发展的各个时期都伴随着学术论战，并在论战中逐渐树立起自己的话语权。

1.通过"科玄论战"凸显唯物史观的重要意义

1923年2月至1924年年底，中国学术界爆发了"科玄论战"，虽历时不长，但马克思主义学派通过对"科玄"两派的批判，提升了自己在哲学社会科学领域的影响力，对于中国马克思主义哲学社会科学话语体系的构建具有重要意义。

1923年2月14日，张君劢在清华大学发表演讲《人生观》，指出："人生观之特点所在，曰主观的，曰直觉的，曰综合的，曰自由意志的，曰单一性的。惟其有此五点，故科学无论如何发达，而人生观问题之解决，决非科学所能为力，惟赖诸人类之自身而已。"②张君劢关于科学不能解决人生观问题的言论很快遭到丁文江的批驳。丁文江在《玄学与科学》一文中将张君劢称为"玄学鬼附身"，对其观点逐一反驳，认为张君劢的理论是"西洋的玄学鬼到了中国，又联合了陆象山、王阳明、陈白沙高谈心性的一班朋友的魂灵"，是"玄而又玄的"③，指出"人生观同科学的界限分不开"，"科学方法是万能，不怕玄学终久不投降"④。此后，两人围绕科学与人生观的问题又各自撰文多篇，拉开了"科玄论战"的大幕。随后，胡适、梁启超、任叔永、吴稚晖、林宰平、朱经农、张东荪等人纷纷参与论战，两人之间的论战逐渐演变为"科玄"两派的论战。1923年5月11日，胡适撰写了《孙行者与张君劢》一文，将张君劢比作孙悟空，将科学与逻辑比作如来佛，指出了张君劢观点的自相矛盾之处，认为"张君劢翻了二七一十四天的筋斗，原来始终不曾脱离罗辑先生的一件小小

---

① 中共北京市委党史研究室、中共天津市委党史资料征集委员会编：《北方左翼文化运动资料汇编》，北京出版社1991年版，第101页。

② 张君劢：《人生观》，载张君劢、丁文江等：《科学与人生观》，山东人民出版社1997年版，第38页。

③ 丁文江：《玄学与科学——评张君劢的〈人生观〉》，载张君劢、丁文江等：《科学与人生观》，山东人民出版社1997年版，第51—52页。

④ 丁文江：《玄学与科学——评张君劢的〈人生观〉》，载张君劢、丁文江等：《科学与人生观》，山东人民出版社1997年版，第44、51页。

法宝——矛盾律——的笼罩之下"①。胡适明显站在科学派的立场上。同年5月23日，梁启超撰写了《人生观与科学》一文，虽声明自己并不参战，"不过是一个观战的新闻记者"，但还是发表了自己的看法："人生关涉理智方面的事项，绝对要用科学方法来解决。关于情感方面的事项，绝对的超科学。"② 实际上是强调科学作用的有限性，站在玄学派一边。因此，郭湛波认为："这次战争胡梁是主角，丁张不过打先锋罢了。"③

论战后期，以陈独秀、瞿秋白为代表的马克思主义学派以唯物史观为武器加入论战。1923年11月，上海亚东图书馆收集论战文章29篇，编成《科学与人生观》一书，请陈独秀和胡适分别为之作序。陈独秀在序言中指出，科学可以分为自然科学和社会科学两类，认为"种种不同的人生观，都为种种不同客观的因果所支配，而社会科学可一一加以分析的论理的说明，找不出那一种是没有客观的原因，而由于个人主观的直觉的自由意识凭空发生的"④，从而批驳了玄学派的观点。同时，陈独秀也指出了科学派的不足，认为科学派"表面上好像是得了胜利，其实并未攻破敌人的大本营……这是因为有一种可以攻破敌人大本营的武器，他们素来不相信，因此不肯用"⑤。陈独秀此处提到的"武器"即是唯物史观。他相信："只有客观的物质原因可以变动社会，可以解释历史，可以支配人生观，这便是'唯物的历史观'。"⑥ 同年12月，陈独秀在《答适之》一文中再次强调了唯物史观的观点：

思想知识言论教育，自然都是社会进步的重要工具，然不能说他们可以变动社会、解释历史、支配人生观和经济立在同等地位……适之果坚持物的原因

①适之：《孙行者与张君劢》，《努力周报》1923年5月20日。

②梁启超：《人生观与科学》，载张君劢、丁文江等：《科学与人生观》，山东人民出版社1997年版，第142页。

③郭湛波：《近五十年中国思想史》，岳麓书社2013年版，第232页。

④陈独秀：《〈科学与人生观〉序》，载张君劢、丁文江等：《科学与人生观》，山东人民出版社1997年版，第5页。

⑤陈独秀：《〈科学与人生观〉序》，载张君劢、丁文江等：《科学与人生观》，山东人民出版社1997年版，第1页。

⑥陈独秀：《〈科学与人生观〉序》，载张君劢、丁文江等：《科学与人生观》，山东人民出版社1997年版，第7页。

外，尚有心的原因——即知识、思想、言论、教育，也可以变动社会，也可以解释历史，也可以支配人生观——像这样明白主张心物二元论，张君劢必然大摇大摆的来向适之拱手道谢！！！①

这就与科学派划清了界限，避免了科学派多元论的困局。在陈独秀总结"科玄论战"的同时，瞿秋白也撰写了《自由世界与必然世界》一文，认为"科玄论战"的关键"在于承认社会现象有因果律与否，承认意志自由与否"②。瞿秋白指出，"偶然"背后必有公律，"科学的职任便在于发见这些公律"③。他批评张君劢，认为其坚持"科学"不能测度人类社会的观点"是很错的"④。瞿秋白提出，决不能因为"不知因果"便说"没有因果"，实质上，"社会现象是人造的，然而人的意志行为都受因果律的支配"⑤。那么，该如何探求这些因果律呢？瞿秋白总结说，应从"社会发展之最后动力"⑥——经济入手。这就站在了唯物史观的高度分析人生观问题，进而指明了社会发展的规律性，进一步扩大了马克思主义的社会影响。有史学家曾回忆说，当时左派书籍，将人生观与历史观结合在一起，在年轻人中具有极大的吸引力。比如将鸦片战争视为民族耻辱之开始，是反帝、反封建之源头，"这一说法使一代青年们的心投入且溶入这股历史大流中，使他们知道自己的历史定位，自己的历史使命。这是无数优秀青年扑向共产党而甘愿为之牺牲而成为烈士的秘密所在"⑦。

对于"科玄论战"的积极意义，冯契认为，这场论争显示出唯物史观的科学性，人们在比较中选择了这一理论，"并进而走上了共产党指引的人民民主

---

① 陈独秀：《答适之》，载任建树主编：《陈独秀著作选编》第三卷，上海人民出版社 2009 年版，第 169 页。

② 瞿秋白：《自由世界与必然世界》，《新青年》季刊 1923 年第 2 期。

③ 瞿秋白：《自由世界与必然世界》，《新青年》季刊 1923 年第 2 期。

④ 瞿秋白：《自由世界与必然世界》，《新青年》季刊 1923 年第 2 期。

⑤ 瞿秋白：《自由世界与必然世界》，《新青年》季刊 1923 年第 2 期。

⑥ 瞿秋白：《自由世界与必然世界》，《新青年》季刊 1923 年第 2 期。

⑦ 陆宝千：《我和郭师量宇的铎瑟因缘——前缘后分皆如水》，转引自王汎森：《思想是生活的一种方式——中国近代思想史的再思考》，北京大学出版社 2018 年版，第 113 页。

革命的道路"①。李泽厚也指出，"科玄论战"后，马克思主义在青年中得到了更广泛的传播，"日益作为科学为人们所理解、接受和信仰"②。由此可见，"科玄论战"对于马克思主义哲学社会科学话语的引入和接受发挥了重要作用。

2. 通过唯物辩证法论战削弱错误思潮的影响

如前文所述，唯物辩证法论战是指 1930—1936 年中国学术界就哲学消灭与否、本体论与认识论的关系和唯物辩证法的实质等问题的一次论战③。20 世纪 30 年代初，张东荪连续发表文章攻击唯物辩证法。1931 年 9 月，他发表《我亦谈谈辩证法的唯物论》，对"物质"和"物质的变化"两个马克思主义哲学的核心概念进行非难，挑起了唯物辩证法论战。此后，他又发表了《辩证法的各种问题》等一系列文章，进一步攻击马克思主义哲学，推动了论战进程。1934 年，他收集了一系列反对唯物辩证法的文章，加上他自己撰写的《唯物辩证法之总检讨》一文，汇编成《唯物辩证法论战》一书，对唯物辩证法发起全面攻击。张东荪认为马克思主义的辩证法和黑格尔的辩证法并没有本质区别，且"马克思的辩证法所以错误到不可救药，其原因一半在于黑格儿本身。换言之，即黑格儿本身就有错误与糊涂处；马克思不过再加一些新的错误罢了"④。他认为科学家的科学方法"自古代以迄今天为止，依然只是所谓观察法，实验法，归纳法，测量法，化验法，统计法等，从来没有用过辩证法"⑤。并极力夸大形式逻辑的作用，认为有了形式逻辑，辩证法就是多余的了⑥。与此同时，叶青以马克思主义者的身份出现，打着批判张东荪的旗号，用一系列错误理论篡改马克思主义，产生了负面影响。党领导下的进步学者对这二人的错误思想

① 冯契：《冯契文集第七卷：中国近代哲学的革命进程》（增订版），华东师范大学出版社 2016 年版，第 390 页。

② 李泽厚：《中国现代思想史论》，生活·读书·新知三联书店 2008 年版，第 63 页。

③ 冯契：《冯契文集第七卷：中国近代哲学的革命进程》（增订版），华东师范大学出版社 2016 年版，第 465 页。

④ 张东荪：《唯物辩证法之总检讨》，载张东荪编：《唯物辩证法论战》，民友书局 1934 年版，第 143—144 页。

⑤ 乔清举等：《多元理性的碰撞与选择——20 世纪三四十年代哲学论辩》，百花洲文艺出版社 2012 年版，第 147 页。

⑥ 徐素华编著：《中国社会科学家联盟史》，中国卓越出版公司 1990 年版，第 148 页。

展开批判，为哲学话语在中国的准确传播扫清了障碍。

针对张东荪对唯物辩证法的攻击，邓拓于 1933 年 12 月在《新中华》刊发了《形式逻辑还是唯物辩证法》一文，指出："解释唯物辩证法不能以黑格儿来代替……黑格儿的辩证法是一回事，而马克思的唯物辩证法却又是一回事……所以，我们今日要谈唯物辩证法，我们就不能把它和黑格儿混杂起来。"① 邓拓认为，张东荪"始终一贯的还是用了板滞的形式逻辑的观点来了解辩证法……可说完全不懂得辩证法"，形式逻辑虽然在研究上有相当的作用，但"不能认识事物的内在矛盾……根本否认有矛盾的统一"；唯物辩证法才是"自然、人类社会及思维的一般的存在运动和发展的法则"②。

而针对叶青对马克思主义的篡改，艾思奇于 1935 年 11 月撰写了《论黑格尔哲学的颠倒》一文进行批判。叶青认为，马克思只是辩证法的检验者，创立者是黑格尔。艾思奇反驳说："一个胚胎，虽然包含着新生命发展的一切主要的可能性，但它本身并不就是新生命……黑格尔的哲学里包含着唯物论的种子，却并不就包含着唯物论。由黑格尔到新唯物论，是不但要破壳，连内容也得经过一番成熟的改造才行。"③ 也就是说，唯物辩证法不仅摧毁了黑格尔哲学唯心论的外壳，而且在辩证法方面也作了根本性的改造，突出了马克思在唯物辩证法方面的创立者地位。

沈志远则针对叶青著《哲学到何处去》一书专门撰写了《叶青哲学往何处去》一文，分为两篇刊发在《读书生活》上。他认为，叶青"是歪曲了新唯物论来谈新唯物论，歪曲了辩证法来谈辩证法和唯物史观……是穿着新唯物论底外套，混进新唯物论底队伍中来散播布尔乔亚的思想种子和破坏新唯物论底阵营的"④。针对叶青提出的"哲学和科学，甚至和宗教底对象都是同一的"这一谬论，沈志远指出，"这种观点显然跟新唯物论底见地毫无相同之点"，"谁都知道，新唯物论是最激底的无神论，但是'新唯物论'者叶青先生却是个宗教底积极的、公开的拥护者"⑤。针对叶青以"哲学消灭论"攻击马克思主义哲

---

① 邓云特：《形式逻辑还是唯物辩证法？》，《新中华》1933 年第 1 卷第 23 期。
② 邓云特：《形式逻辑还是唯物辩证法？》，《新中华》1933 年第 1 卷第 23 期。
③ 艾思奇：《论黑格尔哲学的颠倒》，《新中华》1935 年第 3 卷第 21 期。
④ 沈志远：《叶青哲学往何处去》上，《读书生活》1936 年第 4 卷第 4 期。
⑤ 沈志远：《叶青哲学往何处去》上，《读书生活》1936 年第 4 卷第 4 期。

学，沈志远指出：

> 死灭是变化或否定底形式之一，可是否定或变化却不一定是死灭。把否定解作死灭，是曲解辩证法底一种企图……辩证法唯物论这一种哲学，本身也是辩证的，就是说，它本身也是一个过程，也是要不断地发展的。当社会的内在矛盾取一种新的形态表现出来时，为它所推动的意识形态之一的哲学，也必采取新的形态不断地往前发展。[①]

马克思主义者对张东荪和叶青的批判，削弱了这些错误思潮在学术界的影响。尤其是对于叶青的批判，揭开了他假马克思主义者的本来面目，净化了学术队伍，促进了马克思主义哲学在中国的准确传播。

3. 通过批判现代新儒家提升马克思主义在学术界的影响力

20世纪30年代初，愈发严重的民族危机提升了文化复兴思潮的影响力。现代新儒家不断壮大，到20世纪40年代发展成较为完善的学派，形成了以冯友兰的"新理学"、贺麟的"新心学"以及熊十力的"新唯识论"等为主要代表的新儒学运动。这一时期的现代新儒家对于弘扬民族文化、提高民族自信心起到了积极的作用，但同时也助长了复古与专制思想的传播，且在文化观上与马克思主义者存在着根本的学理分歧。胡绳、杜国庠等撰文对现代新儒家进行批判，揭示了其理论缺陷，进一步提升了马克思主义在学术界的影响力；同时促进了马克思主义与中华优秀传统文化的结合，推动了学术话语的中国化进程。

首先，对冯友兰"新理学"的批判。"新理学"认为，"最哲学底哲学"（形而上学）是脱离实际的，不着实际，才能统摄实际，这是冯友兰所谓"实际"因"真际"而有，"事"依照"理"而存的含义[②]。且冯友兰将中国古代哲学主流归结为唯心论与形而上学，认为中国哲学史上有一个"不着实际"的传统，"先秦的道家，魏晋的玄学，唐代的禅宗，恰好造成了这一传统"[③]。对此，杜国庠发表了多篇文章，认为冯友兰以玄学僭称中国哲学的精神不符合史实。他指出：

> 魏晋的玄学，唐代的禅宗，宋明的道学，这些都是所谓"经虚涉旷"的，但同时也有相反的实事求是的思想。及至有明末叶，王学势衰，明清之交，黄

---

① 沈志远：《叶青哲学往何处去》下，《读书生活》1936年第4卷第5期。
② 李毅：《中国马克思主义与现代新儒学》，辽宁大学出版社1994年版，第169页。
③ 冯友兰：《三松堂全集》第五卷，河南人民出版社2000年版，第126页。

顾王颜都重"致用"。前清朴学大盛，戴氏哲学也痛斥宋学的玄虚，控诉"人死于理，其谁怜之"。这些都是实事求是的。^①

因此，杜国庠认为，"中国哲学的精神，不是'经虚涉旷'，而是'实事求是'"^②。这就体现出了马克思主义哲学与中国传统哲学的契合之处。至于冯友兰的哲学思想，只是"道家、佛家和儒家哲学的混合产物。实际是以玄学为首脑而装上了一条儒家实践哲学的尾巴"^③。赵纪彬在《中国哲学的"主流"与"逆转"——评冯著〈新原道〉》一文中也指出，《新原道》"只讲中国哲学演变中的'主流'……此所谓'主流'又是'以极高明而道中庸的标准为标准'，而评定其为'重要学派的学说'的进展之迹。反之，凡不合乎'极高明而道中庸'的标准的学派，就不但对之可以批评，而且对之也可以抹杀"^④，从而通过这种剪裁，将中国哲学史歪曲成一部玄学史。

此外，胡绳在《评冯友兰著〈新世训〉》一文中指出："冯先生以为无论社会怎样变动，总是一个社会，由此他所了解的社会是抽象的社会，而不是具体的社会。"^⑤胡绳认为，"在《新世训》全书中，虽然开宗明义是'尊理性'，但在所有应该提到理性的地方，却只是提到道德"；"倘若放弃了理智对于道德的审查力量，甚至使理智服从于道德规律，其结果，将只足以让反理性的规律猖獗"^⑥。因此，胡绳提出，"不但要'尊理性'，而且要尊理智……要尊理智也必须'重客观'，否则理智成为悬空的东西，没有准绳了。必须是重客观而尊理智，然后我们才能真正做到'尊理性'"^⑦。这就站在唯物主义的立场上批判了

---

① 林柏：《玄虚不是中国哲学的精神——评冯友兰〈新原道〉》，《群众》1945 年第 10 卷第 24 期。

② 林柏：《玄虚不是中国哲学的精神——评冯友兰〈新原道〉》，《群众》1945 年第 10 卷第 24 期。

③ 林柏：《玄虚不是人生的道路——再评冯友兰〈新原道〉》，《群众》1946 年第 11 卷第 1 期。

④ 纪玄冰：《中国哲学的"主流"与"逆转"——评冯著〈新原道〉》，《新中华》1948 年第 6 卷第 9 期。

⑤ 胡绳：《评冯友兰著〈新世训〉》，《文化杂志》1942 年第 2 卷第 6 期。

⑥ 胡绳：《评冯友兰著〈新世训〉》，《文化杂志》1942 年第 2 卷第 6 期。

⑦ 胡绳：《评冯友兰著〈新世训〉》，《文化杂志》1942 年第 2 卷第 6 期。

"新理学"的缺陷，提出了"尊理性"的正确途径。

其次，对贺麟"新心学"的批判。贺麟自称为唯心论，他认为心灵之发现，是人类生活进化极高后之事，"心"乃创造物质文明之精神基础①。这里的"心"显然是超理智、超经验的先天范畴。在文化问题上，贺麟与冯友兰一样，主张回归传统，在中国传统儒家思想中寻求民族危机和文化危机的解救之路。贺麟认为，儒家的伦理规范"仁"和"诚"都具有实在意义，认为"真正的道德"是永恒不变的绝对理念，得出了"道德决定经济"的唯心结论；并指责唯物史观是"外观法"，而"外观法"远不如"新心学"的"内观法"深刻②。胡绳指出，"唯物论者从实际历史发展中讨论过去的人类文化是经过怎样的历程，以后又将是怎样发展下去"，但这种方法被贺麟指责为"形而下的"；而贺麟的方法其实是"先天的，先经验的，先理智的"，是"白昼做梦"③。而且，贺麟将现实社会中的道德视为"神秘的东西，是由不可抗的天意所决定的"，这就将人与人的支配关系"合理化、神圣化起来了"④。胡绳认为："这正是向一切奴隶说教，你不必苦恼，要知道你并非服从你的主人，你不过是服从那个在主奴之间的天理罢了。"⑤这就揭示出了"新心学"对革命的危害。

最后，对熊十力"新唯识论"的批判。熊十力的"新唯识论"因远离现实和深奥晦涩，并没有形成像"新理学"和"新心学"那样大的社会影响。但熊十力在陆王学派"心外无物"的基础上，论证了"体用不二"的宇宙观，与辩证唯物主义的"本体论"思想相对立，因此，杜国庠撰写了《略论"新唯识论"的本体论》对其进行批判。杜国庠认为，虽然熊十力"企图超脱于唯心或唯物论之上"，但"我们可以断定熊先生的哲学是唯心论的"⑥。他指出："熊先

---

① 李毅：《中国马克思主义与现代新儒学》，辽宁大学出版社 1994 年版，第 175 页。

② 李毅：《中国马克思主义与现代新儒学》，辽宁大学出版社 1994 年版，第 164 页

③ 沈友谷：《一个唯心论者的文化观——评贺麟先生著〈近代唯心论简释〉》，《新华日报》1942 年 9 月 21 日。

④ 沈友谷：《一个唯心论者的文化观——评贺麟先生著〈近代唯心论简释〉》，《新华日报》1942 年 9 月 21 日。

⑤ 沈友谷：《一个唯心论者的文化观——评贺麟先生著〈近代唯心论简释〉》，《新华日报》1942 年 9 月 21 日。

⑥ 杜守素：《略论"新唯识论"的本体论》，《中国建设》1947 年第 5 卷第 2 期。

生跟佛家一样，否认物质宇宙的存在，认为宇宙间的一切事物都是'空无'，都是'诈现'，都是人们的'妄执'。进一步连我们认识事物的意义，也作为'妄执的心'，说为'空无的'而加以斥破。"①这实际上否定了"知识"的价值。对于熊十力对"多元论"的驳斥，杜国庠持肯定态度，认为"熊先生在这些地方是很对的"，同时站在唯物主义立场上指出："这个统宗的要求，根本就是客观世界，没有孤立的事物，它们是互相联系着的，而且客观地存在着共通的法则之反映……这一点是我们和熊先生不同的地方。"②这就点明了辩证唯物主义与"体用不二"的根本不同。此外，周谷城也撰文指出："熊先生谓宇宙万有是空无非实有；但从事实与理论两方面寻证，都只能证明宇宙万有是实有而非空无……熊先生谓寂净的本体是实有而非空无；但从事实与理论两方面寻证，始终只能证明寂净的本体是空无非实有。"③从而揭示出"新唯识论"的唯心主义本质。

进步知识分子以富有学理性的剖析揭示了新儒学复兴思潮的理论缺陷，提升了马克思主义理论在学术界的影响力。同时，在论战中挖掘和整理了古代朴素唯物主义和辩证法，为这一理论与中华优秀传统文化的进一步结合提供了丰富的思想资源④。

可见，马克思主义学术正是在与非马克思主义学术的论争中逐步发展壮大的。此外，想要在学术论争中说服对方，就必须对自己一方的学说有透彻的理解，这也间接推动了其哲学、史学等学科的深入发展，提升了各学科话语的影响力，为话语体系的构建营造了良好的环境。

---

① 杜守素：《略论"新唯识论"的本体论》，《中国建设》1947 年第 5 卷第 2 期。
② 杜守素：《略论"新唯识论"的本体论》，《中国建设》1947 年第 5 卷第 2 期。
③ 周谷城：《评熊十力的〈新唯识论〉》，《周谷城史学论文选集》，人民出版社 1983 年版，第 239、241 页。
④ 李方祥：《中国共产党的传统文化观研究》，中共党史出版社 2008 年版，第 207 页。

第四章 国共两党在哲学社会科学领域的话语权博弈 ①

哲学社会科学话语体系的构建最终是为了争夺话语权。如前文所述，新民主主义革命时期，国民党对共产党除军事围剿外，还进行反动的"文化围剿"，试图构建以"三民主义"为指导的社会科学话语权。而共产党在领导构建马克思主义哲学社会科学话语体系的过程中，与国民党展开了话语权博弈。其中，书刊发行作为哲学社会科学话语的传播媒介、学校教育作为哲学社会科学发展的阵地、学术论战作为哲学社会科学发展的重要动力、传统文化作为哲学社会科学的根脉，构成了国共两党哲学社会科学话语权博弈的核心领域。共产党在上述领域采取与国民党针锋相对的有效措施，大大降低了国民党"文化围剿"的效力，提升了马克思主义哲学社会科学话语的影响力，为革命话语提供了学理依据，进一步增强了人民群众的认同感。

一、书刊发行领域的"查禁"与反"查禁"

书刊是哲学社会科学话语传播的重要渠道。早在北洋政府时期，其内政部就颁布了《关于不得刊载官方禁载消息之命令》，对书刊进行严格管控。要求报纸言论"应以法律为范围，不得逾越范围，昌言无忌"，"倘有不顾大局，不问是非，漫无检查，任意登载，或造谣事实，耸人听闻，则是有意妨害秩序，有碍治安，法律具在，断难宽容"②。1927年，国共关系破裂后，国民党为巩固

---

① 本章部分内容已发表在《理论月刊》2022年第1期（题目：《新民主主义革命时期国共两党的话语权博弈——以哲学社会科学领域为视角的解读》）。

② 倪延年选编：《中国新闻法制通史·第五卷：史料卷》上册，南京师范大学出版社2015年版，第149页。

其独裁统治、钳制进步思想，通过立法、行政等诸手段形成了一套庞大、繁杂的书刊管控机制。1930 年 9 月，"社联"等革命文化团体在公开发表的《上海革命文化团体反对帝国主义国民党摧残文化压迫思想屠杀革命民众宣言》中指出："半载以来，查封书店，逮捕学生，禁止新思想书报，压迫公演，仅就反动报纸所泄漏记载而言，已是日出不绝……南京上海武汉各大学的学生被屠杀逮捕者，日必数百计，暴力没收的书报，积如山丘。"①国民党强调要"树立以三民主义为中心之文化"②，要"建立一个三民主义的新国家"③，而对于"所有思想庞杂，淆乱人心之谬论，固应严加取缔，以杜流传"④。面对严峻形势，中共采取灵活多样的方式与国民党展开书刊发行领域的斗争。

（一）国民党对图书杂志的严酷"查禁"

1. 制定严格的审查法规

为禁止马克思主义在进步哲学社会科学中的主导地位，国民党陆续制定了一系列有关书刊出版的反动法规⑤。这些法规从写作、送审到出版发行等各个步骤对图书杂志作出严格限制，试图通过摧残进步文化来维护三民主义在意识形态领域的统治地位。例如《战时图书杂志原稿审查办法》规定：

各地书店及出版机关印行图书杂志除自然科学、应用科学之无关国防者及大中小学与民众学校教科书之应送教育部审查者外，均须一律呈送所在地审查

---

① 《上海革命文化团体反对帝国主义国民党摧残文化压迫思想屠杀革命民众宣言》，载徐素华编著：《中国社会科学家联盟史》，中国卓越出版公司 1990 年版，第 66 页。

② 叶再生：《中国近代现代出版通史》第三卷，华文出版社 2002 年版，第 436 页。

③ 蒋介石：《庐山训练之意义与革命前途》（一九三三年七月十八日对庐山军官训练团第一期开学典礼上的讲话），载《中国国民党历史教学参考资料》（校内用书）第二册，中国人民大学中共党史系 1986 年版，第 563 页。

④ 中国第二历史档案馆编：《中华民国史档案资料汇编》第五辑第二编文化（一），凤凰出版社 1998 年版，第 602 页。

⑤ 其中具有代表性的有：《宣传品审查条例》（1929 年 1 月）、《出版条例原则》（1929 年 8 月）、《出版法》（1930 年 3 月）、《出版法施行细则》（1930 年 5 月）、《宣传品审查标准》（1932 年 11 月）、《战时图书杂志原稿审查办法》（1938 年 7 月）、《修正印刷所承印未送审图书杂志原稿取缔办法》（1939 年 4 月）、《战时图书杂志原稿审查办法（修正）》（1940 年 9 月）、《战时出版品审查办法及禁载标准》（1944 年 7 月）、《战时书刊审查规则》（1944 年 7 月），等等。

机关审查，许可后方准发行。①

在国民党反动法规高压之下，很多进步哲学社会科学书籍遭到查禁和焚毁。1930 年冬，国民党中宣部编印了一份呈报国民党中央的"总报告"，一方面承认我国近年来哲学社会科学书籍的勃兴，另一方面展示了他们查禁进步书刊的"功绩"，说"本部审查严密，极力取缔"，使得"共产主义社会科学的高潮，于无形中已经冷落下来了"②。

2. 实施严厉的审查标准

国民党各级审查机构依据反动法规，对书刊发行实施严厉的审查标准。1929 年 1 月的《宣传品审查条例》明确了"反动宣传品"和"谬误宣传品"的鉴定办法，凡"宣传共产主义及阶级斗争者""宣传无政府主义、国家主义及其他主义而攻击本党主义政纲政策及决议案者""反对或违背本党主义政纲政策及决议案者""挑拨离间，分化本党者"和"妄造谣言，以淆乱观听者"，均被视为"反动宣传品"③。而诸如"曲解本党主义政纲政策及决议案者""误解本党主义政纲政策及决议案者"和"记载失实，足以影响观听者"，则被视为"谬误宣传品"，并规定"谬误者纠正或训斥之""反动者查禁封查或究办之"④。

当时因触犯反动审查标准而遭查禁的，主要是中共的进步刊物。1929 年 7 月，国民党中央执行委员会在致国民政府函中称："反动刊物危害党国，业经随时分别拟具办法，呈请查禁在案。"⑤并附有一份"中央查禁反动刊物表"（部分刊物见表 4-1），其中包括《布尔塞维克》《红旗》《中国工人》等百余种刊物，且注明了所谓的"反动情形"，多为"煽动阶级斗争""宣传反动""反

---

① 中国第二历史档案馆编：《中华民国史档案资料汇编》第五辑第二编文化（一），凤凰出版社 1998 年版，第 550 页。

② 戴知贤：《十年内战时期的革命文化运动》，中国人民大学出版社 1988 年版，第 17 页。

③ 中国第二历史档案馆编：《中华民国史档案资料汇编》第五辑第一编文化（一），江苏古籍出版社 1994 年版，第 75 页。

④ 中国第二历史档案馆编：《中华民国史档案资料汇编》第五辑第一编文化（一），江苏古籍出版社 1994 年版，第 75—76 页。

⑤ 中国第二历史档案馆编：《中华民国史档案资料汇编》第五辑第一编文化（一），江苏古籍出版社 1994 年版，第 218 页。

对中央"等 ①。此外，遭禁刊物中也有少量国家主义派、无政府主义派、国民党改组派等创办的刊物。1929 年，据国民党中宣部查禁书刊情况报告统计，当年查禁刊物中，共产党创办的刊物占一半以上 ②。1936 年国民党中宣部印发的《中央取缔社会科学反动书刊一览》显示，在被查禁的 676 种社会科学书刊中，以"共产党刊"为罪名被查禁和查扣的就有近 500 种 ③。而 1939 年 9 月的报告显示，自 1938 年 1 月—1939 年 8 月，就有 253 种书刊被"查禁及停止发行"，"其中百分之九十以上为共产党危害抗战利益之宣传品" ④。

表 4-1　部分"中央查禁反动刊物"统计表 ⑤

刊物名称	"反动情形"	出版及发行地点
布尔塞维克	宣传共产主义，煽动阶级斗争，攻击本党	不详
红旗	宣传共产主义，攻击本党	不详
中国工人	共产党刊物	不详
创造月刊	宣传阶级斗争	上海创造社
思想月刊	宣传阶级斗争	上海创造社
共产党宣言	宣传共产	不详
短裤党	宣传阶级斗争，煽惑暴动	上海泰东图书局
醒狮	宣传国家主义，反对本党	日本东京
无政府主义与实际问题	宣传无政府主义	不详
民意	言论反动，主张改组本党	上海虹口

国民党对进步书刊的查禁理由名目繁多。例如：《世界与中国的青年运动之路》被认为"系共产党关于青年运动之文件"，"其关于中国部分仍不放弃

---

① 参见《中央查禁反动刊物表》，载中国第二历史档案馆编：《中华民国史档案资料汇编》第五辑第一编文化（一），江苏古籍出版社 1994 年版，第 218—225 页。

② 参见中国第二历史档案馆编：《中华民国史档案资料汇编》第五辑第一编文化（一），江苏古籍出版社 1994 年版，第 215 页。

③ 中共中央马克思恩格斯列宁斯大林著作编译局马恩室编：《马克思恩格斯著作在中国的传播》，人民出版社 1983 年版，第 288—289 页。

④ 中国第二历史档案馆编：《中华民国史档案资料汇编》第五辑第二编文化（一），凤凰出版社 1998 年版，第 713 页。

⑤ 资料来源：《中央查禁反动刊物表》，载中国第二历史档案馆编：《中华民国史档案资料汇编》第五辑第一编文化（一），江苏古籍出版社 1994 年版，第 218—225 页。

其宣传赤化与篡窃政权之阴谋"[①]；薛暮桥的《战时乡村问题》被认为"对于中央之设施及下层政治机构恶意加以抨击，并挑起人民对于政府之恶感"[②]；丁玲的《东村事件》被认为"以派系为立场，强调阶级对立，宣扬'红军'之如何可爱并恶意诋毁政府"[③]，遭到查禁；1940年6月，国民党中宣部查出重庆《新华日报》刊发的《关于中国以何立国的问题》一文中引用了毛泽东语，认为"殊为不妥"，专门发函责令"勿得再有此类文字发表"[④]。

3. 迫害进步哲学社会科学工作者，查封进步书店

早在1927年5月，国民党就发布了对郭沫若的通缉令，称"郭沫若趋附共产，甘心背叛"[⑤]。《危害民国紧急治罪法》把反对国民党的行为说成"危害民国"，以"叛国"定罪，并规定对于"以文字图画或演说为叛国之宣传者"要"处死刑或无期徒刑"[⑥]。1930—1933年间，李伟森、柔石、胡也频、殷夫、冯铿、洪灵菲、潘漠华、应修人、宗晖等人先后被杀害[⑦]；1934年11月，《申报》总经理史量才被军统特务暗杀。1935年，吴承仕（即汪少白，后文不再备注）在《我们要自由，同时要自由的保障》一文中指出："青年之遭杀戮者，报纸记载至三十万人之多，而失踪监禁者更不可胜计……著作乃人民之自由，而北平一隅，民国廿三年焚毁书籍竟达千种以上……刊物之被禁，作家之被逮，更不可胜计。焚书坑儒之现象，不图复见于今日之中国。"[⑧] 民众的谴责并

---

① 中国第二历史档案馆编：《中华民国史档案资料汇编》第五辑第二编文化（一），凤凰出版社1998年版，第581页。

② 中国第二历史档案馆编：《中华民国史档案资料汇编》第五辑第二编文化（一），凤凰出版社1998年版，第589页。

③ 中国第二历史档案馆编：《中华民国史档案资料汇编》第五辑第二编文化（一），凤凰出版社1998年版，第590页。

④ 重庆市档案馆、中国第二历史档案馆编：《白色恐怖下的新华日报》，重庆出版社1987年版，第93页。

⑤ 中国第二历史档案馆编：《中华民国史档案资料汇编》第五辑第一编文化（一），江苏古籍出版社1994年版，第401页。

⑥ 《危害民国紧急治罪法》，《时报》1931年2月3日。

⑦ 柳建辉主编，唐正芒：《中国共产党史稿》第3卷《探索中国革命新道路（1927.8—1937.7）》，四川人民出版社2011年版，第202页。

⑧ 汪少白：《我们要自由，同时要自由的保障》，《盍旦》1935年第1卷第2期。

没有让国民党停止学术迫害。1940 年 6 月，国民党战时新闻检查局查出当年 6 月 14 日的《新华日报》"信箱"栏目内《及时掘取未爆炸弹》一文中含有"我们痛恨黑暗制度，阴险的当事人"等文字，认为"显系诋毁政府、厂主，挑拨阶级感情"[①]。由于投信人未署名，战时新闻检查局要求重庆新闻检查所"彻查投稿人姓名、住址，以凭核办"[②]。

在迫害进步哲学社会科学工作者的同时，国民党还对进步书店予以查封。1931—1933 年，创造社、上海现代书局以及北新、群众、乐群等书店被查封，良友图书公司、神州国光社、光华书局等陆续遭捣毁[③]。1937 年 8 月，国民党通过了《检查书店发售违禁出版品办法》，规定：

一、各省、市党部或省、市政府，在中央宣传部或内政部指导之下，得随时派员检查各该地书店书摊（以下简称书店）。

二、凡经中央通行查禁之出版品，由各省、市政府印制禁售出版品一览表，每周分发各书店一次，通知不得发行或出售。在本办法未施行前之查禁出版品，补行通知。

三、各书店接得前项禁售出版品一览表或临时通知后，如仍发行或出售违禁出版品者，由当地党部会同当地政府予以取缔。[④]

此外，还规定如查出书店发行或出售"禁售出版品"，则"警告并扣押该项禁售出版品，有底版者并予扣押"；如书店受过上述处分一次，又再次被查出出售"禁售出版品"，则"拘罚发行人或主管发售出版品之店主或经理"[⑤]。

1939 年 4 月 21 日，国民党对生活书店西安分店进行搜查，认定"检查之

---

① 重庆市档案馆、中国第二历史档案馆编：《白色恐怖下的新华日报》，重庆出版社 1987 年版，第 659 页。

② 重庆市档案馆、中国第二历史档案馆编：《白色恐怖下的新华日报》，重庆出版社 1987 年版，第 659 页。

③ 宋原放主编，陈江辑注：《中国出版史料·现代部分》第一卷下册，山东教育出版社 2001 年版，第 288 页。

④ 倪延年选编：《中国新闻法制通史·第五卷：史料卷》上册，南京师范大学出版社 2015 年版，第 261 页。

⑤ 倪延年选编：《中国新闻法制通史·第五卷：史料卷》上册，南京师范大学出版社 2015 年版，第 261 页。

书报共计一〇六种，均为共产党之宣传品"。最终，该分店经理周名寰被"解交警察局管理待讯"，该店被"暂予查封"①。此外，成都、桂林、贵阳和昆明等地的生活书店也遭到国民党当局查封。1946年7—8月间，上海即有若干书店先后被查抄，甚至如天一图书公司和上海书报杂志联合发行所已停止营业，仍有警察前去搜查没收各种黑名单上的书刊②。国民党妄图通过血腥手段封杀马克思主义哲学社会科学话语传播渠道，进而垄断哲学社会科学话语权的目的昭然若揭。

4. 以邮政检查控制进步书刊流通和出版

新民主主义革命时期，国民党实行严格的邮政检查制度，意图以此控制进步书刊的流通和出版，达到其查禁目的。1927年7月，南京戒严司令部检查邮政委员会在其制定的《检查邮政暂行条例》中明确规定了"检查委员应行注意之事项"，其中就包括"关于共产党及帝国主义者宣传之件"③。1929年4月，国民政府训令直辖机关，声称共产党刊物到处寄递，"饬各机关对于寄递各刊物一体注意检查，一经查出，即予扣留烧毁"④。同年8月，国民党又通过《全国重要都市邮件检查办法》，规定"凡关于违反宣传品审查条例之邮件，送由当地高级党部宣传部依该条例之规定分别处理之"⑤，将邮政检查作为其查禁进步书刊的重要手段。1939年6月修正施行的《邮电检查施行规则》又将"宣传与三民主义不相容之主义者"列为"应检举者"⑥，再次暴露出国民党通过邮政检查维护其独裁统治的目的。除将检查到的进步书刊扣留焚毁之外，国民党

---

① 中国第二历史档案馆编：《中华民国史档案资料汇编》第五辑第二编文化（二），凤凰出版社1998年版，第157页。

② 高信成：《中国图书发行史》，复旦大学出版社2005年版，第435页。

③ 中国第二历史档案馆编：《中华民国史档案资料汇编》第五辑第一编文化（一），江苏古籍出版社1994年版，第158页。

④ 中华民国实录编委会：《中华民国实录·内战烽烟（1927.4—1932）》第二卷上，吉林人民出版社1997年版，第1361页。

⑤ 中国第二历史档案馆编：《中华民国史档案资料汇编》第五辑第一编文化（一），江苏古籍出版社1994年版，第160页。

⑥ 中国第二历史档案馆编：《中华民国史档案资料汇编》第五辑第二编文化（一），凤凰出版社1998年版，第391页。

还利用邮政检查来搜集书刊出版信息，以此查封杂志社、书店等进步机构。例如，1931 年上海华兴书局寄出的两本"共产党书籍"图书目录被河南省政府邮件检查员查出，经上报后认为"该书局专发行此类书籍，显系共党宣传机关"[①]，导致上海华兴书局被查封。再如，1932 年湖风书店出版的《北斗》被芜湖邮件检查所查获，上呈后被认定"为共产党文艺刊物已属毫无疑义"，而出版该刊的湖风书店，"若不予以查拿封闭，殊不足以遏乱源而杜反动"[②]，最终《北斗》停刊，湖风书店被封。

（二）共产党灵活多样反"查禁"斗争

1. 利用"伪装发行"应对国民党对进步书刊的查禁

为应对国民党对进步书刊的查禁，中共一些刊物采取伪装形式发行，将刊物原名化为普通的甚至是庸俗的名称，以此避开国民党检察官耳目。据 1929 年 7 月《国民党中执会检送〈查禁刊物表〉〈共产党刊物化名表〉致国民政府函》记载：《少年先锋》曾化名为《闺中丽影》《童话》，《布尔塞维克》曾化名为《中央半月刊》《少女怀春》，《工人宝鉴》曾化名为《卓别麟故事》，《中国工人》曾化名为《漫画集》《红拂夜奔》《南极仙翁》，《红旗》曾化名为《快乐之神》《一顾倾城》《经济统计》《红妮姑娘艳史》《出版界》[③]，等等。而实际上，除上述国民党掌握的化名外，《布尔塞维克》还有《小学高级用新时代国语教科书》《中国古史考》等化名，《红旗》还有《新生活》《摩登周报》《晨钟》《平民》《真理》《佛学研究》等化名[④]。除此之外，还有：《中国共产党第六次全国代表大会议决案》曾化名为《国色天香》，以上海崇文书局的名义寄递[⑤]；瞿秋白的《三民主义批判》封面印"三民主义"，并有胡汉民题字，扉页

---

① 中国第二历史档案馆编：《中华民国史档案资料汇编》第五辑第一编文化（一），江苏古籍出版社 1994 年版，第 300 页。

② 倪墨炎：《现代文坛灾祸录》，上海书店出版社 1996 年版，第 31—32 页。

③ 中国第二历史档案馆编：《中华民国史档案资料汇编》第五辑第一编文化（一），江苏古籍出版社 1994 年版，第 225 页。

④ 吴贵芳：《第二次国内革命战争时期上海革命报刊伪装名目扩谈》，载张静庐：《中国现代出版史料·丁编》上卷，中华书局 1959 年版，第 139 页。

⑤ 张克明：《第二次国内革命战争时期革命书刊的伪装》，《新闻研究资料》1982 年第 4 期。

上还印有孙中山的遗像和遗嘱①；等等。

2. 创办"挂名书店"应对国民党对进步书店的查封

所谓"挂名书店"，就是在某书店把书印出来，但不署该书店的名，另编一个假的书店名称来出版发行。例如，1931 年创立的北方人民出版社，"为避免国民党反动派的查禁、检扣，在扉页和版权页上还常常排印着别的名号，如'北国书社''新生书社''人民书店''新光书店'等等"②。再如，李达等人用"笔耕堂书店"这个实际上并不存在的书店名称发行了很多哲学社会科学类书籍，包括他自己的著作《社会学大纲》和吴亮平翻译的《反杜林论》的重版等③。又如：1936 年 6 月《资本论》第 1 卷中、下册（王思华、侯外庐译）出版时，就是以根本就不存在的"世界名著译社"名义④；华兴书店曾化名为"春阳书店""上海启阳书店"⑤；等等。

3. 通过合法刊物和书店扩大影响

白色恐怖下，很多宣传马克思主义的刊物，如《新思潮》和《研究》等纷纷遭到查禁。进步哲学社会科学工作者采用灵活策略，通过合法刊物发表文章。例如 1933—1935 年间，张耀华、许涤新、邓拓等在当时影响很大的杂志《东方杂志》和中华书局的《新中华》半月刊发表文章⑥，揭露国民党反动派统治下帝国主义经济侵略和地主阶级封建剥削日益严重的事实。这些刊物都是在国民党政府登记的且具有中间性质的合法刊物，便于将马克思主义观点传播到全国各个地区。此外，中共还通过各种关系和渠道，争取在商务印书馆、新生

---

① 高信成：《中国图书发行史》，复旦大学出版社 2005 年版，第 308 页。

② 丁珉：《记北方人民出版社》，载张静庐：《中国现代出版史料·乙编》，中华书局 1955 年版，第 21 页。

③ 戴知贤：《十年内战时期的革命文化运动》，中国人民大学出版社 1988 年版，第 112 页。

④ 戴知贤：《十年内战时期的革命文化运动》，中国人民大学出版社 1988 年版，第 112 页。

⑤ 王海军：《马克思主义中国化进程中经典著作编译与传播研究（1919—1949）》，中国人民大学出版社 2019 年版，第 287 页。

⑥ 许涤新：《忆社联》，《江苏社联通讯》1985 年第 5 期。

命书店、亚东图书馆等处公开出版马克思主义著作①，有效地提升了党领导下的哲学社会科学话语的影响力。

4. 扩大文化统一战线，呼吁学术自由

从新文化运动中走出来的中国共产党人与文化界有着密切联系，许多党外进步人士也对国民党的反动查禁进行了有力抨击。中国共产党人团结进步人士，不断扩大文化统一战线，呼吁学术自由。1936 年 11 月，沈钧儒、章乃器等"七君子"被捕入狱，延安《红色中华》发表了这一消息，并谴责国民党的高压政策，号召海内外同胞一致起来，反对南京政府"爱国有罪"的暴政，援救"七君子"，争取救国自由②。1937 年 7 月，《解放》周刊发表评论，抨击国民党当局"使正当的爱国言论，不能源源的传达于四方"③。1938 年 5 月，《新华日报》刊发社论《查禁书报问题》，明确提出几点建议。例如，应"由中央政府颁布一个法令或公告，各地地方党政机关对未经明令禁售的书报，不得任意查禁，如有认为须予禁售而未经明令指出的书报时，应先行呈请核准后方得查禁……被查禁的书籍应先通知著作人，作者有依法申辩之权"④。1941 年 6 月，《解放日报》刊发社论《奖励自由研究》，抨击了国统区对学术和言论自由的限制⑤，同时强调"中国共产党对于思想言论之自由发展是非常重视的"，号召"全国人士，特别是文化界以及知识分子，起来反对大后方束缚言论思想自由的倒退现象"⑥。1944 年 3 月，《新华日报》刊发了潘梓年撰写的《学术思想的自由问题》。文章指出：

---

① 周子东等编著：《民主革命时期马克思主义在上海的传播（1898—1949）》，上海社会科学院出版社 1994 年版，第 194—195 页。

② 戴知贤、李良志：《抗战时期的文化教育》，北京出版社 1995 年版，第 26—27 页。

③《本刊的被扣》，《解放》1937 年第 1 卷第 11 期。

④《查禁书报问题》，《新华日报》1938 年 5 月 14 日。

⑤ 此社论指出："一切合理的思想言论遭受禁止，而读经复古的运动却被强迫推行。为要实行愚民政策以便遮掩他们出卖民族危害国家的阴谋活动，不惜用一切力量，搬出死去的封建时代的幽灵，而对于与现实真理有关的思想言论，却用秦始皇的办法来进行无情的摧残。"——《奖励自由研究》，《解放日报》1941 年 6 月 7 日。

⑥《奖励自由研究》，《解放日报》1941 年 6 月 7 日。

主张学术思想应有自由，是说学术思想不应受到政治力量的干涉，应当让它循着自身的规律去开展，去发展……学术自由，思想自由，是把民主国家和法西斯国家区别开来的重要特征，也是战胜法西斯日寇建立新中国的必要条件。①

潘梓年特别指出，"学术思想的自由，不能只是指自然科学来讲，是要包括自然科学、社会科学以至哲学等一切学术思想来说的"，且"社会科学暂时有比自然科学更值得被人重视的理由"，所以"学术思想的自由对社会科学也比对自然科学更为重要"②。

1945年8月，日本战败投降。重庆多家杂志社代表开会，一致认为战争已经结束，战时图书杂志审查制度已无存在的必要，决定函请国民政府明令废止，并从9月起自动不再送审，以抵制图书审查制度。成都也有十余家报刊、新闻、出版、文化团体开始拒绝送审。其他省、市的不少单位亦随之响应，形成了反对国民党控制舆论的拒审、拒检运动，迫使国民党中宣部从当年10月1日起暂时废止了图书杂志审查制度和战时新闻检查制度③。同年10月4日，叶圣陶在其撰写的《我们永不要图书杂志审查制度》一文中指出："我们不甘受精神上的迫害，我们要享有罗斯福先生提出的四大自由的第一项'发表的自由'。"④1947年11月，韩德培撰写了《评出版法修正草案（一）》，认为"思想和意见之自由表达，乃促进人类文明提高人类文化的必备条件之一。假如思想和意见无自由表达充分交换之机会，则不但今日世界上的种种科学文明将无从产生，即今日国人所热烈企求的民主政治，亦必无由实现"⑤。在中国共产党的倡导下，文化界进步人士对国民党反动"查禁"进行声讨，形成了有利舆论，为马克思主义哲学社会科学话语的传播创造了条件。

---

① 潘梓年：《学术思想的自由问题》，《新华日报》1944年3月26日。
② 潘梓年：《学术思想的自由问题》，《新华日报》1944年3月26日。
③ 戴知贤、李良志：《抗战时期的文化教育》，北京出版社1995年版，第136页。
④ 叶圣陶：《我们永不要图书杂志审查制度》，《联合增刊》1945年第2期。
⑤ 韩德培：《评出版法修正草案（一）》，《观察》1947年第3卷第15期。

二、"党化教育"与"争取研究社会科学的自由"

（一）国民党以"党化教育"对哲学社会科学进行渗透

"党化教育"是 1924 年国民党改组后教育领域出现的反动转变，逐渐成为国民党对全国民众灌输其党义、巩固其一党专政的重要政治举措，同时，也成为推动建立"三民主义社会科学"的重要手段。1926 年 3 月召开的国民党第二届中央执委会第九次会议，根据桂林县党部的建议，决定自这一年春季开始，各校加授三民主义，这应该是各校有"党义"课程的开始[①]。同年 5 月，《广州国民日报》刊发了《党化教育与革命》，作者毅锋认为，所谓党化教育，简单说，就是叫人由"知"到"行"的工具，就是让学生和普通百姓"信仰国民党的党纲，做孙文主义的信徒"[②]。1927 年，时任国民政府教育行政委员会委员韦悫在《国民政府教育方针草案》中指出：

我们所谓党化教育，就是在国民党指导之下，把教育变成革命化和民众化。换句话说，我们的教育方针，要建筑在国民党的根本政策上，国民党的根本政策是三民主义，建国方略，建国大纲和历次全国代表大会的宣言和议决案，我们的教育方针，应该根据这几种材料而定。这是党化教育的具体意义。[③]

这是国民政府官方首次全面阐述"党化教育"的含义[④]。《浙江实施党化教育大纲》则明确提出，要"纠正共产主义及共产党策略之错误，救拔具有革命性而误入歧途之青年，以三民主义感化之，及用各种力量铲除破坏国民革命之共产党员"[⑤]。其意图通过控制教育来加强"三民主义"意识形态传播、消除共产党进步革命思想影响，进而达到证明国民党政权合法性之目的显而易见。到

---

① 吕芳上：《从学生运动到运动学生》，（台北）"中央研究院"近代史研究所 1994 年版，第 323 页。

② 毅锋：《党化教育与革命》，《广州国民日报》1926 年 5 月 13 日，转引自吕芳上：《从学生运动到运动学生》，（台北）"中央研究院"近代史研究所 1994 年版，第 322 页。

③ 舒新城主编：《近代中国教育史料》，中国人民大学出版社 2012 年版，第 607 页。

④ 陈钊：《国民党党化教育制度研究（1924—1937）》，西北农林科技大学出版社 2014 年版，第 5 页。

⑤ 舒新城主编：《近代中国教育史料》，中国人民大学出版社 2012 年版，第 615 页。

1928年，"党化教育"一词"几成为全国教育界之流行语"①，也引起很多争议。大学委员会及政治教育委员会提出的《维持教育救济青年案》指出："党化教育之一词，不知从何而起。吾党主张以党建国以三民主义化民，故吾党之教育方针，为'三民主义之国民教育'，似无疑义。"②1928年，第一次全国教育会议宣布改"党化教育"为"三民主义教育"③，其理念和措施并未根本改变，"党化教育"一词也仍在大量使用。1930年4月，蒋介石在第二次全国教育会议上强调了"党化教育"的重要性，认为"当此思想复杂之时，青年子弟如无导，尤其危险，故今日青年应有一统一思想，要统一思想，除三民主义无可统一"；并提出要重视"党义教育"，"如能由各该校校长亲为讲授最好"④。陈青之曾这样描述当时的教育状况："当年为厉行党化政策，凡中、小学一律课授党义……凡足以羽翼三民主义的作品，皆定为学生的课外参考书。除党义课程外，凡学校各项功课皆须与党义相联络，组织成一个系统的党化课程。"⑤罗隆基也指出了"党化教育"对学者的负面影响："社会科学要三民主义化，文艺美术要三民主义化，于是学校教授先生们采明哲保身的格言，守危言行顺的策略，成为无思想无主见的留声机。"⑥

全民族抗战爆发后，国民党大肆宣传"一个主义、一个领袖、一个政党"的口号，力图强化"党化教育"，还在大学普设党部，将其组织触角全面深入校园。1939年4月，国民党在其密定的《防制异党活动办法》中要求："各级教育行政机关工作人员及公立大中学校教职员，应多派本党党员充任。各公私

---

① 姜琦：《党化教育的诠释》，《新生命》1928年第1卷第5期。

② 舒新城编：《近代中国教育思想史》，中华书局1932年版，第385页。

③ 陈钊：《国民党党化教育制度研究（1924—1937）》，西北农林科技大学出版社2014年版，第6页。

④ 《蒋主席演词》，载全国教育专家：《第二次全国教育会议始末记》，上海江东书局1930年版，第二编第56页。

⑤ 陈青之：《中国教育史》，转引自吕厚轩：《接续"道统"：国民党实权派对儒家思想的改造与利用（1927—1949）》，山东人民出版社2013年版，第124页。

⑥ 罗隆基：《论中国的共产——为共产问题忠告国民党》，载姜义华编：《中国现代思想史资料简编》第三卷，浙江人民出版社1983年版，第359页。

立大中学校尤应有党的组织，加强党的领导与活动，以坚强本党在教育界及学生界之壁垒。"[1]同年9月，国民党第五次中央常委会第130次会议通过《改善专科以上学校三民主义课程办法》，将专科以上学校党义课程改称为"三民主义课程"，并规定教育部应"在各校酌设政治经济社会各种讲座"，以便"对二三四年级学生灌输三民主义之理论"[2]。

解放战争时期，国民党继续通过控制教育为其一党专制服务。1946年12月，潘廉方在其编著的《三民主义教育概论》一书中指出：

> 我们必须使全国的同胞，都要在一个主义——三民主义，信仰之下，一个政府——国民政府，统治之下，一个领袖——蒋委员长，领导之下，共同奋斗……而三民主义教育，可以使全国的人民，思想统一，信念坚定，行动纪律，同仇敌忾，共同努力于抗战建国的伟大事业；因此，三民主义教育，亦就是完成这个使命的唯一有效的工具。[3]

国民党实施"党化教育"，除要求各级学校开设"党义"课程之外，还要求教育部严格审查各学科讲义，并试图将党义内容渗透到哲学社会科学书籍之中。1929年，国民党中宣部在写给国民党中央秘书处的报告中指出："全国各学校教员编制之文学及社会科学讲义，影响学生思想行为至为重大……务须切实审查，再行应用。"[4]1931年11月，新的党义教育案由国民党第四届全国代表大会通过。河北省党部在提案中认为"党义不宜立特科"，建议将其"并入社会常识科（公民科）而为中心，使社会常识党义化"[5]；并提出可以"渗透法与归并法并行，将党义软读化，编入国语教材，商、农业教材，地理

---

① 高军、李慎兆、严怀德、王桧林等编：《中国现代政治思想史资料选辑》上册，四川人民出版社1983年版，第607页。

②《改善专科以上学校三民主义课程办法》，《中央党务公报》1939年第1卷第12期。

③ 潘廉方：《三民主义教育概论》，国民图书出版社1946年版，自序第1页。

④ 戴知贤：《十年内战时期的革命文化运动》，中国人民大学出版社1988年版，第15页。

⑤ 荣孟源主编：《中国国民党历次代表大会及中央全会资料》下，光明日报出版社1985年版，第49页。

教材中"①。北平市党部书记长董霖等人也持有类似观点，提出要"渗透党义于各种社会科学书籍中"，认为"虽三民主义系一种主义，不可分而为三，但仍分别寓于各种社会科学，自可融会而贯通"，并建议由专门学者"编制众多之三民主义社会科学书籍"②。1942 年 5 月，蒋介石指示教育部："凡小学教科书应一律限期由（教育）部自编，并禁止各书局自由编订。"③这样一来，国民党在借哲学社会科学实行"党化教育"的同时，也将"三民主义"意识形态话语渗透到哲学社会科学各学科当中。

（二）共产党以有效宣传降低国民党"党化教育"影响力

中国共产党自诞生之日起就高度重视宣传工作，将宣传工作视为"革命运动的酵母"④。面对国民党"党化教育"对哲学社会科学的渗透，中共进行了有针对性的宣传，大大降低了国民党"党化教育"影响力。

一方面，高度重视教育方面宣传工作。1928 年，中共六大制定的《宣传工作的目前任务》在提及群众工作时，专门指出应在"小资产阶级知识分子特别是学生与小学教师中间加紧煽动工作"⑤。1929 年，中共中央更加明确地提出了"争求研究思想学术的自由，反对愚民政策的党化教育，并且要尽可能的指出三民主义的反动理论根据"⑥的口号，尤其指出要"争取研究社会科学，特别是马克思列宁主义的自由"⑦。在党的组织领导下，一些距离国民党核心统治

---

① 中国第二历史档案馆编：《中华民国史档案资料汇编》第五辑第一编教育（二），江苏古籍出版社 1994 年版，第 1083 页。

② 荣孟源主编：《中国国民党历次代表大会及中央全会资料》下，光明日报出版社 1985 年版，第 51 页。

③ 中国第二历史档案馆编：《中华民国史档案资料汇编》第五辑第二编教育（一），凤凰出版社 1997 年版，第 458 页。

④ 总政治部办公厅编：《中国人民解放军政治工作历史资料选编》第二册，解放军出版社 2002 年版，第 86 页。

⑤ 中共中央文献研究室、中央档案馆编：《建党以来重要文献选编（一九二一——一九四九）》第五册，中央文献出版社 2011 年版，第 485 页。

⑥ 中央档案馆编：《中共中央文件选集》第五册，中共中央党校出版社 1990 年版，第 401 页。

⑦ 中央档案馆编：《中共中央文件选集》第五册，中共中央党校出版社 1990 年版，第 403 页。

区较远的学校里的党义教师本身就是共产党员。例如：辽中师范中学的李维周利用党义课对学生进行阶级教育，把党化教育从姓"国"改成了姓"共"；天津中山中学的吴永钦组织了"三民主义党义研究会"，名为研究党义，实为传播共产主义思想[①]；等等。

1940 年 2 月，《中央关于积极参加国民党区的小学教育与社会教育的指示》提出，国民党教育的"最高原则"是一个党一个主义，执行的是"一种半封建半殖民地专制主义的教育政策"[②]。同时分析了"国民党的教育政策不容易实现和不能完全实现"的原因，例如："抗战的影响与共产党八路军的影响小学教师的觉悟程度增高，他们不满意于国民党的统治办法，不满于强迫入党与强迫受训的办法"[③]等。并要求各级党组织重视社会教育与小学教育的作用，且提出了一系列具体措施。例如："努力争取小学教师和小学教师的位置……选择一些适宜而且可能当小学教师的党员，使之固定在小学教育的战线上，同时努力去接近和争取小学教师中的同情分子在党的周围。""各级党的组织应经常研究国民党的教育政策及其实施情况，而适时的提出自己的对策。应该经过各种刊物对国民党的教育政策实行适当的批评与提出自己的教育主张。"[④]……同年 6 月，《中央关于目前国民党区学生工作的几个决定》指出："今后在国民党区学生运动的根本方针应是长期的潜伏发展，积蓄力量，争取人心。故工作中心应由校外救亡工作立即转为校内学生工作。"[⑤]并认为"争取大多数的同学应以思想的启发为主，其有效方法是提倡尊重人格，研究学术，暴露社会黑暗，介绍

① 陈钊：《国民党党化教育制度研究（1924—1937）》，西北农林科技大学出版社 2014 年版，第 172 页。

② 中央档案馆编：《中共中央文件选集》第十二册，中共中央党校出版社 1991 年版，第 305 页。

③ 中央档案馆编：《中共中央文件选集》第十二册，中共中央党校出版社 1991 年版，第 306—307 页。

④ 中央档案馆编：《中共中央文件选集》第十二册，中共中央党校出版社 1991 年版，第 307—309 页。

⑤ 中央档案馆编：《中共中央文件选集》第十二册，中共中央党校出版社 1991 年版，第 396 页。

文艺作品和不违禁的较进步刊物"，同时强调"不放弃适当的共产主义教育"[1]。同年 10 月，中共中央宣传部在《关于〈中国青年〉的通知》中指出："《中国青年》的地方版和各个地方的青年刊物，也应该尽可能的以帮助各个地方的青年群众、青年学生、小学教师和一般下级干部的学习为中心。"[2]1946 年 1 月，中国共产党代表团于政治协商会议上提出《和平建国纲领草案》，专门指出，今后应"废除党化教育，保障教学自由"，且"大学采取教授治校制度，不受校外不合理之干涉"[3]。这些充分显示出战争年代共产党对教育宣传工作的高度重视。

　　另一方面，揭露国民党反革命真实面目。在 20 世纪 20 年代的中国，"革命"成为一种主流话语，在一般民众心目中深具政治正义性，反革命往往被人唾弃[4]。大革命失败后，国民党在革命旗号掩盖下从事反革命行动，蒙蔽了部分民众。为将国民党反革命实质公之于众，让广大知识青年自觉抵制其"党化教育"，1929 年 8 月，中共中央发出《中央通告第四十三号》，要求"公开的反对现在国民党的反动教育，指出他卖国、压迫、剥削，特别是摧残教育，屠杀工农的罪状，打破他在群众中残余的幻想"[5]。1931 年，中国左翼作家联盟发表了《中国左翼作家联盟为国民党屠杀大批革命作家宣言》，控诉了国民党杀害进步作家的反革命暴行，指出国民党四年的统治"已使全中国装满饥饿者的队伍，使全国土地到处都是疮烂了"[6]。1932 年 6 月，江西省永新县工农兵苏维埃第四次全县代表大会通过《文化教育问题的决议案》，指出要加紧反对国民党

---

[1] 中央档案馆编：《中共中央文件选集》第十二册，中共中央党校出版社 1991 年版，第 396—397 页。

[2] 倪延年选编：《中国新闻法制通史·第五卷：史料卷》上册，南京师范大学出版社 2015 年版，第 624 页。

[3] 《政协会中共代表团提出和平建国纲领草案》，《解放日报》1946 年 1 月 24 日。

[4] 王奇生：《革命与反革命：社会文化视野下的民国政治》，社会科学文献出版社 2010 年版，第 93 页。

[5] 中央档案馆编：《中共中央文件选集》第五册，中共中央党校出版社 1990 年版，第 402 页。

[6] 《中国左翼作家联盟为国民党屠杀大批革命作家宣言》，《前哨》1931 年第 1 卷第 1 期。

文化教育的宣传鼓动工作，使群众明白这些教育都是"束缚欺骗毒杀青年的工具"[1]。1941年5月，中共中央宣传部作出《关于展开对国民党宣传战的指示》，揭露了国民党政策的"两面性"，如"一方面强调文化教育，他方面厉行复古主义"等；指出应"多方揭破其反动宣传，更加扩大我党的政治影响，更加提高人民的觉悟程度……要强调思想、信仰、言论、研究、创作、出版、教育之自由"[2]。1943年10月，中共中央宣传部发布《关于进行阶级教育问题的通知》，再次要求"在事实方面，暴露国民党蒋介石反动派特务机关之一切祸国殃民的罪恶"，并"将这些事实与共产党忠于人民的政策对照起来"[3]。在共产党的有力宣传下，国民党理论和行为之间的巨大反差逐渐呈现在学生面前，使学生难以对国民党的意识形态从内心深处产生认同，对其"党化教育"产生强烈反感。这大大降低了"党化教育"的影响力，使学生认清了国民党反革命的真实面目。

抗战胜利后，国民党违背民意，悍然发动内战。广大师生纷纷转向共产党阵营，国统区以学生运动为先导的人民民主运动，逐步形成配合解放军的"第二条战线"。1947年2月，《观察》主编储安平撰文批评国民党，指出"党化教育的目的原是要大家信奉三民主义，做国民党的孝子顺孙，不料国民党自己不争气，越搞越不像样，弄到青年大都厌恶国民党"，认为国民党"可谓自食其果"[4]。由此标志着国民党推行二十余年的"党化教育"，彻底终结[5]。

---

[1] 董纯才主编：《中国革命根据地教育史》第一卷，教育科学出版社1991年版，第42页。

[2] 中共中央文献研究室、中央档案馆编：《建党以来重要文献选编（一九二一——一九四九）》第十八册，中央文献出版社2011年版，第251—252页。

[3] 中共中央文献研究室、中央档案馆编：《建党以来重要文献选编（一九二一——一九四九）》第二十册，中央文献出版社2011年版，第621页。

[4] 储安平：《中国的政局》，《观察》1947第2卷第2期。

[5] 金以林：《抗战期间国民党党化教育小议》，《南京大学学报（哲学·人文科学·社会科学）》2018年第1期。

三、学术论争中的反动"学术话语"与"革命话语"——以中国社会性质论战为例

（一）国民党反动"学术话语"的政治目的

大革命失败后，关心国家前途命运的进步知识分子开始重新考虑中国革命性质和革命对象，在哲学社会科学领域时期爆发了中国社会性质问题论战。"公开讨论社会性质，实质上是关于要不要革命和如何革命的问题，是关系到中国命运和前途的大问题"①，具有高度政治性。"为了检阅革命失败的原因，规定革命的政纲，不得不分析研究中国社会的性质，各党各派为了宣传自己的政纲，打击敌党敌派的政纲，也不得不争论中国社会的性质。"② 早在大革命高潮阶段，共产国际和联共（布）内就对中国社会性质问题发生过争论。托洛茨基、季诺维也夫、拉狄克等认为中国已是资本主义国家；斯大林等则认为中国是受帝国主义牵制的半殖民地，还有许多半封建制度残留，中国革命就是反帝反封建③。1928 年召开的中共六大接受了斯大林和共产国际主张，但陈独秀等却坚持认为中国是资本主义社会的国家，并多次致信中共中央，在中共内部挑起"新思潮派"和"动力派"的论争，国民党内一些人也趁机抛出自己的反动观点。因此，这次争鸣不仅是中共党内思想矛盾的表现，也是"国共两党政治与军事斗争的反映"④。

以陶希圣为代表的"新生命"派认为，中国在春秋战国时就有了商业，就已经脱离了封建制度阶段⑤。1928 年，陶希圣撰文指出，"世界上从来没有纯粹的属于某种社会型的社会，而毫没有驳杂的成分存在于其中"，中国的"封

---

① 杨雪芳：《中国社联在三十年代中国社会性质论战中的作用》，载上海市哲学社会科学学会联合会编：《中国社会科学家联盟成立五十五周年纪念专辑》，上海社会科学院出版社 1986 年版，第 215 页。

② 刘炼主编：《何干之文集》第一卷，北京出版社 1993 年版，第 210 页。

③ 高军主编：《中国社会性质问题论战（资料选辑）》上册，人民出版社 1984 年版，第 2 页。

④ 周全华：《马克思主义中国化学术史》，广东人民出版社 2018 年版，第 140 页。

⑤ 梁满仓编：《中国社会性质问题论战》，新华出版社 1991 年版，第 2 页。

建制度已不存在，封建势力还存在着"①。1929 年，他在《中国社会与中国革命》中攻击"尾随苏俄的唯物主义者……忽视中国社会的实际"，批评"中国社会是半封建社会"的论断，认为："此所谓'半'，只不过推论时一个便利的形容词。中国社会的封建成分，果否居全成分十分之五六，实为一个问题。故所谓'半'者，在研究社会构造时殆不宜适用以启疑团，且至多亦不过予人以模糊不清的观念。"②1930 年，他在《中国之商人资本及地主与农民》中指出，当前"中国社会是金融商业资本之下的地主阶级支配的社会，而不是封建制度的社会"③，实际上是在说，中国没有再开展资产阶级民主革命的必要。尽管其观点有诸多变化，且有时自相矛盾，但目的很明确，即指责共产党反帝反封建的民主革命理论。他晚年回忆说：

当时中共干部派主张中国社会是半封建资本主义社会，为其在长江流域制造农民暴动，实行土地革命之理论根据……希圣则指出中国封建制度已衰，封建势力犹存，而归本于三民主义国民革命。④

以汪精卫为首的国民党改组派于 1928 年 5 月在上海创办《革命评论》和《前进》两份杂志，由陈公博负责。改组派认为中国的封建制度早已崩溃。公孙愈之在《中国农民问题》一文中引用顾孟余的话，指出："中国没有农奴，中国的农民没有守田的义务，没有强迫的力役，所以中国没有封建制度。"⑤公孙愈之认为，中国是"为封建思想所支配的初期资本主义"。他将中国共产党污蔑为"恶化的反革命派"，认为中国共产党学苏俄实行土地革命"愚蠢而嚣张，浅薄而武断"，并指责"凡是共产党宣传的关于中国大地主的材料都完全不可靠"⑥。他反对共产党的土地革命，认为"在中国有田产者，遍于全社会，土地并非集中于少数地主之手。所以以暴动没收土地，难免惹起很普遍的反

① 陶希圣：《中国社会到底是什么社会》，《新生命》1928 年第 1 卷第 10 期。

② 陶希圣：《中国社会与中国革命》，（台北）食货出版社 1979 年版，第 119 页。

③ 陶希圣：《中国之商人资本及地主与农民》，《新生命》1930 年第 3 卷第 2 期。

④ 陶希圣：《八十自述》，（台北）食货月刊社 1979 年版，第 15 页，转引自卢毅：《论 20 世纪二三十年代的中国社会性质问题论战》，《徐州师范大学学报》2008年第 34 卷第 4 期。

⑤ 公孙愈之：《中国农民问题》，《前进》1928 年第 1 卷第 4 期。

⑥ 公孙愈之：《中国农民问题》，《前进》1928 年第 1 卷第 4 期。

动"，且"这种暴动，并不能根本解决农民问题"①。

可见，无论是"新生命"派还是改组派，都在学术论争中否认中国是半殖民地半封建社会，试图以学术话语否定共产党是在马克思主义指导下形成的，以阶级斗争、无产阶级革命理论为核心的革命话语，再次反映出哲学社会科学话语的意识形态属性。

（二）共产党借学术论战论证"革命话语"的合理性

针对论战中托陈取消派的错误观点以及国民党"新生命"派和改组派以学术话语否定共产党革命话语的企图，如前文所述，在中共中央文化工作委员会的指导下，一批共产党员于 1929 年 11 月创办《新思潮》月刊，并于次年第 5 期出版"中国经济研究专号"，刊发了潘东周的《中国经济的性质》、吴亮平的《中国土地问题》、王学文的《中国资本主义在中国经济中的地位其发展及其前途》等系列文章，以经济学话语分析了中国社会性质，捍卫了共产党的革命纲领。

潘东周指出，中国经济性质问题"在了解一切中国的社会与政治的事变中"都具有"非常重要的实际意义"②。他认为，商业资本主义只是一个发展阶段，而不是一个经济社会制度，且它的发展不仅没有取代封建关系，反而"更加残酷的扩大这种封建式的剥削"③。他将经济发展的前途与反帝反封建的革命紧密联系在一起，认为应"肃清一切帝国主义的特权，肃清中国军阀官僚地主豪绅之一切的剥夺，在集体生产的原则之下，建设社会主义的经济"，只有这样，才能"使中国经济走向自由发展的道路"④。

吴亮平则分析了农业中封建剥削和资本主义剥削的区别，以种种事实和数据论证了中国农村中的剥削关系是"封建式的剥削关系"，认为"如果至此还有人说中国农村中的剥削关系，是资本主义性的，那么他不是一无所知，便是闭眼不看事实"⑤。他强调了土地问题的重要性，指出"土地问题不经彻底的

---

① 公孙愈之：《中国农民问题（下，续第四号）》，《前进》1928 年第 1 卷第 6 期。
② 潘东周：《中国经济的性质》，《新思潮》1930 年第 5 期。
③ 潘东周：《中国经济的性质》，《新思潮》1930 年第 5 期。
④ 潘东周：《中国经济的性质》，《新思潮》1930 年第 5 期。
⑤ 吴黎平：《中国土地问题》，《新思潮》1930 年第 5 期。

解决，中国农村经济生产力，没有发展的可能，农民状况，也没有坚决改善的希望"①。并论证了斯托里宾式土地改良政策、普鲁士式土地关系发展道路、亨利·乔治式的地价税制都不能解决中国土地问题。因此，"土地改良的道路，在中国是没有可能的……只有土地革命，才是解决中国农村经济深刻危机的唯一方法"②。从而阐明了中国共产党革命话语的合理性。

朱镜我则在《新思潮》1930 年第 6 期发表《改组派在革命现阶段上的作用及其前途》一文，批评改组派"利用其在野党的地位，发表一些可不实行的政治主张"，揭露了其"仇视工农革命与仇视苏俄"③的本质。当论战从中国社会性质问题演进到中国社会史问题时，翦伯赞撰写《"商业资本主义社会问题"之清算》一文，对"中国的波格达诺夫主义者陶希圣之流"进行了尖锐批判，指出"像这样的盲目抄袭，如果不是我们陶君急于替中国买办资产阶级找出光荣的历史的根据，便是有意消灭中国历史的飞跃性……由其抄袭的动机，即可以暴露其在历史科学上之阶级的阴谋"④。

在论战中，人们更加清楚地认识到中国的半殖民地半封建社会性质，以至于"现在你随便拉住一个稍稍留心中国经济问题的人，问他中国经济底性质如何，他就会毫不犹豫地答复你：中国经济是半殖民地性的半封建经济"⑤，进而更加认同马克思主义的科学性和共产党革命话语的合理性。国民党以学术话语否定共产党革命话语的企图在论战中彻底破产，中共在哲学社会科学领域的话语权得到进一步巩固。

四、对哲学社会科学发展根脉即传统文化的两种态度

（一）国民党利用儒家伦理道德维护其专制统治

中华优秀传统文化既蕴含着丰富的哲学社会科学思想，如朴素唯物主义哲学思想、求真与致用相结合的史学传统、惠民富民的经济思想等，同时，也有

① 吴黎平：《中国土地问题》，《新思潮》1930 年第 5 期。
② 吴黎平：《中国土地问题》，《新思潮》1930 年第 5 期。
③ 谷荫：《改组派在革命现阶段上的作用及其前途》，《新思潮》1930 年第 6 期。
④ 翦伯赞：《"商业资本主义社会问题"之清算》，《世界文化》1936 年创刊号。
⑤ 沈志远：《现阶段中国经济之基本性质》，《新中华》1935 年第 3 卷第 13 期。

一些糟粕，如儒家伦理道德强调"三纲五常"之下的"君权至上"，在中国古代长期作为维护封建统治的工具。早在大革命时期，戴季陶就把孙中山描述成儒家道统继承人，强调孙中山是"最热烈的主张中国文化复兴的人"①，并将孙中山的思想分为"能作"和"所作"两部分，认为这两部分分别是孙中山的道德主张和政治主张，并明确指出："能作的部分，是继承古代中国正统的伦理思想。"② 有学者指出，戴季陶此举是为了突显三民主义的民族性，确立三民主义的正统地位，并以此说明外来的马克思主义并不适合中国的国情③。

大革命失败后，蒋介石进一步将孙中山塑造为中国传统道德的集大成者，强调"总理在中国的人格，政治上的道德，是要继承中国固有的道统。自尧舜禹汤文武周公传到孔子，以后断绝了一段，总理即是要继承这个道统的"④。1931 年 3 月，蒋介石在《军人精神教育的意义》这一演讲中宣称，孙中山"随时随地都尽力鼓吹中国固有道德文化的真义，赞美中国固有道德文化的价值"；说孙中山"承认自己是一个中国固有文化道德系统传下来的、继续古代文化道德的唯一的人"；认为"总理一生行事，就是一个仁爱的仁、仁义道德的仁、智仁勇的仁字"⑤。蒋介石宣称"三民主义之基本精神在'忠孝仁爱信义和平'八德"⑥；陈立夫则提出，要用这"八德"作为"对付共产党一切偏激宣传的对策"⑦。充分暴露出他们企图利用儒家伦理道德来实现对抗马克思主义的目的。

1934 年 2 月，蒋介石发起"新生活运动"，将"礼义廉耻"作为运动基本原则，提倡全社会"尊孔读经"。"新生活运动"的目的在于"用封建的伦理

---

① 戴季陶：《孙文主义之哲学的基础》，民智书店 1925 年版，第 28 页。

② 戴季陶：《孙文主义之哲学的基础》，民智书店 1925 年版，第 8 页。

③ 吕厚轩：《接续"道统"——国民党实权派对儒家思想的改造与利用（1927—1949）》，山东人民出版社 2013 年版，第 52 页。

④ 蒋介石：《军人的精神教育》，载高军、李慎兆、严怀德、王桧林等编：《中国现代政治思想史资料选辑》上册，四川人民出版社 1983 年版，第 592 页。

⑤ 蒋介石：《军人精神教育的意义》，《军事杂志》1931 年第 34 期。

⑥ 蒋介石：《为学做人与复兴民族之要道——蒋委员长对昆明中等以上各学校员生之训词》，《时报》1935 年 5 月 28 日。

⑦ 戴知贤：《十年内战时期的革命文化运动》，中国人民大学出版社 1988 年版，第 85 页。

纲常、四维八德，来整治人们的思想，禁锢人们的言论行动，使之摆脱共产主义思想的影响，以维护国民党的政治统治"①。同年 5 月，国民党中常会根据蒋介石、戴季陶、汪精卫、叶楚伧的提议，通过决议，将每年 8 月 27 日定为孔子诞辰纪念日，在全国恢复祭孔。同年 7 月，国民政府通令全国各党政军警机关、学校和社会团体，在 8 月 27 日一律休假一天，按照规定举行相关活动②。"四书五经"等也成为各级学校的必修课程③。曾在五四运动中广受批判的复古思潮再次抬头，其实质是国民党要求国民服从现存秩序。

除国民党官方对儒家伦理道德的提倡之外，其领导下的文化团体与学者也予以积极配合。"中国文化建设协会"于 1934 年由陈立夫领导成立，在他授意下起草的《成立宣言》和《理论纲领》，认为"三民主义"是中国文化建设运动的最高原则，明确主张"以三民主义为中心，而实施统制"，要"指斥共产主义及资本主义之谬误，辟除阶级斗争与自由竞争之主张"④。1935 年，陶希圣等十位教授秉承陈立夫旨意，发表《中国本位的文化建设宣言》，他们避开民权主义，不谈五四民主精神，在一定意义上也是在为国民党专制统治寻求理论基础。国民党人陈柏心分析了《中国本位的文化建设宣言》提出的背景，他认为，党政当局意欲加强文化统制，而文化统制最重要的是"主观认识的理论的充实，拿出大家信得过的货色，来树立共同的信仰"，因此，"这个以三民主义为最高标准的文化运动，虽由十教授以在野的地位来发起……而在党政方面自然渴望其成功……这一个运动很有与现实政治相配合的可能"⑤。时人评价，"中国本位文化建设运动就是独裁政制建设运动"⑥。

冯友兰则在《三松堂自序》中回忆："这个'宣言'是国民党授意作的。

① 乔清举等：《多元理性的碰撞与选择——20 世纪三四十年代哲学论辩》，百花洲文艺出版社 2012 年版，第 283 页。

② 宋小庆、梁丽萍：《关于中国本位文化问题的讨论》，百花洲文艺出版社 2004 年版，第 66 页。

③ 方光华：《中国百年文化思潮》，陕西人民出版社 2014 年版，第 445 页。

④ 《理论纲领》，《国立同济大学旬刊》1934 年第 38 期。

⑤ 陈柏心：《中国本位文化建设运动的展望》，《半月评论》1935 年第 1 卷第 3 期。

⑥ 张熙若：《全盘西化与中国本位》，载《中国本位文化建设讨论集》，文化建设月刊社 1936 年版，第 427 页。

一篇洋洋大文，实际上所要说的，只有三个字：'不盲从'。不盲从什么呢？不要盲从马克思列宁主义，'以俄为师'。这是这个'宣言'实际上所要说的话，其余都是些空话。"[①]有学者认为，"'本位文化派'就是在国民党的支持、纵容下出现的"[②]。再次反映出国民党利用儒家伦理道德麻痹人民思想、对抗马克思主义的图谋。

此外，蒋介石还在王阳明"知行合一"思想和孙中山"知难行易"学说的基础上提出了"力行哲学"，以满足其统治的需要。他在一次讲话中指出，日本的强大"不是得力于欧美的科学，而是得力于中国的哲学"，"最得力的就是中国王阳明知行合一'知致良知'的哲学"[③]。他对王阳明的"良知"概念作了进一步发挥，认为要理解"致良知"，"先要从怎样叫不致良知讲起"，并列举了一些"不致良知"的表现。例如他宣称：

中国如果统一了，大家精神一致团结，日本人便不敢来侵略中国……但是有许多人，尽管知道这个道理，而偏要只顾逞气，争权利，就是在强敌压境的时候，还要来乘机破坏统一，破坏团结，并且藉着这个机会来反对本党，推倒政府，这就是不能致良知。[④]

很明显，凡是与他的"主义"、意志相违背的，都是"不致良知"，只有忠诚于他的统治，才是"致良知"。他认为，"王阳明所讲'良知'的知，是人的良心上的知觉，不待外求"；孙中山"知难行易"的知，"是一切学问的知识，不易强求"；"而知识的'知'，不必人人去求，只在人人要'行'"[⑤]。即老百姓只要顺从、听指挥就行了，充分暴露出"力行哲学"的愚民哲学本质。国民党利用儒家伦理道德维护其专制统治的目的昭然若揭。有学者指出："越到后期，

---

① 冯友兰：《三松堂自序》，人民出版社 1998 年版，第 242 页。

② 郑大华：《梁漱溟与胡适——文化保守主义与西化思潮的比较》，中华书局 1994 年版，第 42 页。

③ 蒋中正：《自述研究革命哲学经过的阶段》，《中国童子军总会筹备处汇报》1933 年第 14 期。

④ 蒋中正：《自述研究革命哲学经过的阶段》，《中国童子军总会筹备处汇报》1933 年第 14 期。

⑤ 蒋中正：《自述研究革命哲学经过的阶段》，《中国童子军总会筹备处汇报》1933 年第 14 期。

国民党对三民主义的解释，引用了越来越多的传统儒家思想……于是受五四运动刺激所生成的三民主义，一步步变成了传统的还魂，对于新派青年，失去了吸引的力量。"[1]

（二）共产党在批判复古逆流中实现扬弃创新

面对国民党借儒家伦理道德维护其专制统治的做法，共产党展开了有针对性的批判。对于戴季陶的"道统论"，恽代英指出，孙中山虽然"恭维中国文化"，但"绝对不是和那些腐儒一样"，孙中山"在三十岁左右，便受到欧美资产阶级革命与社会主义运动的影响……在晚年又接受了无产阶级世界革命，便是列宁主义的影响……所以主张联俄及容纳共产党。孙先生一生都能在各种环境里，接受各种进步的思想"[2]，从而揭示出国民党将孙中山孔子化是不符合实际的。

新民主主义革命时期，不仅国民党利用儒家伦理道德维护其专制统治，日本帝国主义为巩固殖民统治，也将其军国主义的"皇道"和中国"孔孟之道"融合起来，企图通过提倡尊孔、复古、盲从、迷信来磨灭中国人的抗争精神。如前文所述，面对思想文化界逆流，中国共产党的文化工作者发起了新启蒙运动，继承五四文化运动的精神，对复古逆流进行深入批判，坚决反对"吃人的旧伦理和旧教条"。

1937年5月，中共地下党员吴承仕会同张申府、程希孟、黄松龄、张郁光等著名人士成立新启蒙学会，并发表《启蒙学会宣言》，提出"科学与民主""思想自由""追求真理、反对封建和奴化思想"等倡导[3]，产生广泛影响，给封建道德以有力打击。同时，新启蒙运动又超越了五四文化运动"所谓坏就是绝对的坏，一切皆坏；所谓好就是绝对的好，一切皆好"[4]这一弊端，认为应"打倒孔家店，救出孔夫子"。

1940年5月，《群众》周刊发表社论，呼吁文化工作者应"把文化上专制

---

[1] 王汎森：《思想是生活的一种方式——中国近代思想史的再思考》，北京大学出版社2018年版，第114—115页。

[2] 吕厚轩：《接续"道统"——国民党实权派对儒家思想的改造与利用（1927—1949）》，山东人民出版社2013年版，第61页。

[3] 郑师渠主编：《中国共产党文化思想史研究》，中共中央党校出版社2007年版，第79页。

[4]《毛泽东选集》第三卷，人民出版社1991年版，第832页。

主义的复古倒退的祸害，一点一滴地指示给民众看"①。同年夏天，周恩来在关于抗战与文化工作的讲话中指出，要提倡民族思想，但"反对希特勒式的或复古的民族思想"；同时，鼓励历史研究，提出"不要以为凡是研究古典的书就是复古"②。同年 8 月，他在延安高级干部会议上作报告时再次强调："我们应更加紧开展新文化运动，来压倒文化界反动的复古的运动。"③同年 10 月，针对国民党推行"尊孔读经"，范文澜在《中国文化》上刊文指出，"不论统治阶级怎样尊圣尊经，经到底还是压迫人民的工具"；并认为经是封建社会的产物，所以"封建社会衰落，经也跟着衰落，封建社会灭亡，经也跟着灭亡"④。

1943 年 8 月，周恩来在《论中国的法西斯主义——新专制主义》中指出："蒋介石的历史观，是一套复古的封建思想，反映着浓厚的传统的剥削阶级意识。"⑤1949 年 5 月，周恩来在北京大学教授联谊会举行的第一次座谈会上讲话再次谈到如何对待传统文化，他认为：

> 对封建主义文化也要先否定它，再批判地接受它好的东西。比如，我们当年喊"打倒孔家店"，这在当时是必要的，因为那一套封建的东西根基太深，非先来一个"打倒"不可。先把它从整体上否定，再从里边找出一些好的东西来。毛泽东同志很善于这样做，比如他就常常引用孔子的话。⑥

中国共产党对传统文化的扬弃态度，既反击了日本帝国主义以及国民党的复古逆流，又使自身革命理论从优秀传统文化中汲取养分，同时加快了马克思主义哲学社会科学话语中国化的步伐，有效提升了哲学社会科学话语权。

---

① 《文化工作者应努力的是什么？》，《群众》1940 年第 4 卷第 13 期。

② 周恩来：《抗战时期文化工作的方针》，载中共中央文献研究室编：《周恩来文化文选》，中央文献出版社 1998 年版，第 14—15 页。

③ 周恩来：《抗战中的文化工作和文化运动》，载中共中央文献研究室编：《周恩来文化文选》，中央文献出版社 1998 年版，第 19 页。

④ 范文澜：《中国经学史的演变——延安新哲学年会讲演提纲》，《中国文化》1940 年第 2 卷第 2 期。

⑤ 中共中央文献研究室、中央档案馆编：《建党以来重要文献选编（一九二一——一九四九）》第二十册，中央文献出版社 2011 年版，第 542 页。

⑥ 周恩来：《关于新民主主义的教育》，载中央教育科学研究所编：《周恩来教育文选》，教育科学出版社 1984 年版，第 2 页。

第五章 党领导构建哲学社会科学话语体系的历史贡献 ①

新民主主义革命时期，党领导进步知识分子构建起中国马克思主义哲学社会科学话语体系，对于革命、学术和文化发展作出了历史性贡献，产生了深远影响。系统总结和分析这些历史贡献，对于当前学术话语体系的构建具有重要的现实意义。

一、开创了中国哲学社会科学研究新范式

近代以来，中国哲学社会科学存在自由主义、文化保守主义、马克思主义三支重要力量。如前文所述，自由主义派的"全盘西化"主张割裂了传统，忽视了哲学社会科学的民族性。文化保守主义派主张在维护传统的前提下融合西方文化，但事实上其很难真正分清传统文化的精华与糟粕，对传统学术的批判和超越相对欠缺，多沦为"中体西用"模式，在一定程度上忽视了哲学社会科学的时代性。中国共产党切合革命形势需要，领导进步学者以唯物辩证法为根本研究方法，构建起基于唯物史观的阐述方式，开创了以马克思主义为指导的中国哲学社会科学研究新范式。

（一）推动了中国马克思主义哲学社会科学学科体系、学术体系发展

哲学社会科学话语体系建立在学科体系基础之上，同时学科体系、学术体系和话语体系又是相辅相成、相互促进的。话语体系是学术体系的反映、表达

---

① 本章部分内容已发表在《东岳论丛》2021 年第 11 期（题目：《中国共产党领导构建哲学社会科学话语体系的百年历程与经验》）。

和传播方式，是构成学科体系之网的纽结[①]。

首先，话语体系为学科体系的形成提供了基本元素。恩格斯指出："一门科学提出的每一种新见解都包含这门科学的术语的革命。"[②] 在党的领导下，进步知识分子以唯物辩证法为根本研究方法，对基础概念、学科性质等进行阐释，为中国马克思主义哲学、史学、经济学、政治学、社会学、法学等学科的形成提供了基本元素。例如，高一涵在《唯物史观的解释》一文中强调了概念的重要性，认为"我们要想明白马克思唯物史观的公式的意义，必先要明白他三个名词的意义——'生产''生产力''生产关系'"[③]，并对这三个概念进行了界定[④]。再如，沈志远在《新经济学大纲》中对经济学的学科性质和研究对象进行分析，提出经济学要研究的是"在人类共同劳动过程中，在社会生产过程中所发生的人与人的社会关系"[⑤]。在界定研究对象的基础上，沈志远将政治经济学分为广义和狭义两种。他认为很多人眼中的经济学仅仅是探讨资本主义经济的，这只能说是狭义经济学；而广义经济学"是研究支配人类社会底物质生产和分配的诸法则的科学"，它"不限于某一社会底经济结构之研究，而是研究每一社会经济结构底各种特殊的法则的科学"[⑥]。又如，孙冶方在《农村经济学底对象》中指出，农业生产中人与人的关系才是农村经济学的研究对象，而人与土地、人与机械等的关系，只是"农学者底研究问题，而不是农村经济

[①] 谢伏瞻：《加快构建中国特色哲学社会科学学科体系、学术体系、话语体系》，《中国社会科学》2019 年第 5 期。

[②] 中共中央马克思恩格斯列宁斯大林著作编译局编译：《马克思恩格斯文集》第五卷，人民出版社 2009 年版，第 32 页。

[③] 高一涵：《唯物史观的解释》，《国立北京大学社会科学季刊》1924 年第 2 卷第 4 期。

[④] "马氏所谓生产不包括消费、交通、交换、分配及人类生命的生产（人口繁殖）在内，单指那人类生活上所必要的货物的生产而言。所谓'生产力'就是指着生产的可能性而言，纯粹属于技术的观念。所谓'生产关系'乃是指人与人之间的一定的社会关系而言，即人类为生产生活上所必要的货物，所直接进入的社会关系。"——高一涵：《唯物史观的解释》，《国立北京大学社会科学季刊》1924 年第 2 卷第 4 期。

[⑤] 沈志远：《新经济学大纲》，生活书店 1940 年版（1934 年初版），第 2 页。

[⑥] 沈志远：《新经济学大纲》，生活书店 1940 年版（1934 年初版），第 10—11 页。

学者的研究问题"①。这就科学界定了"农村经济学"的研究对象，为这一学科的进一步发展奠定了基础。

进步学者对各学科基础概念、学科性质、研究对象进行的科学界定，不仅是构建中国马克思主义哲学社会科学话语体系的题中之义，也为其学科体系的形成奠定了基础。

其次，话语体系丰富了学术体系内容。谢伏瞻指出："有的话语发展到一定程度就可以转化为学术。"②在马克思主义哲学社会科学话语体系构建过程中，进步知识分子在各自学术领域刻苦钻研，涌现出一批领军人物：哲学方面如艾思奇、李达、陈唯实、张如心等，史学方面如范文澜、何干之、吕振羽、华岗等，经济学方面如王学文、薛暮桥、许涤新等，教育学方面如杨贤江、徐特立等。他们在界定学科概念和范畴的基础上展开深入研究，以马克思主义观点撰写出版了《哲学讲话》《社会学大纲》《历史哲学教程》《中国政治思想史》《论新民主主义经济》《新教育大纲》等学术著作，丰富了马克思主义哲学社会科学学术体系内容。此外，中国马克思主义哲学社会科学话语体系的构建，也为其学术内容的广泛传播开辟了渠道，提高了马克思主义哲学社会科学在中国学术界的影响力。这些都为新中国成立后哲学社会科学学术体系的发展和完善奠定了基础。

（二）对其他派别学术思想产生了深远影响

中国马克思主义哲学社会科学话语体系的构建不仅推动了自身学科体系、学术体系的发展，也对其他派别的学术思想产生了深远影响。早在"问题与主义"之争中，自由主义派代表人物胡适就公开承认，唯物史观对研究哲学社会科学的意义"是不可埋没的"③。其弟子顾颉刚也提出，他自己"绝不反对唯物史观"，并认为研究古代思想及制度"不该不取唯物史观为其基本观念"④。其另一弟子罗家伦则认为，唯物史观蕴含着部分真理，用它"来解释历史，是很

---

① 孙冶方：《农村经济学底对象》，《中国农村》1935 年第 1 卷第 10 期。

② 谢伏瞻：《加快构建中国特色哲学社会科学学科体系、学术体系、话语体系》，《中国社会科学》2019 年第 5 期。

③ 胡适：《四论问题与主义——论输入学理的方法》，《太平洋》1919 年第 2 卷第 1 期。

④ 顾颉刚：《顾颉刚古史论文集》卷一，中华书局 2011 年版，第 124 页。

有价值的"[①]。

如前文所述，20 世纪 20 年代末 30 年代初，马克思主义哲学社会科学话语体系在新（兴）社会科学运动中初步构建起来，实现了对学术话语体系的重塑，对学术界产生了极大影响。在中国社会性质问题论战中，一些其他学派的学者，甚至对共产党持有反对意见的人，也"都大体接受了马克思主义基本学说"[②]。例如陶希圣当时被学界评价为运用唯物史观来研究中国社会史的代表人物。郭湛波曾评价："陶氏在近五十年中国思想史之贡献，就在他用唯物史观的方法来研究'中国社会史'，影响颇大。"[③]

与此同时，一些文化保守主义者也运用马克思主义展开研究。例如，冯友兰认为，中西文化之差距，实质上是"农业类型"与"工业类型"两种文化之间的区别，而西洋人掌握了较为先进的工业文化的原因，在于他们率先实现了产业革命[④]。冯友兰提出的"文化类型"说和"产业革命"论，其主要依据是新理学的"事在理先"原则，但明显也受到了唯物史观的影响[⑤]。他在《新事论》中曾引用马克思的话："工业革命的结果使乡下靠城里，使东方靠西方。"[⑥]贺麟认为，《新事论》在探讨文化问题时，是贯穿着唯物史观原则的；梁漱溟也指出，《新事论》对中国文化发展道路的分析"大致是本于唯物史观"的[⑦]。而冯友兰的另一部著作《中国哲学史》也受益于唯物史观。他在《三松堂自序》中回忆说，正是唯物史观的影响，使他"在当时讲的中国哲学史，同胡适的《中

[①] 罗家伦：《唯物史观的历史哲学和历史哲学的民生主义》，转引自陈金龙：《近代中国社会思潮与马克思主义中国化》，人民出版社 2013 年版，第 27 页。

[②] 李泽厚：《中国现代思想史论》，生活·读书·新知三联书店 2008 年版，第 70 页。

[③] 郭湛波：《近五十年中国思想史》，岳麓书社 2013 年版，第 174 页。

[④] 宋志明、梅良勇：《冯友兰学术思想评传》，北京图书馆出版社 1999 年版，第 180—181 页。

[⑤] 宋志明、梅良勇：《冯友兰学术思想评传》，北京图书馆出版社 1999 年版，第 182 页。

[⑥] 冯友兰：《新事论》，商务印书馆 1940 年版，第 44 页。

[⑦] 陈金龙：《近代中国社会思潮与马克思主义中国化》，人民出版社 2013 年版，第 86 页。

国哲学史大纲》有显著的不同"[①]。可见当时马克思主义对冯友兰学术研究的重大影响。

此外，一些国民党学者也对唯物史观持肯定态度。何思源在其《社会科学研究法》中提及唯物史观时认为，经济才是社会的基础，"其他非物质的，及在经济关系以外的各种东西固然有些影响，然那大而为主的动力，都是经济状况"[②]。郭湛波在其《近五十年中国思想史》的"再版自序"中指出，此书的写作运用了"唯物辩证法和辩证法唯物论"，不是因为信仰，而是因为"在今日只有这种方法能解决问题"，所以"不得不用它"[③]。由此可见，马克思主义哲学社会科学话语以其科学性赢得了政见不同的学者的认可，对其他学派产生了深远影响。

二、为中国共产党的革命话语提供了重要学理依据

新民主主义革命时期，中国共产党根据革命形势提出了一系列新论断，形成了独特的革命话语。马克思主义者"研究救国的学术"[④]，以中国马克思主义哲学社会科学话语体系为依托，对反动话语展开批判，以学术话语为革命话语提供理论依据。

（一）通过研究中国历史发展规律论证马克思主义的普遍性

如前文所述，在中国社会性质问题论战中，王学文、潘东周、吴亮平等撰写了大量理论文章，刊发在《新思潮》月刊的"中国经济研究专号"上，以学术话语论证了"半殖民地半封建"论断的合理性。对社会性质的论战必然延伸到对历史的讨论。围绕"亚细亚生产方式""中国是否经历过奴隶社会""秦汉以后至鸦片战争前的社会性质"等问题，郭沫若、吕振羽、翦伯赞、何干之等纷纷展开研究、加入论战。德国学者罗梅君认为，这场论战就其内容而言，称

---

① 冯友兰：《三松堂自序》，人民出版社 1998 年版，第 207 页。
② 何思源讲，林霖记录：《社会科学研究法》，中山大学政治训育部宣传部 1927 年版，第 15—16 页。
③ 郭湛波：《近五十年中国思想史》，岳麓书社 2013 年版，再版自序第 6 页。
④ 《恽代英文集》上卷，人民出版社 1984 年版，第 440 页。

为"关于中国社会的发展规律问题论战"更合适[①]。这场论战兼具学术性和政治性，王伯平曾直接指出："研究中国历史发展中之古代阶段与现在各政治派别施行之政策是有密切的联系的。"[②] 尤其是对"中国是否经历过奴隶社会"这一问题的争论[③]，关系到马克思主义是否适用于中国历史演变，即这一理论是否具有普遍性。

中国马克思主义史学家普遍认为中国存在过奴隶社会。如前文所述，郭沫若1930年出版的《中国古代社会研究》开创了以唯物史观系统研究中国古代史的新纪元。他在此书中第一次提出了中国古代经过了原始社会、奴隶社会、封建社会等几个阶段，论证了中国也曾存在奴隶社会这一结论[④]，指出：

> 只要是一个人体，他的发展无论是红黄黑白，大抵相同。由人所组成的社会也正是一样。中国人有一句口头禅，说是"我们的国情不同"。这种民族的偏见差不多各个民族都有。然而中国人不是神，也不是猴子，中国人所组成的社会不应该有甚么不同……中国的社会在西周的时候，刚好如古代的希腊罗马一样是一个纯粹的奴隶制的国家。[⑤]

李季则在《对于中国社会史论战的贡献与批评》一文中提出了不同看法[⑥]。他认为从原始社会经过奴隶社会到封建社会，只是西方国家发展的道路[⑦]，并

---

① ［德］罗梅君：《政治与科学之间的历史编纂——30和40年代中国马克思主义历史学的形成》，孙立新译，山东教育出版社1997年版，第78页。

② 王伯平：《中国古代社会研究之发轫》，《读书杂志》1932年第2卷第7—8期。

③ 关于中国是否经历过奴隶社会阶段，当前学术界依然存在争议。本书并不试图对这一问题本身得出最终结论，只聚焦于新民主主义革命时期各派学者有关这一问题的探讨及其影响。

④ 郑师渠主编：《中国共产党文化思想史研究》，中共中央党校出版社2007年版，第51页。

⑤ 郭沫若：《中国古代社会研究》，上海新新书店1930年版，序第1页、第17页。

⑥ 李季将中国历史划分为五个时代："自商以前至商末为原始共产主义的生产方法时代；自殷至殷末为亚细亚的生产方法时代；自周至周末为封建的生产方法时代；自秦至清鸦片战争前为前资本主义的生产方法时代；自鸦片战争至现在为资本主义的生产方法时代。"——李季：《对于中国社会史论战的贡献与批评》，《读书杂志》1932年第2卷第2—3期。

⑦ 吴雁南等主编：《中国近代社会思潮（1840—1949）》第三卷，湖南教育出版社2011年版，第347页。

不适用于中国。胡秋原也指出，中国并不存在与西方相同的奴隶制度，而是"有奴隶之存在，而无以奴隶劳动为生产基础之时期"①。王伯平则批评郭沫若的《中国古代社会研究》"包含着许多许多的错误"，认为郭沫若"极缺乏整个的世界历史的概念"②。他提出："至于个别奴隶，那自然是存在过的……但是奴隶制度，一定要根据有奴隶生产在那时期成为主要的生产形式，奴隶所有者要成为政治上的统治者才能成立。这样的社会形式，以我们的知识说，在中国没有存在过。"③王伯平甚至断定"奴隶制度不能列作一个社会进化的独立阶段"④。胡秋原也认为奴隶社会"不是一个社会必经的过程"⑤。这实际上"从根本上否认了马克思所揭示的人类社会普遍发展规律"⑥。

丁迪豪同样贬低郭沫若等人的研究成果，认为"自信是挟着犀利的刀锯——唯物辩证法来解剖中国社会的'宿将'和'新兵'，虽是'气贯长虹'，不可一世；其实他们的法宝，是自观念论机械论的哲学体系中锻炼出来的，原来就没有什么稀奇"⑦。他指出，"奴隶社会不是氏族社会到封建社会必经的阶段"；中国国情与欧洲不同，"奴隶制在中国历史发展的阶段上，不能成为一独立的阶段；奴隶是普遍的存在，古代有奴隶，近代仍有奴隶，希腊罗马的奴隶制，却不是任何国家所必经的"⑧。

面对挑战，吕振羽撰写了《中国经济之史的发展阶段》一文，针对马克思、恩格斯对奴隶社会的相关论述进行了分析，并联系各国历史实际，认为

---

① 胡秋原：《略覆孙倬章君并略论中国社会之性质》，《读书杂志》1932 年第 2 卷第 2—3 期。

② 王伯平：《中国古代社会研究之发轫》，《读书杂志》1932 年第 2 卷第 7—8 期。

③ 王伯平：《中国古代社会研究之发轫》，《读书杂志》1932 年第 2 卷第 7—8 期。

④ 王伯平：《中国古代社会研究之发轫》，《读书杂志》1932 年第 2 卷第 7—8 期。

⑤ 胡秋原：《略覆孙倬章君并略论中国社会之性质》，《读书杂志》1932 年第 2 卷第 2—3 期。

⑥ 郑师渠主编：《中国共产党文化思想史研究》，中共中央党校出版社 2007 年版，第 51 页。

⑦ 丁迪豪：《中国奴隶社会的批判——郭沫若王宜昌理论之清算》，《历史科学》1933 年第 1 卷第 5 期。

⑧ 丁迪豪：《中国奴隶社会的批判——郭沫若王宜昌理论之清算》，《历史科学》1933 年第 1 卷第 5 期。

"奴隶制度是社会发展过程中一个必经的阶段；若没有这一特定阶段的存在，则后来的文明时代便不能想象"①。但吕振羽不赞成郭沫若提出的商代是原始共产制的氏族社会、西周是奴隶社会。他指出商代"已经完全看不见民主主义的行迹，充分在表现阶级支配的机能"，即认为商代已进入奴隶社会；而西周时期"虽然还有使用奴隶的事实的存在"，但"奴隶经济已退出支配的地位……奴隶之被使用这一事实，那不过是前代的一点残余"②，主张西周封建说。吕振羽在其著作《史前期中国社会研究》中再次说明了"中国社会的发展过程，和世界史的其他部分比较，自始就没有什么本质的特殊，而是完全有其同一的过程"③。翦伯赞同样赞同商代奴隶制和西周封建说，指出："奴隶社会这一阶段，不仅在中国历史上曾经存在过，而且还占领了很重要的篇幅。"④何干之则在《中国社会史问题论战》一书中对这一问题进行了总结。一方面，他肯定了中国经历过奴隶社会，认为"根据这几年来史家所探求的结果，已渐渐证明了殷周是特种的奴隶社会了"⑤；另一方面，他也指出了郭沫若、吕振羽的研究存在的不足，即"他们把东西奴隶社会看作毫无差别的一个东西"，而事实上这是不准确的，"因为东西奴隶社会实际上是有浓淡、深浅、成熟、不成熟的不同"⑥。总之，何干之在郭沫若、吕振羽的基础上更进一步，既坚持马克思主义的普遍性，又注意到中国自身特点。

　　虽然中国马克思主义史学家在中国奴隶社会起点问题上存在较大分歧，但都肯定中国存在过奴隶社会，从而坚持了马克思主义关于人类历史发展阶段的理论。而"亚细亚生产方法""自秦至清鸦片战争前的社会性质"等问题，归根到底也是"马克思主义关于社会发展阶段的学说是否适用于中国的问题"⑦。进

---

① 吕振羽：《中国经济之史的发展阶段》，《文史》1934年第1卷第1期。
② 吕振羽：《中国经济之史的发展阶段》，《文史》1934年第1卷第1期。
③ 吕振羽：《史前期中国社会研究》，北平人文书店1934年版，自序第1页。
④ 翦伯赞：《殷代奴隶社会研究之批判》，《劳动季报》1935年第6期。
⑤ 何干之：《中国社会史问题论战》，生活书店1937年版，第107—108页。
⑥ 何干之：《中国社会史问题论战》，生活书店1937年版，第108页。
⑦ 郑师渠主编：《中国共产党文化思想史研究》，中共中央党校出版社2007年版，第52页。

步学者以学术话语"驳斥了马克思主义不适合中国国情的谬论"①，论证了这一理论的普遍适用性，不仅推动了史学话语的发展，也为中国共产党的革命话语提供了有力支撑，对新民主主义理论的形成产生了重要影响。有学者认为，毛泽东于1939年发表的《中国革命和中国共产党》就吸收和发挥了马克思主义史学家在论战中对中国历史发展规律的分析②。

（二）通过学术中国化运动阐述马克思主义中国化合理性

在中共六届六中全会正式提出"马克思主义中国化"命题之前，已有学者提出"现在需要来一个运动，哲学研究的中国化、实现化的运动"③。如前文所述，在毛泽东提出"马克思主义中国化"命题之后，重庆、延安等地兴起了学术中国化运动。这场运动"既是'中国化'思潮在学术研究领域发展的结果，也是对'马克思主义中国化'政治口号的进一步论证与宣传"④。进步知识分子纷纷撰文，将这一命题贯彻到学术研究领域，同时阐述了这一命题的合理性。

柳湜认为，"中国化"是"创造新的中国文化之行动的口号和前提"⑤。沈志远也指出："今日需要来一次新的学术运动……而这一新学术运动的中心口号应该是中国化和现实化。"⑥沈志远认为："学术在基本原则上虽是世界性的，一切民族所共有的，可是它的具体的运用，它的具体的表现方式，却是随某一特定民族或国家所处的空间、时间与发展水准之各异而有所不同……正因为中国有它自己的、和其他民族国家不同的特异点，所以我们需要抓住这些特异点而把理论中国化起来。"⑦

---

① 郑师渠主编：《中国共产党文化思想史研究》，中共中央党校出版社2007年版，第51页。
② 吴雁南等主编：《中国近代社会思潮（1840—1949）》第三卷，湖南教育出版社2011年版，第355页。
③ 艾思奇：《哲学的现状和任务》，《杂志》1938年第1卷第4期。
④ 周全华：《马克思主义中国化学术史》，广东人民出版社2018年版，第175页。
⑤ 柳湜：《论中国化》，《读书月报》1939年第1卷第3期。
⑥ 沈志远：《我写"实践唯物论讲话"的缘起》，《理论与现实》1939年第1卷第1期。
⑦ 沈志远：《我写"实践唯物论讲话"的缘起》，《理论与现实》1939年第1卷第1期。

　　而国民党理论家叶青则对"马克思主义中国化"命题展开攻击，叫嚣"毛泽东简直连中国化底常识都不具备"，认为马克思主义是国际主义，"国际主义在这里与民族一样，同为形式"，而"化是一种内容由某一形式变成另一形式的意思"，所以中国化"必须变其形式……与原来的不同"①。实质上是要把马克思主义变成非马克思主义。对此，艾思奇在《论中国的特殊性》一文中进行了批驳，认为叶青"表面上装出'科学'的形态"，暗地里则"乘机把反科学反革命反民族的思想偷运进来"；他所谓"化"，实际上是"把马克思主义化为乌有了"②。艾思奇强调，"中国化"不能抛弃马克思主义，"资产阶级及其他统治阶级思想代表者"所谓的"创造"，实质上"抛弃了一切既有的正确原则和科学方法……是无论如何也不能超出统治阶级利益范围的'创造'"③。艾思奇进一步指出，"马克思主义在内容上实质上是国际主义的"，而这国际主义"只是成为马克思主义的内容存在着"，而不是叶青所谓的"国际主义在这里与民族一样，同为形式"④。他引用了毛泽东在《论新阶段》中提出的"马克思主义必须通过民族形式才能实现"，并加以阐释：

　　在世界上还有着各种各样民族和国家的界限的现在，马克思主义是不可能不依着各民族的不同的发展条件而采取着不同的表现形式的，它决不会成为全世界一致的国际形式直接表现出来。⑤

　　这就呼应了毛泽东提出的"没有抽象的马克思主义，只有具体的马克思主义。所谓具体的马克思主义，就是通过民族形式的马克思主义"⑥这一论断。此外，和培元在《论新哲学的特性与新哲学的中国化》一文中完整地引用了毛泽东关于"马克思主义中国化"的阐述，认为新哲学的研究者"必须领会这一深刻的启示"，指出"特别是对毛泽东同志的著作的研究，更能使我们知道怎

---

① 叶青：《论学术中国化》，《时代精神》1939 年创刊号。
② 艾思奇：《论中国的特殊性》，《中国文化》1940 年创刊号。
③ 艾思奇：《论中国的特殊性》，《中国文化》1940 年创刊号。
④ 艾思奇：《论中国的特殊性》，《中国文化》1940 年创刊号。
⑤ 艾思奇：《论中国的特殊性》，《中国文化》1940 年创刊号。
⑥ 毛泽东：《论新阶段》，《解放》1938 年第 57 期。

样才是马列主义的中国化才能中国化"①。

学术界的积极响应为"马克思主义中国化"命题提供了重要的学理依据，其论证了这一命题的合理性，进一步提高了中国共产党的话语权。与此同时，学术中国化运动也为"新民主主义文化"的提出奠定了基础。1941 年 1 月，署名"无邪"的作者在《一年来的中国哲学界》一文中指出，"学术中国化"与"新民主主义的新文化"不是矛盾的而是一致的，"后者展开了、补充了，同时更深刻了前者"②，体现出二者一脉相承的关系。

（三）通过批判《中国之命运》争取意识形态领域主导权

《中国之命运》是在蒋介石授意下，由陶希圣执笔完成，以蒋介石个人名义于 1943 年 3 月出版的一本书③。此书大力鼓吹"一个主义、一个党、一个领袖"，宣言所谓"力行哲学"，提倡封建伦理道德，矛头主要针对中国共产党和共产主义思想。此书出版后，引起了中国共产党的高度关注，认为这本书的"中心目标就是反对共产主义与共产党，并为内战作准备"④。中共中央专门召开会议进行研究，委托刘少奇领导这场斗争。刘少奇根据中央会议精神，要求在认真研究这本书的基础上对其进行批判，写出一批有说服力的文章。除党的领导人通过讲话、报告和文章批判《中国之命运》之外，哲学社会科学工作者也运用学术话语对《中国之命运》进行了理论批判。

1943 年 8 月，范文澜在《解放日报》刊发《谁革命？革谁的命？》一文，以马克思主义观点剖析政党实质，指出"政党只有领导的作用，它所领导的阶级及其联系的群众才是真实力量的所在"⑤。"国民党是中国资产阶级的政党，其中占绝对统治地位的是大地主大资产阶级"，而"决定中国命运的基本势

---

① 和培元：《论新哲学的特性与新哲学的中国化：为延安新哲学会三周年纪念作》，《中国文化》1941 年第 3 卷第 2—3 期。

② 无邪：《一年来的中国哲学界》，《哲学》1941 年第 1 卷第 3 期。

③ 张静如、鲁振祥、王章维等编著：《中国共产党思想史》，青岛出版社 1991 年版，第 289 页。

④ 中央档案馆编：《中共中央文件选集》第十四册，中共中央党校出版社 1992 年版，第 80 页。

⑤ 范文澜：《谁革命？革谁的命？》，《解放日报》1943 年 8 月 1 日。

力……是依靠工人农民以及小资产阶级"①。因此，所谓"中国的命运，完全寄托于中国国民党"，纯属无稽之谈。吕振羽则在《国共两党和中国之命运——驳蒋著〈中国之命运〉》一文中对比了国共两党的表现，认为蒋介石集团的法西斯主义是"土产的封建专制主义和'舶来'的法西斯主义杂交的产物"，并针锋相对地指出："历史的事实告诉了我们：中国之光明的命运，完全寄托于中国共产党，没有了中国共产党，那就没有了光明的中国。"②而齐燕铭在随后发表的《驳蒋介石的文化观》一文中指出，对于"中国固有文化"的正确态度应该是"批判地接受"，蒋介石在《中国之命运》中"所说崇高的文化其最基本的东西只是一些抽象的超物质的空洞的德性"，"只是中国过去封建社会作为封建统治工具的所谓'德性'"，这种不加批判、离开革命实际去谈文化，"实质上就是企图以空洞的概念来掩护叛变民族利益的内容"③。

同月，艾思奇撰文系统批判了《中国之命运》的反动哲学观，认为此书完全抛弃了孙中山哲学思想的进步方面，扩大了保守的唯心论方面，"是一种极端不合理的唯心论"④。他指出，蒋介石在此书中所要求的，"只是糊里糊涂的盲目信仰与盲目服从"⑤。在对蒋介石的愚民哲学进行批判之后，艾思奇论述了中国共产党的成就与优势，进而得出结论——"只有毛泽东同志根据中国的实际情况发展了和具体化了的辩证法唯物论，才是能够把'中国之命运'引到光明前途去的科学的哲学，才是人民的革命的哲学"⑥。从而通过对比，展现出中国共产党理论与实践的正确性。

通过进步知识分子对《中国之命运》的有力批判，广大民众更加认清了国

---

① 范文澜：《谁革命？革谁的命？》，《解放日报》1943 年 8 月 1 日。

② 吕振羽：《国共两党和中国之命运——驳蒋著〈中国之命运〉》，《解放日报》1943 年 8 月 7 日。

③ 齐燕铭：《驳蒋介石的文化观》，《解放日报》1943 年 8 月 9 日。

④ 艾思奇：《〈中国之命运〉——极端唯心论的愚民哲学》，《解放日报》1943 年 8 月 11 日。

⑤ 艾思奇：《〈中国之命运〉——极端唯心论的愚民哲学》，《解放日报》1943 年 8 月 11 日。

⑥ 艾思奇：《〈中国之命运〉——极端唯心论的愚民哲学》，《解放日报》1943 年 8 月 11 日。

民党"一党独裁"的政治体制；中国共产党则借此宣传了自己的纲领和路线，获得了广大人民群众以及中间党派、民主人士的理解，逐步赢得了意识形态领域的主导权。

三、为中国文化发展指明了方向

文化是哲学社会科学发展的土壤，哲学社会科学是文化的内核与灵魂。新民主主义革命时期，党领导构建的哲学社会科学话语体系推动了新民主主义文化的形成与发展，为中国文化发展指明了方向。

（一）树立马克思主义在文化建设中的指导地位

在党领导构建哲学社会科学话语体系的过程中，党的领导人和进步知识分子积极阐释马克思主义文化理论，强调"精神文明是物质文明的副产"[①]，树立马克思主义在文化建设中的指导地位，为"民族的、科学的、大众的文化"的提出打下了根基。

十月革命后，马克思主义话语在中国广泛传播。中国早期马克思主义者不仅将唯物史观作为一种文化理论，还用它去探索中国文化的出路问题，开启了历史唯物主义文化观的先河[②]。李大钊认为文化上应该以俄为师[③]。1918年7月，他在《法俄革命之比较观》一文中指出，"俄人既受东洋文明之宗教的感化，复受西洋文明之政治的激动"，"故其文明，其生活，半为东洋的，半为西洋的"，"世界中将来能创造一兼东西文明特质，欧亚民族天才之世界的新文明者，盖舍俄罗斯人莫属"[④]。他还以唯物史观为指导，分析了经济对文化的决定作用，认为"经济的变动，是思想变动的重要原因"[⑤]。李达则在《现代社会学》中更直接地指出："所谓精神文化，皆由物质的生产关系中产出，随生

---

① 瞿秋白：《现代文明的问题与社会主义》，《东方杂志》1924年第21卷第1期。

② 郑师渠主编：《中国共产党文化思想史研究》，中共中央党校出版社2007年版，第17页。

③ 方光华：《中国百年文化思潮》，陕西人民出版社2014年版，第501页。

④ 李大钊：《法俄革命之比较观》，载杨琥编：《中国近代思想家文库·李大钊卷》，中国人民大学出版社2014年版，第224页。

⑤ 李大钊：《由经济上解释中国近代思想变动的原因》，载杨琥编：《中国近代思想家文库·李大钊卷》，中国人民大学出版社2014年版，第306页。

产力之发达而发达，随生产关系之变迁而变迁。"①1924 年 6 月，杨明斋撰写的《评中西文化观》一书出版。他以唯物史观为指导剖析中国文化，强调"社会生活"的重要性，认为"文化为社会生活，可也是由社会生活而产生；他并不是凭空而来的东西……离开社会生活的实事讲文化，犹之乎离开人的生理高谈心境"②。他对《东西文化及其哲学》（梁漱溟著）、《先秦政治思想史》（梁启超著）、《农国辨》（章士钊著）三部著作进行了马克思主义的批判。例如，针对梁漱溟的"意欲"说，杨明斋认为："西洋、中国、印度的生活与文化之不同的所以然，自有历史之客观的实事去证明，昭昭然若揭，用不着拿主观的观念去解释"③。他一方面强调文化的产生离不开经济基础，另一方面又承认文化的反作用，认为"文化由于地理、经济、教育等的原因产生后，他又能创造生的经济，所以文化有调节发达经济之能力"④。并特别提及"马克思只说人类意志是被经济决定的，并没说文化教育不能有补于创造经济生产的能力"⑤。可见，杨明斋对文化起源与作用的分析是遵循唯物史观的。

20 世纪 20 年代末至 30 年代中期，随着中国社会性质问题论战的爆发和新（兴）社会科学运动的开展，马克思主义哲学社会科学话语的影响力与日俱增，"唯物辩证法风靡了全国"⑥，"唯物史观从文化边缘到文化中心"⑦，这一理论对文化的引导作用也愈发明显。20 世纪 30 年代中后期，随着民族危机空前严重和抗日民族统一战线政策的逐渐明确，如前文所述，中国共产党的文化工作者发起了一场文化救亡运动——新启蒙运动，实现了思想文化界的广泛动员。新启蒙运动赞同思想自由，但并不反对思想统一。1940 年 1 月，毛泽东在《新民主主义的政治与新民主主义的文化》中再次以马克思主义的观点强调："一定

①《李达文集》编辑组编：《李达文集》第一卷，人民出版社 1980 年版，第 243 页。

② 杨明斋：《评中西文化观》，中华书局 1924 年版，序第 1 页。

③ 杨明斋：《评中西文化观》，中华书局 1924 年版，第 10 页。

④ 杨明斋：《评中西文化观》，中华书局 1924 年版，第 11 页。

⑤ 杨明斋：《评中西文化观》，中华书局 1924 年版，第 23 页。

⑥《艾思奇文集》第一卷，人民出版社 1981 年版，第 66 页。

⑦ 方光华：《中国百年文化思潮》，陕西人民出版社 2014 年版，第 515 页。

的文化是一定社会的政治与经济在观念形态上的反映。"① 他明确提出了新民主主义文化的概念，并指出这种文化"只能受无产阶级的文化思想即共产主义思想所领导"②，从而明确树立起马克思主义在文化建设中的指导地位。

（二）确立辩证的"古今中西"文化观

如前文所述，文化是哲学社会科学发展的土壤，马克思主义哲学社会科学话语体系的构建离不开对所处文化环境的理性分析。中国共产党领导下的进步知识分子超越了自由主义的"崇洋"和文化保守主义的"崇古"，辩证对待"古今中西"文化思想，认为对东西方文化都要"不满足才好，不满足才有创造的余地"③，为中国文化发展指明了崭新的道路。

第一次世界大战后，东方文化派反思西方文化弊端，主张调和东西，实现中国文化的复兴。虽然从原则上看并无错误，但实际上却突出了文化的继承性，忽视了文化的时代性，"难于尽脱恋古的情结"④。1923 年，瞿秋白以"屈维它"为笔名撰文指出，东方文化"现在已不能适应经济的发达，所以是东方民族之社会进步的障碍"；而西方资产阶级文化目前"也成了苟延残喘的废物"，只有"颠覆宗法社会、封建制度、世界的资本主义，以完成世界革命的伟业"，"方是行向新文化的道路"⑤。这就将中国文化的前途与反帝反封建的革命联系起来。1924 年，杨明斋在《评中西文化观》一书中指出，东方文化派竭力美化中国传统文化的做法反倒把中国文化"本有的价值抹灭了"，"是作践中国文化"⑥。同时，他在此书中肯定了"中国文化是有价值的"⑦，体现了对待文化的辩证态度。此外，杨明斋还剖析了中西文化不同的表现及其原因，将教育的不同作为重要原因之一，认为："中国民族之畏自然认天命，虽有天然物质地理等为因，然而

---

① 毛泽东：《新民主主义的政治与新民主主义的文化》，《中国文化》1940 年创刊号。

② 毛泽东：《新民主主义的政治与新民主主义的文化》，《中国文化》1940 年创刊号。

③ 陈独秀：《新文化运动是什么？》，《新青年》1920 年第 7 卷第 5 期。

④ 郑师渠：《思潮与学派——中国近代思想文化研究》，北京师范大学出版社 2005 年版，第 54 页。

⑤ 屈维它：《东方文化与世界革命》，《新青年》季刊 1923 年第 1 期。

⑥ 杨明斋：《评中西文化观》，中华书局 1924 年版，第 234 页。

⑦ 杨明斋：《评中西文化观》，中华书局 1924 年版，第 324 页。

其天道思想与礼义忠孝的教育也为重要原因之一……欧洲民族之征服自然，富于创造竞争的精神，排斥偶像，控制外族等等虽有天然地理与民族之互相遇合等为因，而这种宗教教育也为重要原因之一。"①1933 年 6 月，张岱年在《世界文化与中国文化》一文中运用唯物辩证法剖析文化现象，指出：

> 由唯物辩证法看来，对于中国旧文化是要加以批判的分析，辨识出其中那些是好的东西，则须加以保存，且加以发展，使之更丰富起来；而其余的不好的东西，则加以摒除洗涤。由唯物辩证法来看，则见一个文化中必含有两种相对待的成分，一是贡献，一是赘疣。唯物辩证地处理文化，一方面要否定旧文化，一方面又要从旧文化中取出肯定的要素来。批判地摄取旧文化的遗产，而按已意加以改变。②

并具体分析了中国旧文化的优点和缺点，认为"中国人如守旧不改，那只是等着毁灭；中国人如承认百不如人，那只是甘被征服"③。他提出应改造中国的旧文化，同时"吸取西方文化"，而"中国旧文化的改造"同时也是"新文化的创成"，"亦可说是中国文化的一种复兴"④。这种"综合创新"的观点抛弃了中西对立，充满了唯物辩证法的光辉。1935 年 4 月，他在《西化与创造——答沈昌晔先生》一文中提出："现在中国的文化问题，已不是东西文化的问题，而是资本主义文化与社会主义文化的问题"，应"一方反对保守旧封建文化，一方反对全盘承受西洋已在没落的资本主义文化，而主张新的社会主义的中国文化之创造"⑤，从而指明了中国文化的未来。

在随后的新启蒙运动中，哲学社会科学工作者继续对中西文化进行深入反思，认为对于中西文化不能"存一废一"，新文化"乃应该是各种现有文化的一种辩证的或有机的综合"⑥。艾思奇认为："共产主义者必须而且已经在继承

---

① 杨明斋：《评中西文化观》，中华书局 1924 年版，第 168 页。

② 张季同：《世界文化与中国文化》，《大公报》（天津版）1933 年 6 月 15 日。

③ 张季同：《世界文化与中国文化》，《大公报》（天津版）1933 年 6 月 15 日。

④ 张季同：《世界文化与中国文化》，《大公报》（天津版）1933 年 6 月 15 日。

⑤ 张季同：《西化与创造——答沈昌晔先生（续）》，《国闻周报》1935 年第 12 卷第 20 期。

⑥ 张申府：《五四纪念与新启蒙运动》，《认识月刊》1937 年第 1 卷第 1 期。

着和发扬着中国民族的优秀的传统。"①

陈唯实则认为,新启蒙运动应"尽量介绍外国的新哲学到中国来……尤其是最科学的学说,和革命成功的苏联新兴著作。翻译世界上各种名著,尤其是被压迫民族的各种革命理论"②。柳湜也在《抗战以来文化运动的发展》一文中提倡吸收"世界新的文化",同时提出要"反对无原则的洋化,反对死硬的贩运洋货……我们要融化它,要中国化它"③。新启蒙运动对"古今中西"文化的反思、对新民主主义文化理论的形成与发展产生了重要影响。吕振羽曾指出,毛泽东新民主主义文化观是在"总结了新启蒙运动和以往新文化运动的全部经验,适应斗争形势发展的趋势和要求"④而提出的。

在之后的学术中国化运动中,进步知识分子对"古今中西"文化关系进行了进一步探讨。侯外庐在《中国学术的传统与现阶段学术运动》一文中指出,"现阶段中国学术运动,是中国文化运动的一部分",一方面要继承优良的传统文化,另一方面要批判"这一学术精神和实践社会隔离的矛盾",使"中国前代哲人思想……有伟大发展前途";同时把"世界资产阶级的学术优良部分继承起来"⑤。潘梓年既主张继承民族优良传统,又强调"决不能把接受民族传统变成复古运动……要批判的去接受,不是一般的无条件的加以接受";同时指出,继承民族传统"不能变成自傲自大的排外运动……因为这样就不能吸收人家的好处来使自己更往前进"⑥。嵇文甫则指出,"所谓'中国化',自然不会相同于顽固的国粹论","不会混同于糊涂的中体西用论","又决不同于投机性

---

① 艾思奇:《共产主义者与道德》,《解放》1938 年第 51 期。

② 陈唯实:《新人生观与新启蒙运动》,民族革命出版社 1939 年版,第 112—113 页。

③ 柳湜:《抗战以来文化运动的发展》,《战时文化》1938 年第 1 卷第 1 期。

④ 吕振羽:《创造民族新文化与文化遗产的继承问题》,载钟离蒙、杨凤麟主编:《中国现代哲学史资料汇编》第三集(第一册),辽宁大学哲学系 1982 年版,第 45 页。

⑤ 侯外庐:《中国学术的传统与现阶段学术运动》,《理论与现实》1939 年第 1 卷第 1 期。

⑥ 潘梓年:《新阶段学术运动的任务》,《理论与现实》1939 年第 1 卷第 1 期。

的中国本位文化论"①，从而与文化保守主义划清界限。同时，又承认传统文化的重要意义，认为中国化"就是要把现代世界性的文化，和自己民族的文化传统，有机地联系起来。所以离开民族传统，就无从讲'中国化'"②。那么，该如何扬弃传统文化？嵇文甫指出："只要展开杏黄旗，就不怕陷入十绝阵。我们的杏黄旗是什么？就是现代进步的科学思想，尤其是唯物辩证法。"③柳湜也认为，"中国化"绝不是"抱残守缺"，绝不与复古的倾向"有丝毫的姻缘"。他从文化角度分析了学术中国化运动与之前几次运动的不同，指出：

> 我们最大的不同处，就是我们没有把自己的民族文化妄自尊大或妄自菲薄……我们不排斥外来文化，并承认世界文化的交流，乃是历史的必然……我们尊重自己的历史、好的民族传统，批判的接受民族优良的传统，但不是无所分别的一些陈腐残渣兼留并蓄。④

此外，范文澜在《中国经学史的演变》一文中阐述了共产党对传统文化的态度⑤。吕振羽则在学习过毛泽东的《新民主主义论》后撰写了《创造民族新文化与文化遗产的继承问题》一文，反思了五四运动在文化领域产生的偏向，即一部分自由主义分子"无视伟大祖国文化的优良传统"⑥，"对欧美资本主义文化盲目崇拜"⑦。他认为，应"珍重民族文化遗产，批判地继承其优良传

---

① 嵇文甫：《漫谈学术中国化问题》，《理论与现实》1940 年第 1 卷第 4 期。
② 嵇文甫：《漫谈学术中国化问题》，《理论与现实》1940 年第 1 卷第 4 期。
③ 嵇文甫：《漫谈学术中国化问题》，《理论与现实》1940 年第 1 卷第 4 期。
④ 柳湜：《论中国化》，《读书月报》1939 年第 1 卷第 3 期。
⑤ "中国共产党是实践马列主义的政党，它不会利用封建文化来欺骗青年，也不会无视历史事实而一笔抹煞。它要用马列主义的尺度，估量中国传统文化的价值，批判地采取优秀部分来丰富中国无产阶级的新文化。"——范文澜：《中国经学史的演变（续完）》，《中国文化》1940 年第 2 卷第 3 期。
⑥ 吕振羽：《创造民族新文化与文化遗产的继承问题》，载钟离蒙、杨凤麟主编：《中国现代哲学史资料汇编》第三集（第一册），辽宁大学哲学系 1982 年版，第 43 页。
⑦ 吕振羽：《创造民族新文化与文化遗产的继承问题》，载钟离蒙、杨凤麟主编：《中国现代哲学史资料汇编》第三集（第一册），辽宁大学哲学系 1982 年版，第 44 页。

统，吸收其积极的、进步的、有生命力的因素"[1]，同时要"吸收世界文化进步成果"，反对"文化贩运主义"和"文化闭关主义"的偏向[2]。这种辩证地对待"古今中西"文化的态度，既强调了文化的民族性，又具有全球视野和世界眼光，为新民主主义文化开辟了道路，为中国文化指明了发展方向。

---

① 吕振羽：《创造民族新文化与文化遗产的继承问题》，载钟离蒙、杨凤麟主编：《中国现代哲学史资料汇编》第三集（第一册），辽宁大学哲学系 1982 年版，第51 页。

② 吕振羽：《创造民族新文化与文化遗产的继承问题》，载钟离蒙、杨凤麟主编：《中国现代哲学史资料汇编》第三集（第一册），辽宁大学哲学系 1982 年版，第60 页。

第六章　党领导构建哲学社会科学
话语体系的经验启示 ①

新民主主义革命时期，党领导构建中国马克思主义哲学社会科学话语体系取得了显著成就，积累了宝贵经验。"当代中国哲学社会科学是以马克思主义进入我国为起点的"②，以史为鉴，系统总结新民主主义革命时期的相关经验，有利于当前党领导构建中国特色哲学社会科学话语体系。

一、首要原则：坚持以马克思主义为指导

马克思主义在哲学社会科学领域的指导地位是"近代以来我国发展历程赋予的规定性和必然性"③，不仅是革命战争年代哲学社会科学进步的保证，也是"当代中国哲学社会科学区别于其他哲学社会科学的根本标志"④。新民主主义革命时期，中国共产党坚持马克思主义理论学习，党领导下的进步知识分子以唯物辩证法为根本研究方法，构建基于唯物史观的话语阐释方式，使哲学、历史学、经济学、政治学、社会学、法学等学科取得了长足进步，为新中国哲学社会科学发展奠定了坚实基础。

（一）加强马克思主义理论学习

中国共产党历来重视马克思主义的科学性，加强对马克思主义理论的学习

---

① 本章部分内容已发表在《东岳论丛》2021 年第 11 期（题目：《中国共产党领导构建哲学社会科学话语体系的百年历程与经验》）。

② 习近平：《在哲学社会科学工作座谈会上的讲话》，人民出版社 2016 年，第 5—6 页。

③ 习近平：《在哲学社会科学工作座谈会上的讲话》，人民出版社 2016 年，第 9 页。

④ 习近平：《在哲学社会科学工作座谈会上的讲话》，人民出版社 2016 年，第 8 页。

是党的传统和优势。陈独秀曾用"归纳法"来说明马克思主义与科学的关系，指出"到了近代科学发明，多采用归纳法……马克思就以自然科学的归纳法应用于社会科学"，"所以现代的人都称马克思的学说为科学的社会学"①。毛泽东也将马克思主义界定为科学②。他在中国共产党扩大的第六届中央委员会第六次全体会议上的政治报告中提出，"如果中国有一百个至二百个系统地而不是零碎地、实际地而不是空洞地学会了马克思主义的同志，那将是等于打倒一个日本帝国主义"，所以"我们一定要学习马克思主义"③。朱德指出，马克思主义"把握了一个以前一切科学家从来未能把握的科学部门，这就是人类历史的科学，人类社会发展的科学"④。

为了保证马克思主义理论学习的有效性和规范性，党在各时期出台了一系列文件，逐步建立起一套学习制度与方法。例如：建党初期颁布的《中国共产党中央局通告》，土地革命战争时期的《宣传工作决议案》，全民族抗战时期中央先后发出的《关于在职干部教育的指示》《在职干部教育规范》《中共中央关于延安在职干部学习的决定（同时亦适用于各地）》和解放战争时期中共华北局作出的《关于在职干部理论教育的决定》等，使学习马克思主义理论制度化⑤。此外，为了检查学习效果，中共中央还制定了一系列监督、检查、考核制度。例如：规定学习小组每月开讨论会两次，在职干部以自学为基本方法，组织必要的讲课和讨论，实施公务人员的两小时学习制等⑥。这些完善的马克思主义学习制度，从教员、时间、经费等方面为理论学习提供了保障。尤其是全民族抗战时期，大批哲学社会科学工作者和进步青年奔赴延安，中共中央组织

---

① 陈独秀：《马克思的两大精神》，载任建树主编：《陈独秀著作选编》第二卷，上海人民出版社 2009 年版，第 453 页。

② 参见《毛泽东选集》第一卷，人民出版社 1991 年版，第 283—284 页。

③ 中共中央文献研究室、中央档案馆编：《建党以来重要文献选编（一九二一——一九四九）》第十五册，中央文献出版社 2011 年版，第 650—651 页。

④ 《朱德选集》，人民出版社 1983 年版，第 76 页。

⑤ 王海军：《马克思主义中国化进程中经典著作编译与传播研究（1919—1949）》，中国人民大学出版社 2019 年版，第 326 页。

⑥ 王海军：《马克思主义中国化进程中经典著作编译与传播研究（1919—1949）》，中国人民大学出版社 2019 年版，第 327 页。

了很多干部培训学校，为其理论学习提供了便利。方克曾回忆说："在不到一年的马列主义学院的学习中，我最大的收获是将马列主义的几门课程打下了基础……为以后长期在党的理论教育和理论研究战线工作作好了准备。"[1] 通过深入开展理论学习，进步哲学社会科学工作者更好地理解、接受了马列主义和毛泽东思想。而且中国共产党强调理论学习要与社会实践相结合，这为进步学者以马克思主义分析本土问题、推动学术话语中国化指明了方向。

当前，一些西方政客与学者提倡"纯而又纯"的哲学社会科学，刻意忽视意识形态和哲学社会科学的密切关系，企图凭借西方相对强势的学术话语权对中国进行思想渗透。有学者认为："意识形态不过是超越私人领域的哲学社会科学而已。"[2] 面对挑战，我们更要加强理论学习，研读经典著作，正确认识马克思主义的科学性、真理性和道义性，做到真懂真信，不断从中汲取智慧与力量；尤其要加强对马克思主义中国化时代化的最新成果——习近平新时代中国特色社会主义思想的学习，真学真用，切实用这一重要思想引领中国特色哲学社会科学话语体系构建，确保哲学社会科学沿着正确的方向发展。

（二）以唯物辩证法为根本研究方法

马克思主义者认为，哲学是所有科学的总方法论，而只有唯物辩证法才是最正确的哲学理论，所以唯物辩证法是哲学社会科学的根本研究方法[3]。这被进步学者在各种场合和著作中反复陈述，成为马克思主义哲学社会科学话语体系区别于其他话语体系的重要特征之一。杨剑秀在《社会科学概论》中指出：

辩证法到了大思想家马克思和恩格斯的时候，才与唯物论结合而形成辩证法的唯物论，或唯物的辩证法，而为马克思主义的哲学基础。同时，也才成为一种最正确最根本的思考方法……不仅自然现象的发展是具有辩证法的三公律，就是社会现象的发展也同样的具有辩证法的三公律。我们研究社会科学的

---

① 方克：《在延安的"理论学府"——马列学院的学习生活》，《中共党史资料》2009 年第 3 期。

② 安维复：《哲学社会科学与意识形态关系的合理化重建》，《学术月刊》2010 年第 9 期。

③ 阎书钦：《范式的引介与学科的创建——民国时期社会科学话语中的科学观念》，中国社会科学出版社 2017 年版，第 252 页。

人，如果懂不得辩证法的这几个公律，对于研究社会科学，将得不到一个正确的方法，同时也就会得不到正确的结论。所以，辩证法的唯物论，或唯物辩证法，是我们每一个社会科学的研究者，首先应该理解和把握的。[①]

张如心则认为，"辩证法是马克思主义的方法基础，马克思从这基础上创造了他整个学说，无论他的学说底任何的一部分，莫不是辩证法具体化底结晶"，即"辩证法是马克思主义的灵魂"[②]。吴明修也在其撰写的《社会科学的研究方法》中提出，研究社会科学"应该从社会科学的基础——方法论——入手"，"社会科学的方法论，有唯心论的，有唯物论的，有形而上学的，有辩证法的……我们如欲正确地了解社会现象的事实，我们就不能不采唯物论的观点"，而"唯物论只在采取辩证法的思维方法时，才能成为真正的美满的唯物论"[③]。

陈豹隐同样提出，虽然社会科学研究"有统计法、历史法、比较法等等普遍的补助方法"，各具体学科也有其特殊的方法，如经济学研究法、政治学研究法等，"但是，这些方法都不是一般社会科学研究上的根本的研究方法"，真正根本的研究方法"只有唯物辩证法，只有那种能触着社会现象的核心，整个的把握它，认识它的唯物辩证法"[④]。他在《经济学讲话》中再次强调："社会科学研究方法就是唯物辩证法，就是一切社会科学上必须的基础方法。"[⑤]他还在《政治问题的处理方法》中指出："在政治斗争中如不知道唯物辩证法，则在军略上不能运用自如，在政治问题的处理上不知道唯物辩证法则不能预测政治上的变化。"[⑥]

李达也认为："个别科学为要正确的把握对象的真理，必须接受辩证法的

---

① 杨剑秀：《社会科学概论》，上海现代书局 1929 年版，第 31、45—46 页。

② 张如心：《苏俄哲学潮流概论》，上海光华书局 1930 年版，第 104—105 页。

③ 吴明修：《社会科学的研究方法》，《书报评论》1931 年第 1 卷第 4 期。

④ 陈豹隐讲述，徐万钧、雷季尚笔记：《社会科学研究方法论》，好望书店 1932 年版，第 1 页。

⑤ 陈豹隐口讲，马玉璞、杨廷胜等合记：《经济学讲话》，好望书店 1933 年版，第 8 页。

⑥ 陈豹隐讲，杨宗序记：《政治问题的处理方法》，载《政治经济问题之处理方法》，国立北平大学法商学院政治经济研究室 1937 年版，第 9 页。

思维法则的指导⋯⋯辩证法是人类认识自然、社会及思维的一般方法论。"① 他明确阐述了唯物辩证法对哲学社会科学具体学科的指导意义。陈唯实则提出："唯物辩证法是最高级的科学方法和世界观，所以我们无论从事学术上的研究，或社会的实践，如果想走上正确的途径，都必须先研究它理解它，依靠唯物辩证法来做指路碑⋯⋯它为措理一切的方法，为观察一切的工具。"②

胡伊默在《社会科学读本》中介绍了唯物辩证法的基本内容，阐释了"怎样应用动的逻辑来研究社会科学"③。他提出了几点要求：第一，观察社会现象"应从物质的基础出发"，而不是"作观念的游戏"；第二，要"从运动的过程中来观察⋯⋯把对象作为变动不居的过程看待"；第三，"不仅是把握着运动就算完事，还要观察运动之所以形成，即矛盾或对立物的斗争"；第四，"应从质变与量变的相互关系上来观察事物"；第五，"应从事物之自己否定的作用中来观察"；第六，"应从全面的相互关联上来观察"；第七，"要从实际的环境来观察问题"；第八，"研究问题时应追寻它的本质"④。这些研究社会科学的要求贯穿着唯物辩证法的基本原则。

此外，潘梓年认为唯物辩证法是"现代最进步的科学方法"，"我们如果不懂得、不精通这一方法，就无法开展科学运动"⑤。王明之也在《新社会科学基础知识》中提出："若要研究一切事物，必需要应用辩证法的逻辑（动的逻辑）才会有所成功，当然，研究社会科学也是少不了它的！"⑥ 和培元则重点强调了唯物辩证法的革命性：

反革命的统治者要掩饰矛盾，辩证法却要揭发矛盾，暴露矛盾；反革命的统治者企图把对它有利的剥削制度永远化，绝对化，辩证法却指出一切以地点时间条件为转移，一切现存的事态必然归于消灭⋯⋯辩证法是一种彻底的大无畏的革命学说，在这种学说前面一切保守的倒退的东西都失掉它的光彩，一切

① 李达：《唯物辩证法的对象》，《法学专刊》1936年第6期。
② 陈唯实：《通俗辩证法讲话》，新东方出版社1936年版，第3页。
③ 胡伊默：《社会科学读本》，上海一般书店1937年版，第41页。
④ 胡伊默：《社会科学读本》，上海一般书店1937年版，第42—49页。
⑤ 潘梓年：《新阶段学术运动的任务》，《理论与现实》1939年第1卷第1期。
⑥ 王明之：《新社会科学基础知识》，上海三户书店1939年版，第26页。

朽腐的违反历史发展的东西都站不住脚。因为如此，这种学说不能不为一切反革命的统治者所烦恼、所恐惧、所反对；也正因为如此，这种学说不能不为彻底的革命的阶级所拥护、所欢迎，正是这种学说指示着历史的前途，鼓舞着革命的群众。①

艾思奇也认为："要能够正确地认识社会历史发展规律，就不能用形而上学的方法来研究问题，而必须用辩证法的方法，研究决定社会发展的物质条件。"②经过马克思主义者的大力宣传，唯物辩证法逐渐成为哲学社会科学话语中的基本论题，以唯物辩证法为根本研究方法也成为马克思主义哲学社会科学话语体系区别于其他学术话语体系的显著标志。

当前，构建中国特色哲学社会科学话语体系依然要善于运用唯物辩证法，在复杂社会现象中认清事物本质、把握运动规律。习近平总书记指出，要"学习掌握唯物辩证法的根本方法，不断增强辩证思维能力……反对形而上学的思想方法"③，强调了唯物辩证法的重要意义。在实际工作中，要运用辩证思维处理好学术与政治的关系，哲学社会科学与自然科学的关系，学科体系、学术体系与话语体系的关系，坚持用联系与发展的眼光看问题，在把握学术发展规律的前提下科学构建中国特色哲学社会科学话语体系。

（三）构建基于唯物史观的阐释方式

新民主主义革命时期，马克思主义派知识分子以唯物史观为基础，强调经济基础在各种社会要素中的关键地位，构建了一套以"生产力—生产关系—上层建筑"为框架的阐释方式。

1920 年，李大钊在《唯物史观在现代史学上的价值》一文中认为："人类的历史，应该是包括一切社会生活现象，广大的活动……人的生存，全靠他维持自己的能力，所以经济的生活，是一切生活的根本条件。"④通过对比"旧

---

① 和培元：《论新哲学的特性与新哲学的中国化：为延安新哲学会三周年纪念作》，《中国文化》1941 年第 3 卷第 2—3 期。

② 艾思奇：《辩证法唯物论怎样应用于社会历史的研究》，《解放》1941 年第 126 期。

③ 习近平：《辩证唯物主义是中国共产党人的世界观和方法论》，《求是》2019 年第 1 期。

④ 李大钊：《唯物史观在现代史学上的价值》，《新青年》1920 年第 8 卷第 4 期。

历史的方法"和"新历史的方法"，李大钊揭示了唯物史观对于现代史学研究的重大意义。对于唯物史观在当时史学领域的影响力，李大钊指出："晚近以来，高等教育机关里的史学教授，几无人不被唯物史观的影响，而热心创造一种社会的新生。"[①]包括李大钊在内的众多马克思主义派知识分子在哲学社会科学研究中反复强调生产力和生产关系对于社会发展的重大意义。瞿秋白在《社会科学概论》中指出，生产力的发展是人类社会发展的最初动因，"生产力的发展是这社会实质的根性，所以社会能变动，而且他的变动的主因便是生产力的发展"[②]。李达认为："生产关系的全体，是社会之经济的构造，是社会的真实基础，法制的政治的上层建筑要在这基础上树立起来，社会的意识形态要和这个基础相适应。"[③]杨贤江在《新教育大纲》中将"教育"定义为"'观念形态的劳动领域之一'，即社会的上层建筑之一"[④]，并明确指出这个定义"是根据唯物史观所下的"[⑤]，认为"教育这种上层构造自是依据经济构造以成形，且跟随经济发展以变迁的"[⑥]。李平心则分析了生产关系相对于其他社会要素的基础性地位，提出"社会就是按照特定的样式结合起来的人类的生产关系的总体"，同时强调这"并不是要排除政治、法律、道德、宗教、思想、艺术等因素的关系，但它们乃是适应或反映一定的生产关系而出现的"[⑦]。范文澜更加肯定地指出："一切历史现象，追溯到最后的因素，只有一个，就是经济。也就是说，它的本质是一个生产力长期地逐步地发展的过程。"[⑧]郭沫若在研究人物思想时，也始终坚持社会存在决定社会意识。他认为，正是因为"社会有了变革，然后才有新的法制产生，有了新的法制产生，然后才有运用这种新法制的

---

① 李大钊：《唯物史观在现代史学上的价值》，《新青年》1920 年第 8 卷第 4 期。

② 瞿秋白：《社会科学概论》，霞社校印 1939 年版（1924 年初版），第 14 页。

③ 李达：《现代中国社会之解剖》，《现代中国》1928 年第 2 卷第 4 期。

④ 李浩吾编：《新教育大纲》，上海南强书局 1930 年版，第 11—12 页。

⑤ 李浩吾编：《新教育大纲》，上海南强书局 1930 年版，第 13 页。

⑥ 李浩吾编：《新教育大纲》，上海南强书局 1930 年版，第 254 页。

⑦ 平心：《社会科学研究法》，生活书店 1938 年再版（1936 年初版），第 141 页。

⑧ 范文澜：《再谈谁是历史的主人》，《新华周报》1949 年第 2 卷第 7 期。

法家思想出现"①。吴玉章则在《中国历史教程绪论》中指出：

如果我们在社会历史各个不同的时期可以看见各种不同的社会思想、理论、观点和政治制度，如果我们在奴隶制度下所遇见的是一种社会思想、理论、观点和政治制度，在封建制度下所遇见的是另一种，在资本主义制度下所遇见的又是一种，那就不是由于什么思想、理论、观点和政治制度本身的"天性"和"属性"，而是因为在各个不同的社会发展时期有各个不同的社会物质生活条件。社会存在怎样，社会物质生活条件怎样，社会思想、理论、政治观点和政治制度也就会怎样。②

可见，唯物史观研究范式已成为马克思主义派知识分子的共同选择，与其相关的概念，如"生产力""生产关系""经济基础""上层建筑""社会存在""社会意识"等，成为中国马克思主义哲学社会科学话语体系的核心概念，形成了有别于其他研究流派的话语阐释方式。

当前，在哲学社会科学研究中依然要坚持实事求是这一唯物史观的基本原则，尊重历史和现实，避免主观臆断。有学者认为，唯物史观的阐释原则和具体化运用"开辟了一条真正通达社会——历史现实的道路，并将这一道路的基础定向启发给能思的和批判的哲学社会科学"③。中国特色哲学社会科学话语体系应在唯物史观的指导下反思历史、探索现实、洞察社会发展规律；应在唯物史观的指导下揭露历史虚无主义的错误与危害；应在唯物史观的指导下对中国传统学术中具有合理因素的概念、范畴作出科学阐释，推动其实现创造性转化、创新性发展，使话语体系更具中国特色、中国风格、中国气派。

二、价值立场：坚持"人民本位"的话语表达与创新

为人民服务是中国共产党的一贯宗旨，党领导构建的马克思主义哲学社会科学话语体系必然要解决好为什么人的问题。哲学社会科学不是为了研究而研究，归根到底是要服务人民。毛泽东在陕甘宁边区文教工作者会议上明确指

① 郭沫若：《十批判书》，群益出版社 1947 年版（1945 年初版），第 272 页。
② 吴玉章：《中国历史教程绪论》，新华书店 1949 年版，第 33 页。
③ 吴晓明：《唯物史观的阐释原则及其具体化运用》，《中国社会科学》2019 年第 10 期。

出："我们的文化是人民的文化，文化工作者必须有为人民服务的高度的热忱，必须联系群众，而不要脱离群众。"① 这充分体现出党领导下的哲学社会科学话语体系是坚持人民本位的，同时，也只有从人民中汲取智慧、尊重人民群众的首创精神，才能推动马克思主义哲学社会科学话语体系不断完善。

（一）坚持人民群众是历史创造者

马克思主义认为，人民群众是历史的创造者，是推动社会进步的决定性力量。进步哲学社会科学工作者坚持这一命题，并结合实际开展研究。"人民"成为中国马克思主义哲学社会科学话语体系的核心概念之一。

沈志远在《新社会学底基本问题》中认为，一切支配阶级的旧史学家的理论都有一个共同的主要缺点，"他们没有把人民群众底行动包括到历史过程中去，而且根本忽略了人民群众之历史的创造作用"②，因此他们的理论不能成为真正科学的理论。他指出：

新的科学的历史观——新社会学理论底伟大功绩之一，首先恰正在于它发见了人民群众底力量，它在勤劳人民大众身上发见了旧的腐朽社会底掘墓者，新的合理社会底创造者。劳苦的人民群众，才是历史发展底真正动力，是历史底真正创造人。所以"历史科学，如果想成为真正的科学，就不能把社会发展史归结为帝王和将相底行动，归结为国家开创者和征服者底行动，而应首先研究……劳动群众底历史，各国人民底历史"。③

沈志远在强调人民群众的历史创造者地位的同时，也指出唯物史观并不否认英雄、杰出人物的重要作用，但"只把他们当作产生于人民，依靠着人民，成为人民群众意志之执行和人民群众行动之领导者来看待"④。他总结说，"人类的历史是人民大众（尤其是生产的勤劳大众）所创造的；历史的演变，决定

---

① 《毛泽东选集》第三卷，人民出版社 1991 年版，第 1012 页。
② 沈志远：《新社会学底基本问题》，生活·读书·新知上海联合发行所 1949 年版，第 62 页。
③ 沈志远：《新社会学底基本问题》，生活·读书·新知上海联合发行所 1949 年版，第 63 页。
④ 沈志远：《新社会学底基本问题》，生活·读书·新知上海联合发行所 1949 年版，第 63—64 页。

于人民大众底力量，而绝非少数所谓特殊人物底个人意志所能随便左右的"[①]；且认为今天已是"人民的时代"，即"人民大众不但自己创造历史而且自己主宰历史的时代"[②]。

吴玉章也指出，历史学"要研究劳动者推进人类社会发展的规律"[③]，对历史人物的评价，"必须分别他的言论与行动，哪些是与人民利益相合，哪些是与人民利益相反"[④]。张如心则提出："社会的物质生活既是社会的基础或主体，因此很显然的，社会历史的主角（或正统）就是劳动人民……世界上古今中外，不论那一种社会形态没有劳动人民都是不可能存在的，当然也就更谈不到发展了。"[⑤]他用"牡丹虽好，全靠绿叶支持"来形容"人民群众的领袖与人民群众底相互关系"，认为"不是马、恩、列、斯创造了革命，创造了历史，创造了劳动人民；而是劳动人民的革命历史创造了他们"[⑥]。范文澜也把劳动群众视为"历史的主人"，指出："劳动群众永远是过去的和现在的，也是将来的主人，丝毫也不容怀疑。我们认识了这个主人，老老实实替他们来服务，知识分子的前途就可以保证无限光明无限愉快。"[⑦]艾思奇同样认为："社会发展历史，首先是劳动者生产者自己的历史，不是'英雄造时势'而是劳动者群众的活动造时势……英雄伟人，领袖人物，并不是以他们个人的力量去创造时势、创造历史，而只能依靠群众——劳动群众，领导群众，经过群众的活动去创造时势、创造历史。"[⑧]由此可见，在唯物史观的指导下，进步哲学社会科学工作者打破了以

---

① 沈志远：《新社会学底基本问题》，生活·读书·新知上海联合发行所1949年版，第67页。

② 沈志远：《新社会学底基本问题》，生活·读书·新知上海联合发行所1949年版，第72页。

③ 吴玉章：《中国历史教程绪论》，新华书店1949年版，第1页。

④ 吴玉章：《中国历史教程绪论》，新华书店1949年版，第5页。

⑤ 张如心：《评萧军的社会观与人性论：是唯心主义还是唯物主义？》，《群众》1949年第3卷第21期。

⑥ 张如心：《评萧军的社会观与人性论：是唯心主义还是唯物主义？》，《群众》1949年第3卷第21期。

⑦ 范文澜：《再谈谁是历史的主人》，《新华周报》1949年第2卷第7期。

⑧ 艾思奇：《研究社会发展史应着重了解的问题是什么？》，《新华周报》1949年第3卷第4期。

个别英雄、杰出人物为核心的研究范式，在话语表达中凸显了人民群众历史创造者的地位，成为区别于其他社会科学流派话语体系的又一重要特征。

当前，人民物质生活日益充实，对精神文化产品也有迫切需要。党的二十大报告提出："明确我国社会主要矛盾是人民日益增长的美好生活需要和不平衡不充分的发展之间的矛盾。"[①] 其中"美好生活需要"当然不仅仅是物质需要，也包含了精神文化等方面的更高需求。这就给哲学社会科学、给广大哲学社会科学工作者提出了任务。要完成好这个任务，就要汲取新民主主义革命时期的宝贵经验，坚持人民群众是历史的创造者，解决好"为什么人的问题"。哲学社会科学话语如果闭门造车、不顾人民需要、缺乏对社会生活的认识，就会失去生命力。要强化学术话语的问题意识，"坚持以人民为中心的研究导向"，"树立为人民做学问的理想"[②]，多研究人们群众关心的问题，以问题为导向推动话语创新，做到真正了解人民需要，能够满足人民需要。

（二）推动哲学社会科学话语大众化

马克思主义哲学社会科学是为人民服务的，而革命战争年代，由于条件所限，人民群众普遍文化水平不高，哲学社会科学如要让人民群众能够接受，就必须注意话语的通俗易懂。为了消除表达上的障碍，广大哲学社会科学工作者以通俗化的语言著书立说，有力地推动了哲学社会科学话语大众化。例如：艾思奇的《哲学讲话》，陈唯实的《通俗辩证法讲话》《通俗唯物论讲话》《新哲学体系讲话》《战斗唯物论讲话——新哲学世界观》，胡绳的《哲学漫谈》，等等。

艾思奇在《哲学讲话》中指出："哲学并不是从天上掉下来的东西，而是从人类社会中产生出来的，没有人类社会，也决没有哲学……我们日常生活中即使最普通的事件，也与哲学有着很大的关系。"[③] 该书内容贴近日常生活，语

---

① 习近平：《高举中国特色社会主义伟大旗帜　为全面建设社会主义现代化国家而团结奋斗——在中国共产党第二十次全国代表大会上的报告》，人民出版社 2022 年版，第 11 页。

② 习近平：《在哲学社会科学工作座谈会上的讲话》，人民出版社 2016 年版，第 12—13 页。

③ 艾思奇：《哲学讲话》，读书生活社 1936 年版，第 2—3 页。

言生动活泼，比喻形象贴切，自 1936 年 1 月初版后，不到半年就出了 4 版，到 1938 年达到 10 版，到 1948 年 12 月印行了 32 版[①]。艾思奇曾这样评价："我写这本书的时候，自始至终，就没有想到要它走到大学校的课堂里去……我只希望这本书在都市街头，在店铺内，在乡村里，给那失学者们解一解智识的饥荒，却不敢妄想一定要到尊贵的大学生们的手里，因为它不是装潢美丽的西点，只是一块干烧的大饼。"[②] 而正是这块"干烧的大饼"，为中国青年提供了精神食粮，"进入了大学的校园，为大学生所喜爱"[③]。数以万计的读者正是因为这本书的影响，接受了马克思主义，走上了革命道路[④]。

陈唯实在其著作《新哲学体系讲话》中也强调：

玄学的哲学是抽象的，空洞的，神秘的，是少数人的哲学，他们巧弄虚玄，是错误的，虚伪的，欺骗的；新哲学是恰恰与之相反，是具体的，充实的，科学的，是大众所需要的文化，是正确的，坦白的，客观真理的发扬。所以要把新哲学内容尽量的具体化，并且要把讲话或文字的形式通俗化……有的是咬文嚼字，故意造作，公式主义的，把它神秘化，那是不对的。[⑤]

陈唯实在其另一部著作《战斗唯物论讲话——新哲学世界观》的"再版赘言"中再次指出，要使"新哲学成为人们的思想和实践的真正导师……就必要把新哲学的形式相当的通俗化，内容是要尽量的具体化、战斗化、实践化"[⑥]。

在党的领导和进步知识分子的努力下，看似高深玄妙的哲学社会科学变得通俗易懂、更接地气。马克思主义哲学社会科学话语逐渐具备了"新鲜活泼的、

---

① 许全兴、陈战难、宋一秀：《中国现代哲学史》，北京大学出版社 1992 年版，第 280 页。

②《艾思奇文集》第一卷，人民出版社 1981 年版，第 283—284 页。

③ 许全兴、陈战难、宋一秀：《中国现代哲学史》，北京大学出版社 1992 年版，第 283 页。

④ 郑师渠主编：《中国共产党文化思想史研究》，中共中央党校出版社 2007 年版，第 41 页。

⑤ 陈唯实：《新哲学体系讲话》，上海作家书店 1937 年版，序言第 2 页。

⑥ 陈唯实：《战斗唯物论讲话——新哲学世界观》，上海杂志公司 1938 年版（1937 年初版），再版赘言第 1—2 页。

为中国老百姓所喜闻乐见的中国作风和中国气派"[1]，更好地服务于人民群众。

当前，中国特色哲学社会科学话语体系的构建依然需要推动学术话语大众化，需要《大众哲学》这样通俗易懂的学术著作。2020年1月19日下午，习近平总书记在云南参观艾思奇纪念馆时指出，我们现在就需要像艾思奇那样能够把马克思主义本土化讲好的人才；我们要传播好马克思主义，不能照本宣科、寻章摘句，要大众化、通俗化，这就是艾思奇同志给我们的启示[2]。中国特色哲学社会科学话语体系不能局限于象牙塔之中，要注意全媒体时代广大群众的认知特点，鼓励用通俗易懂的话语阐释学术理论，使其真正能被群众所理解、所掌握。

（三）以人民群众的实践作为哲学社会科学话语创新源泉

马克思主义认为，认识来源于实践。学术话语要具有生命力，就必须扎根于人民群众的实践之中。毛泽东向来重视深入群众进行调查研究，先后写出了《寻乌调查》《兴国调查》《长冈乡调查》《才溪乡调查》等具有重要价值的调查报告，为政策的制定提供了可靠依据。他在陕甘宁边区文化协会第一次代表大会上提出："民众就是革命文化的无限丰富的源泉。"[3]张闻天在《出发归来记》中也指出："要从实际出发，要认识实际，其基本一环，就是对于这个实际的调查研究。"[4]而调查研究必须深入基层，归根到底要深入群众才能取得实效，才能为哲学社会科学话语体系的构建提供创新源泉。

1946年7月，胡绳在其撰写的《新文化的方向和途径——抗战时期的文化运动的回顾》一文中指出，五四以来的文化运动有一大弱点，就是"文化与人民大众的隔离"，"人民不仅是斗争力量的源泉，而且还是文化创造力量的源泉"，"所以文化运动当前的任务就该是确立为人民服务的方针"[5]。冯契则认

---

① 《毛泽东选集》第二卷，人民出版社1991年版，第534页。

② 新华社：《习近平强调要把马克思主义本土化讲好》，2020年1月20日，http://www.xinhuanet.com/politics/leaders/2020-01/20/c_1125484440.htm.

③ 毛泽东：《新民主主义的政治与新民主主义的文化》，《中国文化》1940年创刊号。

④ 《张闻天选集》编辑组：《张闻天选集》，人民出版社1985年版，第322页。

⑤ 胡绳：《新文化的方向和途径——抗战时期的文化运动的回顾》，《中国建设》1946年第2卷第4期。

为，中共领导的文化革命是"人民本位"的，"只有站在中国人民的立场，以中国人民为原动力，新时代的中国文化才可能建立起来"①。正是由于扎根于人民群众的伟大实践中，将人民群众视为智慧的源泉，新民主主义革命时期的马克思主义哲学社会科学话语才赢得了群众认可、产生了重要影响。

当前，党领导构建中国特色哲学社会科学话语体系依然要尊重人民首创精神。习近平总书记指出："人民是创作的源头活水，只有扎根人民，创作才能获得取之不尽、用之不竭的源泉。"②大众话语凝结着人民群众长期积累的生活智慧，哲学社会科学工作者应深入人民群众之中，多进行实地调查，使学术话语从大众话语中汲取营养。要从人民群众的实践中获取创作灵感，提炼哲学社会科学新概念和新表述，不断增强哲学社会科学话语的吸引力、感染力、影响力和生命力。

三、传播阵地：充分发挥报刊和学校的作用

哲学社会科学话语体系的构建最终是为了争夺话语权，而话语权的确立有赖于话语的广泛传播。新民主主义革命时期，进步报刊不仅是广大党员和群众了解党的方针、政策、路线的主要渠道，也是学术话语广泛传播的重要阵地。此外，各级各类学校也在提升马克思主义哲学社会科学话语的影响力方面发挥了重要作用。

（一）利用报刊宣传"进步的社会科学"

重视报刊作用是中国共产党的优良传统。据不完全统计，从党的创建到新中国成立，由各级党组织及其领导下的各机关、部队、团体及个人所创办的各种报刊，总计不下4500余种③。这些报刊在唤醒民众、宣传进步思想等方面发挥了不可估量的巨大作用。

1929年6月通过的《宣传工作决议案》指出："为适应目前群众对于政治与社会科学的兴趣，党必须有计划的充分利用群众的宣传组织与刊物。"④1931

---

① 冯契：《中西文化的冲突与汇合》，《时与文》1947年第2期。
② 《习近平谈治国理政》第三卷，外文出版社2020年版，第324页。
③ 钱承军：《建国前中国共产党报刊研究》，中国文联出版社2009年版，前言第3页。
④ 柯华：《中央苏区宣传工作史料选编》，中国发展出版社2018年版，第44页。

年 1 月，《中共中央政治局关于党报的决议》中要求："以后党报必须成为党的工作及群众工作的领导者，成为扩大党在群众中影响的有力的工具，成为群众的组织者。"[1]1942 年 9 月，《解放日报》发表社论指出："报纸是党的喉舌，是这一个巨大集体的喉舌。在党报工作的同志，只是整个党的组织的一部分。一切要依照党的意志办事，一言一动一字一句都要顾到党的影响。"[2]1944 年 3 月，毛泽东在陕甘宁边区文化教育工作座谈会上指出："我们地委的同志，应该把报纸拿在自己手里，作为组织一切工作的一个武器。"[3]"一切工作"当然包括哲学社会科学，宣传进步学术是党领导下报刊的重要作用之一。

毛泽东曾在《新湖南·刷新宣言》中提出该刊的四点宗旨，其中就包括"介绍学术"[4]。瞿秋白在为改版后的《新青年》撰写的"新宣言"中也指出，"《新青年》当为社会科学的杂志"，并强调了社会科学对无产阶级的重要性："无产阶级……特别需要社会科学的根本智识，方能明察现实的社会现象，求得解决社会问题的方法。"[5]1929 年 7 月，中共中央执行委员会扩大会议制定的《关于宣传部工作决议案》要求，"《新青年》上须设法增加中国经济的研究及工农运动的历史的理论的论述"[6]。1939 年 4 月，《中国青年》在其发刊词中提出了对这一刊物的希望，其中就包括"以进步的社会科学，革命的三民主义，国际主义精神来教育青年"[7]。此外，《解放日报》创刊一年多后，第四版仍然缺乏稿件，且偏于文艺，毛泽东对此不甚满意，亲自为第四版拟定了征稿办法，内容涵盖政治、经济、哲学、历史、教育、文学、美术等诸多

---

① 中共中央文献研究室、中央档案馆编：《建党以来重要文献选编（一九二一——一九四九）》第八册，中央文献出版社 2011 年版，第 29 页。

② 《党与党报》，《解放日报》1942 年 9 月 22 日。

③ 《毛泽东新闻工作文选》，新华出版社 1983 年版，第 113 页。

④ 郑保卫主编：《中国共产党领导人新闻实践与新闻思想研究》，中国人民大学出版社 2011 年版，第 42 页。

⑤ 瞿秋白：《〈新青年〉之新宣言》，《新青年》（季刊）1923 年第 1 期。

⑥ 中共中央文献研究室、中央档案馆编：《建党以来重要文献选编（一九二一——一九四九）》第三册，中央文献出版社 2011 年版，第 285 页。

⑦ 中国社会科学院新闻研究所编：《中国共产党新闻工作文件汇编》下卷，新华出版社 1980 年版，第 30 页。

方面①。如前文所述，在党的高度重视下，进步报刊不仅承担着宣传和普及马列主义的重任，也发表了艾思奇、吴玉章、范文澜、郭沫若、何干之、陈唯实等人的大量学术文章，成为"进步的社会科学"的重要传播阵地。

当前，中国特色哲学社会科学话语体系的构建依然需要充分发挥报刊的传播作用。首先，重视报纸的理论宣传作用。除新闻宣传外，理论宣传也是报纸的重要功能之一。目前国内很多报纸都设有理论版，定期刊发哲学社会科学类文章。应加强理论版建设，引导学者刊发原创性文章，为新概念、新范畴、新表述的提出提供渠道。同时，要加强对文章的审核，确保学术文章的正确政治方向，绝不能成为错误理论的传播载体。其次，进一步提高哲学社会科学类期刊质量。各省省委党校、省社科联、社科院和很多大学都主办有哲学社会科学类期刊，为哲学社会科学发展作出了重要贡献。应充分利用这一阵地，进一步提升期刊质量，打破对偏重于收录英语国家出版物的 SSCI 的盲目崇拜，提升本土期刊知名度，鼓励用本国话语表达学术观点，提升中国学术话语的影响力。

此外，全媒体时代，"传统媒体和新兴媒体不是取代关系，而是迭代关系；不是谁主谁次，而是此长彼长；不是谁强谁弱，而是优势互补"②。有学者指出，西方学术界非常重视媒体的力量，已构建起"从传统媒体到互联网新媒体、从学术期刊到大众媒体"③的立体化传播架构。因此，我们除了继承新民主主义革命时期的优良传统，充分发挥报刊等传统媒体的作用之外，还要充分利用新兴媒体信息存储量大、传播效率高的优势，向国内外广泛传播中国特色哲学社会科学话语，助力中国国际话语影响力的提升。

首先，要顺应信息时代发展趋势，推动哲学社会科学成果数字化。"西方发达国家的媒介动态表明，世界哲学社会科学研究成果传播已经向网络新媒体转移。"④面对这种形势，一方面，哲学社会科学工作者应提高对新兴媒体的重

---

① 郑保卫主编：《中国共产党领导人新闻实践与新闻思想研究》，中国人民大学出版社 2011 年版，第 79 页。

② 习近平：《加快推动媒体融合发展　构建全媒体传播格局》，《求是》2019 年第 6 期。

③ 赵春丽：《西方社会科学学术话语权建构路径分析》，《马克思主义研究》2020 年第 1 期。

④ 王伟光：《借力网络新媒体传播哲学社会科学》，《人民日报》2014 年 4 月 17 日。

视程度，积极利用新兴媒体发布研究成果；另一方面，国家要进一步加强网络基础设施建设，对数字出版给予政策支持、提供人才保障，加快哲学社会科学研究成果的数字化传播。其次，要树立阵地意识，批判错误思潮。随着信息技术的发展，每个人既是信息的接收者，又是信息的发布者。网络上各种信息良莠不齐，一些错误思潮以学术研究的面目借助新兴媒体传播。面对挑战，一方面，哲学社会科学工作者应树立阵地意识，以马克思主义为指导，运用新兴媒体对错误思潮展开批判，正本清源，从学理层面剖析其错误根源，解除人们的疑惑；另一方面，国家应加大信息监管力度，依法对新兴媒体进行管理，不给错误思潮以生存的土壤，"为广大网民特别是青少年营造一个风清气正的网络空间"[1]，使互联网这个最大变量成为构建中国特色哲学社会科学话语体系的最大增量。

（二）以学校为平台传播马克思主义哲学社会科学

新民主主义革命时期，党直接或间接领导下的各类学校不仅承担着提高广大党员、干部和工农群众阶级觉悟的历史重任，还是普及马克思主义哲学社会科学的重要平台。

例如，由私立东南高等专科师范学校转型而来的上海大学，学校里很多教师都是共产党员，如瞿秋白、蔡和森、张太雷、恽代英、萧楚女等。上海大学利用暑假举办夏令讲学会，所讲内容非常丰富，如瞿秋白讲社会科学概论、新经济政策，施存统讲社会进化史、劳动问题概论，李春蕃讲帝国主义，陈望道讲妇女问题，杨贤江讲教育问题、青年问题，恽代英讲中国政治经济状况等[2]。授课语言深入浅出，有助于大众对马克思主义哲学社会科学话语的接受与理解。

再如，"抗大"总校办学 9 年间，前后培训了 8 期干部，共计培养干部29072 人[3]。"抗大"第一期第一、二科设有哲学、政治经济学、马克思列宁主义、战略学等课程。"毛泽东讲授《中国革命战争的战略问题》，张闻天讲授《中国

---

① 《习近平谈治国理政》第二卷，外文出版社 2017 年版，第 337 页。

② 黄美真、石源华、张云编：《上海大学史料》，复旦大学出版社 1984 年版，第107 页。

③ 董纯才、张腾霄、皇甫束玉主编：《中国革命根据地教育史》第二卷，教育科学出版社 1991 年版，第 123 页。

革命基本问题》，秦邦宪讲授《政治经济学》，杨尚昆讲授《各国论》（主要是英、美、法、德、日、意），徐特立讲授《新文字》，李维汉讲授《党的建设》等。"①丰富的课程使学员开阔了眼界，提高了运用马克思主义分析社会问题的能力，对马克思主义哲学社会科学话语在党员干部中的普及发挥了重要作用。

又如，1937 年创立的陕北公学有两种学制，一种是普通班，另一种是高级研究班。普通班共开四门课，其中就包括一门"社会科学概论"②。高级研究班课程更多，除中国革命运动史、马列主义、辩证唯物主义、政治经济学等课程外，还开设中国问题讲座，选讲一些理论问题和实际问题，如农民土地问题、边区经济问题和政权建设问题等③。曾担任陕北公学社会科学教研室主任的李凡夫回忆，当时参加社会科学教研室教学工作的还有尹达、温济泽、李唯一等；在讲政治经济学时，他对陕甘宁边区的经济情况作了一些调查研究，并将边区人民生活和国统区人民生活进行对比，真正做到了理论联系实际④。1939年，胡宗南进攻陕甘宁边区，党中央决定把陕北公学搬到敌后。陕北公学与鲁迅艺术学院、延安工人学校、安吴堡战时青年训练班合并，搬到晋察冀，改名为华北联合大学⑤。华北联合大学在其开办初期分设四个部，其中就包括社会科学部（由原陕北公学改编而成）。1940 年 10 月，根据中共中央北方局的指示，华北联合大学向正规化发展，社会科学部改为社会科学院，下设财经、法政两系和一个回民队。百团大战后，华北联大扩大招生，联大社会科学院与原抗战

---

① 中国人民解放军国防大学：《中国人民抗日军事政治大学史》，国防大学出版社
2000 年版，第 20 页。

② 董纯才、张腾霄、皇甫束玉主编：《中国革命根据地教育史》第二卷，教育科学
出版社 1991 年版，第 140 页。

③ 董纯才、张腾霄、皇甫束玉主编：《中国革命根据地教育史》第二卷，教育科学
出版社 1991 年版，第 141 页。

④ 李凡夫：《从陕北公学到华北联大的回忆》，载中国人民大学高等教育研究室、
校史编写组编：《血与火的洗礼——从陕北公学到华北大学回忆录》第一卷，中
国人民大学印刷厂 1997 年版，第 33 页。

⑤ 李凡夫：《从陕北公学到华北联大的回忆》，载中国人民大学高等教育研究室、
校史编写组编：《血与火的洗礼——从陕北公学到华北大学回忆录》第一卷，中
国人民大学印刷厂 1997 年版，第 33 页。

建国学院（属边区政府领导）合并，改编为联大法政学院①。可见，虽然一些学校经历了更名、合并或改编，但马克思主义哲学社会科学始终是党领导下学校教育的重要教学内容之一。

当前，党领导构建中国特色哲学社会科学话语体系依然需要充分发挥学校尤其是高校的作用。高校作为哲学社会科学的"五路大军"之一，要切实加强思想政治理论课建设，增强马克思主义传播的实效性，防止马克思主义被边缘化；要始终以马克思主义指导教学和科研工作，推动思政课程与课程思政有机结合，将党的理论创新成果的核心理念、关键话语体现到哲学社会科学各学科之中，实现立德树人根本任务；要真正落实党和国家的相关政策，重视哲学社会科学的地位和作用，加大对哲学社会科学研究的经费投入，鼓励高校学者在哲学社会科学各领域以问题为导向开展研究，用中国理论阐释中国实践，力争产出一批高水平学术成果；同时，推动中国特色新型高校智库建设，加强国内高校智库与国外高校智库的交流，助力中国特色哲学社会科学话语走向世界，增强中国国际话语权。

四、重要资源：汲取古今中外哲学社会科学优秀成果

党领导构建哲学社会科学话语体系并不是闭门造车。如前文所述，这一话语体系的构建批判继承了传统文化。古今中外哲学社会科学优秀成果为中国马克思主义哲学社会科学话语体系提供了重要资源。

（一）吸收传统文化元素以彰显中国风格

虽然哲学社会科学是从西方引入中国的，但中华优秀传统文化中蕴含着丰富的哲学社会科学内容。党的领导人和进步知识分子利用传统文化中的相关概念、人物、典故来丰富哲学社会科学话语，彰显了马克思主义哲学社会科学话语的中国风格。

例如，瞿秋白在《现代文明的问题与社会主义》一文中将封建制度文明与西方资产阶级文明相比较，认为后者的学术"已非'祖传'或'神授'，而是理智的逻辑的；技术亦就不专赖熟练或天才，而渐重原理"；并形象地指出，

① 董纯才、张腾霄、皇甫束玉主编：《中国革命根据地教育史》第二卷，教育科学出版社1991年版，第168页。

这便是"不要《黄帝内经》和《汤头歌诀》，而要生理学、病理学、药品化学和医术"①。虽然当时人们对于传统学术价值还缺乏全面的认识，但在话语表述中已融入了传统文化元素，体现了民族特色。再如，艾思奇在《哲学讲话》中用三十六计之"笑里藏刀"来说明形式与内容的关系，用俗语"在劫者难逃"来解释必然性和偶然性的关系，巧妙利用传统文化来表述马克思主义哲学原理，更易为大众所接受。

　　当前，中国特色哲学社会科学话语体系的构建依然需要吸收传统文化的有益元素。中华优秀传统文化不仅是文化自信的重要来源，也为哲学社会科学的发展提供了宝贵资源。首先，要汲取传统文化蕴含的思想智慧。中华五千多年积淀的传统文化汇聚了古人的智慧，对现在依然具有借鉴意义。马克思主义在其中国化过程中始终伴随着与传统文化的结合。中国共产党人将"实事求是""小康"等传统概念赋予新意，并提出"人类命运共同体"等新概念，凸显了政治话语的民族特色。如前文所述，马克思主义中国化时代化不仅包括政治理论的中国化时代化，也包括学术思想的中国化时代化。应充分挖掘传统文化蕴含的思想智慧，使哲学社会科学话语更具中国气派。其次，要借鉴传统文化的思维方法。中华优秀传统文化中蕴含着独特的思维方式，如"不谋全局者，不足谋一域"的整体思维，"祸兮福所倚，福兮祸所伏"的辩证思维，"穷则变，变则通，通则久"的变通思维等，对于当前中国特色哲学社会科学话语体系的构建具有重要方法论意义。习近平总书记指出，"中国人早就知道矛盾的概念，所谓'一阴一阳之谓道'"②，并在讲话中多次引用充满辩证色彩的中国古语，如"孤阴不生，独阳不长""事不凝滞，理贵变通""新故相推，日生不滞"，等等，体现出对传统文化思维方法的积极借鉴。最后，要实现对传统文化的扬弃与超越。习近平总书记强调，对传统文化要"坚持有鉴别的对待、有扬弃的继承"③。例如，他提出"共享"理念，将这一理念的实现视为"一个

①　瞿秋白：《现代文明的问题与社会主义》，《东方杂志》1924 年第 21 卷第 1 期。
②　习近平：《辩证唯物主义是中国共产党人的世界观和方法论》，《求是》2019 年第1 期。
③　习近平：《在纪念孔子诞辰 2565 周年国际学术研讨会暨国际儒学联合会第五届会员大会开幕会上的讲话》，《人民日报》2014 年 9 月 25 日。

从低级到高级、从不均衡到均衡的过程"①，这既传承了中华文化的公平正义精神，又超越了其平均主义的局限。广大哲学社会科学工作者应学习习近平总书记对传统文化的科学态度，对传统文化进行创造性转化、创新性发展，助力中国特色哲学社会科学话语体系的构建。

（二）借鉴国外研究成果与方法以提高科学性

如前文所述，中国马克思主义哲学社会科学话语体系以唯物辩证法为根本研究方法。与此同时，进步知识分子还借鉴并运用了国外的一些具体研究方法，使自身学术话语更加科学。信仰马克思主义的知识分子中，不少人有海外留学经历。如：李达曾考取留日公费生，在东京第一高等师范学校学习理科；王学文曾赴日本留学，就读于京都帝国大学经济学部，师从著名马克思主义经济学家河上肇；郭沫若也曾留学日本，大学毕业后回国，并在南昌起义失败后再度流亡日本；等等。这些知识分子将国外习得的研究成果与方法运用于马克思主义哲学社会科学研究，进一步提高了学术话语的科学性。

例如，李达在《中国产业革命概观》中指出，由于中国统计资料的缺乏，撰写这种书籍"实有许多不便"②。他列出了此书的三种资料来源，其中之一便是"日本人所编关于中国经济状况的书籍"③。他在书中引用日本学者上田贞次郎的话——"历史譬如前进的水流，以产业革命为一大急湍"，认为这一说法"实在不错"④。为阐明中国农业"崩溃的过程"，他列出了大量统计数据，如各省耕地面积、各类农户数（包括"自耕户数""佃农户数""自耕兼佃耕户数"）、土地所有形态百分率等，还引用了"日本东亚同文学会所出版之中国年鉴"中的数据⑤，已初步运用统计学知识，提高了研究的可信度。再如，郭沫若对马克思主义历史学的研究离不开考古学知识。他流亡日本时，曾阅读了德国学者米海里司的《美术考古一世纪》（日译本，滨田耕作译），并将其翻译成

---

① 习近平：《在省部级主要领导干部学习贯彻党的十八届五中全会精神专题研讨班上的讲话》，人民出版社 2016 年版，第 27 页。

② 李达：《中国产业革命概观》，昆仑书店 1929 年版，编辑例言第 2 页。

③ 李达：《中国产业革命概观》，昆仑书店 1929 年版，编辑例言第 2 页。

④ 李达：《中国产业革命概观》，昆仑书店 1929 年版，第 2 页。

⑤ 李达：《中国产业革命概观》，昆仑书店 1929 年版，第 27 页。

中文。他认为，自己"受这书的教益太大"①，并指出：

> 我的关于殷墟卜辞和青铜器铭文的研究，主要是这部书把方法告诉了我，因而我的关于古代社会的研究，如果多少有些成绩的话，也多是本书赐给我的……最要紧的是它对于历史研究的方法，真是勤勤恳恳地说得非常动人……我自己要坦白地承认：假如我没有译读这本书，我一定没有本领把殷墟卜辞和殷周青铜器整理得出一个头绪来，因而我的古代社会研究也就会成为砂上楼台的。②

可见从这本外文书籍中习得的方法对于郭沫若后续研究的重大意义。1942年3月，中共中央书记处工作会议指出，"各种学习研究方法，都须采用'古今中外法'，即研究问题须收集当前的与历史的、中国的与外国的各种材料、论著，加以分析与综合"③，体现出中国共产党对国外哲学社会科学优秀成果的重视。

当前，在世界文明交流互鉴的大环境中，更要具备国际视野，积极借鉴国外研究成果和方法。习近平总书记既提倡文化自信，又摒弃了古人"华夏中心主义"倾向，认为文明是平等的，没有高低优劣之分，指出"文明交流互鉴，是推动人类文明进步和世界和平发展的重要动力"④；将国外哲学社会科学的积极成果视为"中国特色哲学社会科学的有益滋养"⑤。应贯彻习近平总书记重要讲话精神，对国外哲学社会科学资源进行有批判的吸收。首先，以开放的胸怀汲取国外哲学社会科学有益成果。回顾历史，中华优秀传统文化本身就具有包容性的特质，马克思主义在其形成过程中也汲取了人类优秀文化成果。审视现实，中国特色哲学社会科学话语体系既是民族的，也是世界的。想讲好中国故

---

① ［德］米海里司：《美术考古一世纪》，郭沫若译，群益出版社 1948 年版（1929年初版，书名为《美术考古学发现史》），译者前言第 2 页。

② ［德］米海里司：《美术考古一世纪》，郭沫若译，群益出版社 1948 年版（1929年初版，书名为《美术考古学发现史》），译者前言第 2—3 页。

③ 中共中央文献研究室编：《毛泽东年谱（1893—1949）》修订本中卷，中央文献出版社 2013 年版，第 370 页。

④ 习近平：《在联合国教科文组织总部的演讲》，《人民日报》2014 年 3 月 28 日。

⑤ 习近平：《在哲学社会科学工作座谈会上的讲话》，人民出版社 2016 年版，第16 页。

事，让世界听懂中国声音，更好地共享中国经验，就要注重哲学社会科学话语的时代性，及时吸收国外有益的学术思想与学术方法。例如，国外在微观研究方面所采用的模型构建、数据分析等方法，就可以有选择地运用于中国哲学社会科学研究之中，进一步增强话语体系的科学性。其次，加强吸收过程中的鉴别与批判，不做西方理论的"搬运工"。汲取国外有益成果，绝不等于将西方学术奉为圭臬。每个国家的哲学社会科学都是植根于本国历史文化环境中的，适用于国外的概念、范畴和方法，对于中国是否适用还要加以鉴别。此外，如前文所述，哲学社会科学话语具有鲜明的意识形态属性，对于隐藏在学术话语背后的思想渗透，要时刻保持警惕，及时加以批判。要真正做到"不忘本来、吸收外来、面向未来"[1]，实现哲学社会科学话语民族性与世界性的统一，用中国话语为世界提出可行方案。

五、使命担当：哲学社会科学为时代发声

新民主主义革命时期，面对民族危亡，脱离现实的纯粹学术是不切实际的。连一向主张"为学问而学问"的顾颉刚都在重庆创办了通俗教育馆，办《文史杂志》，以浅近通俗的语言宣传历史，以唤起民众的抗日情绪[2]。原先反对读书不忘救国，主张为学问而学问，不要急于求用的萧公权后来回忆说："我在这样的局势中讲学术独立，谈学术研究，当时虽然觉得理直气壮，振振有词，事后看来真有痴人说梦之感。"[3]革命年代的马克思主义哲学社会科学必然要为时代发声，承担起救亡使命；而要完成这一使命，就不能局限于书斋之中，要以争取民族独立和人民解放的革命任务为价值关怀，实现政治话语、学术话语和大众话语的有机统一。

---

① 习近平：《在哲学社会科学工作座谈会上的讲话》，人民出版社 2016 年版，第 16 页。

② 王汎森：《中国近代思想与学术的系谱》，上海三联书店 2018 年版，第 478 页。

③ 萧公权：《问学谏往录》，（台北）传记文学出版社 1972 年版，第 179、182 页，转引自王汎森：《中国近代思想与学术的系谱》，上海三联书店 2018 年版，第 475 页。

（一）以争取民族独立和人民解放的革命任务为价值关怀

中国共产党领导下的马克思主义哲学社会科学肩负着时代赋予的历史使命，其话语体系始终坚持以争取民族独立和人民解放的革命任务为价值关怀。王汎森曾指出："大约 1922—1923 年以后，几乎所有左派刊物，都鼓吹'社会科学'是唯一救国之学。"①1924 年 5 月，李大钊就提出应该研究马克思主义的唯物史观"怎样应用于中国今日的政治经济情形"，进而研究"应该怎样去作民族独立的运动，把中国人从列强压迫之下救济出来"②。1930 年 3 月，高尔柏（即郭真）在《社会科学的基础知识》一书序言中将社会科学与社会运动紧密联系起来，认为"社会运动者没有真正的社会科学智识，决不能在社会运动上有良好成绩的；反之，社会科学研究者如果得不到社会运动的实际进展上的相助，也是不能有极好成绩的。社会科学和社会运动是相互联系的"③。杨贤江则在同年出版的《新教育大纲》中提出"教育是阶级的"，将教育视为"阶级斗争中的武器"④。1931 年秋，瞿秋白在《苏维埃的文化革命》中要求，革命文化团体要"为着文化运动的无产阶级的领导权而斗争"⑤。同年，华岗在《一九二五年至一九二七年的中国大革命史》中指出，此书的写作目的是"仔细研究过去在大革命各种重要流变的过程……以帮助推动我们当前的实际斗争任务，以保证我们将来的胜利"⑥。

1932 年 4 月，党领导下的"社联"在其主办刊物《研究》的发刊词中提出，要"应用正确的理论于实际的社会问题，尤其是中国的社会问题，指出其根源的所在，及其解决的方法"⑦。同月，"社联"在其另一刊物《社会现象》

① 王汎森：《"主义"与"学问"——一九二〇年代中国思想界的分裂》，《知识分子论丛》2009 年第 1 期。

② 《李大钊文集》下，人民出版社 1984 年版，第 711—712 页。

③ 郭真、高圮书：《社会科学的基础知识》，乐华图书公司 1930 年版，序第 2 页。

④ 李浩吾编：《新教育大纲》，上海南强书局 1930 年版，第 5 页。

⑤ 瞿秋白文集编辑委员会编：《瞿秋白文集》第七卷，人民出版社 1991 年版，第 232 页。

⑥ 华岗：《一九二五年至一九二七年的中国大革命史》，上海春耕书局 1931 年版，第 5—6 页。

⑦ 立青：《新刊介绍："研究"！》，《文艺新闻》1932 年第 52 期。

的发刊词中强调："我们决然的站在反帝反中国统治阶级的战线上；我们要揭示革命的工农及下层民众所应取的道路。"[①]1934 年 5 月，柳辰夫在《怎样自学社会科学》中指出："社会科学是意识形态之一，所以，在不同的社会阶级里会产生不同内容的社会科学，这是一点也不用惊奇的。"[②]因此，"我们要自学的社会科学不是隐蔽真理、辩护现状、欺骗模糊我们的认识，以延长我们的被压迫、被剥削、被榨取的生活的社会科学；而是发现真理、打破现状，使我们认识真理以解放我们自己的社会科学"[③]。1935 年 10 月，"社联"在其发表的新纲领草案中指出："联盟的一切活动必须与中国革命的中心任务紧密的配合起来，在文化的范围内为反帝反封建的民族革命和土地革命而斗争。"[④]1936 年 5 月，李平心在《社会科学研究法》中提出："唯有社会科学（正确的，前进的）能够告诉我们社会发展的必然性和民族解放的理论与战术，它不但使我们知道为什么必须为创造历史而努力，而且使我们知道怎样去努力……社会科学是帮助大众认识现实变革现实的武器。"[⑤]1938 年 9 月，艾思奇等人撰文指出，"战争的炮火，把现实大大的改变，使那些在实践之外做纯理论游戏的学者们，也不能不看着现实"，倡导"要用自己的研究去配合和帮助抗战建国的工作"[⑥]。1940 年 4 月，王学文在《无产阶级政治经济学的特点》一文中提出："无产阶级是一个革命的阶级，是旧社会的推翻者新社会的创造者，故无产阶级的政治经济学，必然具备着革命的性质。"[⑦]1942 年 9 月，范文澜在《解放日报》上刊文指出："马克思主义者从来不到脱离现实斗争的学问里面去游戏，他研究古史、古哲学或个别问题，都是为了帮助今天的斗争。"[⑧]由此可见，党的领导人

---

① 《发刊词》，《社会现象》1932 年第 1 卷第 1 期。

② 柳辰夫作，章乃器校：《怎样自学社会科学》，申报流通图书馆读者指导部 1934 年版，第 20 页。

③ 柳辰夫作，章乃器校：《怎样自学社会科学》，申报流通图书馆读者指导部 1934 年版，第 22—23 页。

④ 徐素华编著：《中国社会科学家联盟史》，中国卓越出版公司 1990 年版，第 48 页。

⑤ 平心：《社会科学研究法》，生活书店 1938 年再版（1936 年初版），第 16 页。

⑥ 艾思奇、何思敬、任白戈等：《新哲学会缘起》，《解放》1938 年第 53 期。

⑦ 王学文：《无产阶级政治经济学的特点》，《中国文化》1940 年第 1 卷第 2 期。

⑧ 范文澜：《古今中外法浅释》，《解放日报》1942 年 9 月 3 日。

和进步知识分子作为"无产阶级的革命的功利主义者"①，其所构建的马克思主义哲学社会科学话语体系是服务于革命需要的。

当前，中国特色社会主义已进入新时代，哲学社会科学应承担起新的历史使命。广大哲学社会科学工作者应关注现实，为时代发声，把研究阐释习近平新时代中国特色社会主义思想作为工作的重中之重；应顺应时代要求，聚焦热点问题，"从当代中国的伟大创造中发现创作的主题、捕捉创新的灵感"②，为政府决策、制度创新提供智力支持。尤其是自 2008 年国际金融危机爆发以来，全球经济增长动能不足，中国对世界经济增长平均贡献率超过 30%。辉煌的实践需要哲学社会科学话语加以解读，进而从经验层面上升为理论层面，使世界能真正了解中国成功的原因。但当前中国哲学社会科学发展滞后于实践进步，"在国际上的声音还比较小，还处于有理说不出、说了传不开的境地"③，对西方理论还具有较强的依赖性，存在着用西方理论解读中国实践的现象。要加快构建中国特色哲学社会科学话语体系，增强话语体系的中国主位意识，打造具有中国特色的新概念、新表述，用融通中外的学术话语讲好中国故事、解读中国实践，增强中国的国际话语权。

（二）坚持政治话语、学术话语和大众话语有机统一

就规范思维的话语来源看，话语可分为政治话语、学术话语和大众话语④。哲学社会科学话语理论上属于学术话语，但在实践中，它与政治话语和大众话语相互转换、相辅相成、密不可分。新民主主义革命时期，党领导构建的马克思主义哲学社会科学话语体系扎根人民群众、服务革命实践，实现了政治话语、学术话语和大众话语的有机统一，为完成救亡图存的历史使命作出了重要贡献。

首先，推动政治话语与学术话语的良性互动。如前文所述，新民主主义革命时期，部分学者主张"绝对不提倡任何主义"的纯学术，既不符合救亡图存

①《毛泽东选集》第三卷，人民出版社 1991 年版，第 864 页。

②《习近平谈治国理政》第三卷，外文出版社 2020 年版，第 323 页。

③《习近平谈治国理政》第二卷，外文出版社 2017 年版，第 346 页。

④ 参见陈锡喜：《马克思主义：意识形态和话语体系》，华东师范大学出版社 2011 年版，第 39 页。

的时代主题，也忽视了哲学社会科学鲜明的意识形态属性。事实上，政治话语与学术话语虽然侧重点有所不同，但都立足于革命实践，经历着同样的文化变迁，不可能截然分开。中国共产党坚持用马克思主义指导学术研究，以政治话语引领学术话语的发展方向，以学术话语为政治话语提供学理支撑，在学术论战中增强了马克思主义的话语权威，使党的革命理论得到更为广泛的认同，实现了政治话语与学术话语的良性互动。

其次，注重政治话语和学术话语向大众话语的转化。话语源自人民群众的伟大实践，必须服务于人民群众。而要服务于人民群众，首先就要让人民群众听得懂。新民主主义革命时期，中国共产党结合中华优秀传统文化，以群众喜闻乐见的形式推动马克思主义大众化。1942年2月，毛泽东在《反对党八股》中指出："如果我们没有学会说群众懂得的话，那末广大群众是不能领会我们的决议的。"[1]毛泽东本人非常重视话语能够通俗易懂。例如，他在讲对立统一规律时，引入"矛盾"这个概念，便于老百姓理解和接受。再如，在革命处于低潮时，他用"星星之火"比喻依然存在的革命力量，用"可以燎原"来形容革命的远大前途。美国学者斯图尔特·施拉姆认为，毛泽东"阐述共产主义的著作，善于运用中国历史上的典故，富于文采，从而使共产主义非常通俗易懂而易于为他的同胞们所接受"[2]。美国作家格兰姆·贝克指出，战争年代，中国共产党人"研究并熟悉人民，而且让理论根据人民来调整，而非反其道而行之——生硬地让人民接受理论"[3]。这反映出共产党很好地实现了政治话语向大众话语的转化。与此同时，面对文化水平参差不齐的话语受众，党领导下的哲学社会科学工作者运用通俗易懂的语言诠释学术理论。如前文所述，艾思奇的《哲学讲话》，陈唯实的《通俗辩证法讲话》《通俗唯物论讲话》，沈志远的《现代哲学的基本问题》，狄超白的《通俗经济学讲话》等，实现了学术话语向大众话语的转化，提高了马克思主义哲学社会科学话语的感染力，使其更好地服

---

① 《毛泽东选集》第三卷，人民出版社1991年版，第843页。

② ［美］斯图尔特·施拉姆：《毛泽东》，中共中央文献研究室《国外研究毛泽东思想资料选辑》编辑组编译，红旗出版社1987年版，第191页。

③ ［美］格兰姆·贝克：《战时中国——一个美国人眼中的中国1940—1946》下，朱启明、赵叔翼译，天地出版社2020年版，第406页。

务于人民群众。

当前，有学者指出，中国的学术话语滞后于政治话语，通常是由政治家提出重大理论，学术界仅仅进行诠释，学术研究落后于现实，没有真正发挥"思想先导"的作用；且部分学者试图搞纯学术研究，刻意远离政治话语，个别学者甚至以学术话语的名义传播西方政治话语，削弱中国的国际话语权①。面对这种形势，不仅要继续推进"用学术讲政治"，对政治话语进行深层次的理论解读，更应进一步提高哲学社会科学研究水平，加强中国特色新型智库建设，使学者有能力在马克思主义的指导下进行理论创新和话语创新，发挥知识变革和思想先导作用。应提高学者的政治自信和使命感，使其有意愿将中国的成功实践转化为理论创新，理直气壮地讲政治。与此同时，要考虑到作为话语受众的广大人民群众的接受能力。无论政治话语还是学术话语，想要"掌握群众"，必须平易近人，让群众听得懂、喜欢听。目前，中国哲学社会科学界不乏优秀研究成果，但由于理论深奥、话语抽象，只局限在相对封闭的"小圈子"内传播，广大群众较难理解。习近平总书记将"继续推进马克思主义中国化、时代化、大众化"②作为哲学社会科学的重要任务之一，而要推进马克思主义大众化，哲学社会科学必须实现政治话语、学术话语和大众话语的有机统一，更好地为时代发声、为人民服务，助力社会主义现代化强国建设。

六、根本保证：坚持中国共产党的领导

新民主主义革命时期，中国共产党高度重视哲学社会科学发展。党紧密团结进步知识分子，领导成立了众多学术团体、教育机构和出版发行机构；出台了一系列相关政策为哲学社会科学话语发展创造条件，对反（非）马克思主义思潮进行批驳，同时注重建立文化统一战线以营造良好的外部环境，为中国马克思主义哲学社会科学话语体系构建提供了根本保证。

---

① 秦宣：《正确处理政治话语与学术话语的关系》，《中国青年社会科学》2019 年第 3 期。

② 习近平：《在哲学社会科学工作座谈会上的讲话》，人民出版社 2016 年版，第 9—10 页。

（一）高度重视哲学社会科学

中国共产党自成立以来就高度重视哲学社会科学发展。1923 年 11 月，中共中央通过的《教育宣传问题决议案》指出："各地有可能时，设社会科学的研究会。"①同年 12 月，恽代英在《学术与救国》一文中强调了哲学社会科学对于救亡图存的重要性：

> 要破坏，需要社会科学；要建设，仍需要社会科学⋯⋯技术科学是在时局转移以后才有用，他自身不能转移时局。若时局不转移，中国的事业，一天天陷落到外国人手里，纵然有几千几百技术家，岂但不能救国，而且只能拿他的技术，帮外国人做事，结果技术家只有成为洋奴罢了。所以，我们觉得要救中国，社会科学比技术科学重要得多。②

1933 年 2 月，《中共中央关于纪念马克思逝世五十周年的决议》要求："在各地各组织所召集的群众纪念大会上，党、团的同志须以说服的方法，向大会建议应在各该组织里成立各种公开的学术组织（如社会科学研究会、马克思主义研究会等）⋯⋯在这些组织中，各级党部须派得力同志参加，传达党的影响。"③充分体现出党对哲学社会科学工作的重视。1938 年 10 月，毛泽东在政治报告《论新阶段》中提出："指导一个伟大的革命运动的政党，如果没有革命理论，没有历史知识，没有对于实际运动的深刻的了解，要取得胜利是不可能的。"④1942 年 2 月，毛泽东在《整顿党的作风》中认为，与革命的丰富内容相比，党的理论方面显得相对落后，缺乏具有"科学形态的、周密的而不是粗枝大叶的理论"⑤。中国共产党的高度重视使马克思主义哲学社会科学在战争年代依然能够健康发展，为马克思主义哲学社会科学话语体系的构建提供了前提。

当前，国内外环境发生了深刻变化，中华民族比以往任何时期都更接近中

---

① 中央档案馆编：《中共中央文件选集》第一册，中共中央党校出版社 1989 年版，第 208 页。

② 代英：《学术与救国》，《中国青年》1923 年第 1 卷第 7 期。

③ 中共中央文献研究室、中央档案馆编：《建党以来重要文献选编（一九二一——一九四九）》第十册，中央文献出版社 2011 年版，第 126 页。

④《毛泽东选集》第二卷，人民出版社 1991 年版，第 533 页。

⑤《毛泽东选集》第三卷，人民出版社 1991 年版，第 813 页。

华民族的伟大复兴。与此同时，各种矛盾和风险日益凸显，各种社会思潮交相杂陈，哲学社会科学的地位和作用更加重要，构建学术话语体系的需求更加迫切。"党政军民学，东西南北中，党是领导一切的。"[1] "加强和改善党对哲学社会科学工作的领导，是繁荣发展我国哲学社会科学事业的根本保证。"[2] 在建设社会主义现代化强国的征途中，中国共产党一如既往地高度重视哲学社会科学的地位和作用，各级党组织应切实提高对中国特色哲学社会科学话语体系重要性的认识，加强政治引领，保证其健康发展。

（二）以相关政策为马克思主义哲学社会科学话语体系构建创造条件

中国共产党对哲学社会科学的重视体现在其具体政策与措施上。

首先，为马克思主义哲学社会科学话语体系构建提供人才支撑。如前文所述，党出台了一系列知识分子政策，从工作、生活等多方面保障这一重要话语主体能全身心地投入哲学社会科学研究中。例如，1940 年 10 月，中央宣传部、中央文化工作委员会对如何正确处理"文化人与文化团体"作出指示，提出"应该重视文化人……用一切方法在精神上、物质上保障文化人写作的必要条件，使他们的才力能够充分的使用，使他们写作的积极性能够最大的发挥"[3]。并分析文化人的需求，认为最大的鼓励"是他们的作品的发表"，所以"应采取一切方法，如出版刊物、剧曲公演、公开讲演、展览会等，来发表他们的作品"[4]。

其次，为马克思主义哲学社会科学话语传播提供渠道。新民主主义革命时期，哲学社会科学话语传播很大程度上依赖报刊、图书等传统载体。中国共产党重视对出版发行工作的领导，保证了马克思主义哲学社会科学话语传播渠道的畅通。例如，《中国共产党第一个决议》就提出："不论中央或地方出版的一

---

[1] 习近平：《决胜全面建成小康社会　夺取新时代中国特色社会主义伟大胜利——在中国共产党第十九次全国代表大会上的报告》，人民出版社 2017 年版，第 20 页。

[2] 习近平：《在哲学社会科学工作座谈会上的讲话》，人民出版社 2016 年版，第 25 页。

[3] 中央档案馆编：《中共中央文件选集》第十二册，中共中央党校出版社 1991 年版，第 496 页。

[4] 中央档案馆编：《中共中央文件选集》第十二册，中共中央党校出版社 1991 年版，第 498 页。

切出版物，其出版工作均应受党员的领导。"① 再如，1940 年 9 月，由张闻天起草的《中共中央关于发展文化运动的指示》要求："每一较大的根据地上应开办一个完全的印刷厂，已有印厂的要力求完善与扩充。要把一个印厂的建设看得比建设一万几万军队还重要。要注意组织报纸刊物书籍的发行工作⋯⋯要把运输文化食粮看得比运输被服弹药还重要。"② 又如，1944 年 1 月，《解放日报》发表社论《群众需要精神粮食》，要求出版发行工作者要"设法增加纸张产量，大大增加出版的数量"，"使更广大的工农士兵群众都有机会获得自己所需要的精神食粮"③，等等。

最后，以文化统一战线营造良好的外部环境。1940 年 1 月，张闻天在陕甘宁边区文化界救亡协会第一次代表大会上作报告时提出："新文化运动中，除抗日的统一战线外，应该有各种各样的广泛的文化统一战线。"同时他还认为，各种思想间的斗争是不可避免的，而马列主义应该是"新文化中最有地位的，最能得到推崇的主义与学说"④。同年 9 月，《中共中央关于发展文化运动的指示》要求，文化运动应重视统一战线的重要性，"而不应使共产党员尖锐突出与陷于孤立"，要"反对在文化领域中的无原则的门户之见"⑤。这些要求既指出了文化统一战线的必要性，又突出了马克思主义的指导地位，为学术话语体系的构建营造了良好的外部环境。

由此可见，无论是培养话语主体以提供人才支撑，还是打造话语载体为哲学社会科学话语传播提供便利，又或是以文化统一战线营造有利的外部环境，都离不开党的政策保障。正是在党的坚强领导下，中国马克思主义哲学社会科学话语体系才得以成功构建。

---

① 中央档案馆编：《中共中央文件选集》第一册，中共中央党校出版社 1989 年版，第 6—7 页。

② 中共中央文献研究室、中央档案馆编：《建党以来重要文献选编（一九二一——一九四九）》第十七册，中央文献出版社 2011 年版，第 527 页。

③ 中共中央文献研究室、中央档案馆编：《建党以来重要文献选编（一九二一——一九四九）》第二十一册，中央文献出版社 2011 年版，第 20 页。

④ 洛甫：《抗战以来中华民族的新文化运动与今后任务》，《解放》1940 年第 103 期。

⑤ 中共中央文献研究室、中央档案馆编：《建党以来重要文献选编（一九二一——一九四九）》第十七册，中央文献出版社 2011 年版，第 526—527 页。

当前，中国特色哲学社会科学话语体系的构建依然需要党的政策支持。以人才支撑为例，习近平总书记多次提及知识分子的重要性，认为"广大知识分子是社会的精英、国家的栋梁、人民的骄傲，也是国家的宝贵财富"，要求"全社会都要关心知识分子、尊重知识分子，营造尊重知识、尊重知识分子的良好社会氛围"[①]。首先，各级党组织应认真贯彻党的知识分子政策，要从政治上、工作上、生活上关心爱护知识分子；要将具备条件且有入党意愿的知识分子及时吸收到党组织中来；要为知识分子提供学习交流的机会，助力提高其学术水平；要确保知识分子应该享受的各项待遇落实到位，多与知识分子沟通，了解他们的困难和需要，使其能够全身心投入哲学社会科学研究；要正确区分政治问题和学术问题，贯彻"双百"方针，既鼓励健康的学术争鸣，又要深入批判历史虚无主义等错误思潮，为哲学社会科学发展营造有利环境，使知识分子善于为时代发声、敢于为时代发声，自觉承担起肩负的历史使命。其次，应完善各种规章制度，以制度创新来调动知识分子的研究积极性。要推动职称制度改革，提高职称评审的科学性，使其发挥正确的导向作用，成为知识分子研究哲学社会科学的动力；要改革科研管理机制，"提高科研人员成果转化收益分享比例"[②]，减轻科研人员负担；要完善哲学社会科学激励机制，提高知识分子的"荣誉感、责任感、获得感"；要进一步建立健全决策咨询制度，以新型智库建设为契机，为知识分子尤其是专家学者搭建平台，增强其使命感和责任感，使其能够充分利用自身专业特长，积极建言献策，真正实现哲学社会科学的知识变革和思想先导功能，从而使中国特色哲学社会科学话语体系在党的政策支持下发挥更大作用，为建设社会主义现代化强国、提升中国国际话语权作出更大贡献。

（三）对反（非）马克思主义思潮进行批驳

近代以来，各种西方文化思潮和本土文化思潮在中国交相杂陈，中国马克思主义哲学社会科学话语体系是在与这些思潮的交锋与碰撞中逐步构建起来

[①]《习近平在看望参加政协会议的民进农工党九三学社委员时强调 我国广大知识分子要主动担当积极作为 为国家富强民族振兴人民幸福多作贡献》，《人民日报》2017年3月5日。

[②]《习近平谈治国理政》第二卷，外文出版社2017年版，第276页。

的。中国共产党的领导对于批驳各种反（非）马克思主义思潮、提升马克思主义哲学社会科学话语影响力发挥了至关重要的作用。

例如，对于反对国共合作、反对阶级斗争，要求以"纯正的三民主义"为国民党中心思想的戴季陶主义，陈独秀、毛泽东、瞿秋白等于 1925 年 9 月开始，在《向导》《中国青年》等刊物上连续撰文反击，指出"戴季陶这种思想的根本点，便是一种唯心论的道统说⋯⋯是上等阶级要利用农工群众的力量来达到他们的目的，却不准农工群众自己有阶级的觉悟"①。这揭示了戴季陶主义哲学基础的唯心主义性质，暴露了其反动本质，收到了良好的社会效果。当时仅北京、武汉、广州等地的革命群众就把戴季陶的《孙文主义的哲学基础》《国民革命与中国国民党》两本反动小册子焚烧了"万数千册"②。再如，中国共产党领导下的"社联"，在其成立纲领中就将"严厉的驳斥一切非马克思主义的思想"③作为其主要任务之一。并在其创办的刊物《社会科学战线》上刊文指出："社会科学家应该站在革命的立场在各科学领域上肃清一切反马克思主义的影响，巩固马克思主义的领导。"④又如，1933 年 2 月，《中共中央关于纪念马克思逝世五十周年的决议》提出，"在目前加紧在思想和理论斗争的战线上，向一切假冒的马克思主义和公开仇视革命马克思主义的派别进攻，这一任务比任何时候都要迫切"，要"动员我们党的优秀的理论力量对三民主义加以有系统的马克思主义的批评"⑤。正是在党的坚强领导和党的领导人的示范作用下，进步知识分子对各种反（非）马克思主义思潮进行了有力驳斥，为中国马克思主义哲学社会科学话语体系的构建扫清了障碍。

当前，在文化多样化背景下，各种社会思潮纷纭激荡，其中历史虚无主义、新自由主义、民主社会主义等社会思潮已对我国社会主义意识形态构成

---

① 瞿秋白：《中国国民革命与戴季陶主义》，载陈铁健编：《中国近代思想家文库·瞿秋白卷》，中国人民大学出版社 2014 年版，第 153—154 页。

② 欧阳恩良：《中国共产党的马克思主义理论学习研究（1921—1949）》，中国社会科学出版社 2015 年版，第 301 页。

③《中国社会科学家联盟底成立及其纲领》，《新思想月刊》1930 年第 7 期。

④《中国社会科学家的使命》，《社会科学战线》1930 年第 1 期。

⑤ 中共中央文献研究室、中央档案馆编：《建党以来重要文献选编（一九二一——一九四九）》第十册，中央文献出版社 2011 年版，第 124 页。

了一定挑战，成为必须警惕的反马克思主义错误思潮。例如，近年来，历史虚无主义思潮在"揭秘""重评""新解"等字眼的掩盖下，伪装成学术研究成果，企图以个别细节颠覆人们对历史的整体认知，把一切社会问题都归罪于马克思主义，抹黑中国共产党，在一定程度上给追求新鲜事物的年轻人造成了误导。再如，新自由主义不承认社会主义市场经济的存在，认为社会主义只会阻碍市场经济发展，鼓吹"市场万能论"和"全面私有化"，实质上是要中国的改革偏离社会主义方向。马克思主义是在与反马克思主义、非马克思主义社会思潮的斗争中不断发展的，中国共产党也是在与各种错误思潮的较量中逐渐成长的。新时代，中国共产党继承发扬新民主主义革命时期的优良传统，领导广大哲学社会科学工作者从学理层面对错误思潮进行有力批驳，以学术话语荡涤错误思潮的影响，坚持马克思主义在中国特色哲学社会科学话语体系构建中的指导地位，为社会主义现代化强国的建设、中华民族伟大复兴的实现营造良好环境。

结　语

1921—1949 年，既是中国共产党领导全国人民夺取新民主主义革命伟大胜利、建立新中国的重要时期，也是党领导构建中国马克思主义哲学社会科学话语体系的关键时期，且两者之间有着密切的联系。马克思主义哲学社会科学话语在革命过程中从一种新兴学术话语逐渐上升为主流学术话语，改变了中国哲学社会科学面貌，同时也为革命胜利作出了重要贡献。

任何一种学术话语体系的构建都是植根于一定历史文化环境中的。中华优秀传统文化蕴含的哲学社会科学内容为这一话语体系的构建提供了宝贵资源；西方学科分类体系的引进则为中国马克思主义哲学社会科学学科体系的形成提供了可能，为其话语体系构建奠定了基础。马克思主义以其科学性、革命性、与中华优秀传统文化的契合性，显示出同一时期自由主义、文化保守主义等思潮无可比拟的优势，成为中国共产党领导构建哲学社会科学话语体系的指导思想。在中国共产党的有力领导下，"社联"、延安中央研究院等学术团体和教育研究机构相继成立，知识分子积极从事马克思主义经典著作译介和哲学社会科学研究，进步出版发行机构则保证了研究成果的有效传播。这一话语体系在主体系统、概念系统、理论系统、表达系统、环境系统等方面不断取得进展，经过话语引入、话语重塑、话语转换三个阶段逐步构建起来。

一种新兴学术话语体系的崛起难免与同一时期已有的其他学术话语体系产生碰撞与交锋。中国马克思主义哲学社会科学话语体系的构建伴随着与其他学派的学术论战，其话语权也正是在论战中得以确立的。尤其在革命战争年代，哲学社会科学的意识形态属性更为明显。国民党出于巩固自身统治的目的，试图构建"三民主义社会科学"，以"党化教育"对哲学社会科学进行渗透，并对进步报刊、图书实施严酷查禁。共产党则采取了一系列针锋相对的有效措施，在哲学社会科学领域与国民党展开激烈博弈，增强了马克思主义哲学社会科学话语权。有学者指出："国民党和共产党，都想用一套'主义'来指导思想学术的发展。不同的是国民党心有余而力不足……招致大量知识分子的不满，而共产党在这方面便做得游刃有余了。"① 这种"游刃有余"离不开中国马克思主义哲学社会科学话语体系的构建。这一话语体系为共产党的革命话语提供了重要的学理依据，实现了政治话语与学术话语的良性互动，为新中国成立后哲学社会科学话语体系的发展奠定了坚实的基础。

总体来看，1921—1949 年党领导构建中国马克思主义哲学社会科学话语体系是服务于革命目的的。受历史环境因素影响，这一话语体系有其自身局限性。例如：过于强调哲学社会科学话语的斗争性，对其他派别的学术思想价值挖掘不充分，研究个别历史人物时存在"无分析的一律抹煞"的"非历史主义的缺点"② 等。但这并不能掩盖这一话语体系对革命、学术和文化进步作出的历史贡献。当前，中国特色哲学社会科学话语体系承担着与革命年代不同的历史使命，但任何哲学社会科学话语体系都有其历史流变，在发展中都具有连续性特征。革命年代哲学社会科学话语体系构建积累的宝贵经验，如坚持以马克思主义为指导、坚持"人民本位"的话语表达与创新、充分发挥报刊和学校的作用、汲取古今中外哲学社会科学优秀成果、为时代发声、坚持中国共产党的领导等，现在依然具有重要的借鉴意义。

新时代，哲学社会科学地位更加重要，其话语体系的构建更加迫切。回顾历史，面向未来，应充分调动知识分子的积极性，为这一重要话语主体创造良好的学术环境。应处理好马克思主义、中华优秀传统文化和国外哲学社会科学三者之间的关系，打造融通中外的新概念新范畴新表述，持续推动理论创新。应统筹利用传统媒体和新兴媒体，重视表达系统的构建。应强化受众意识，通过话语转换使哲学社会科学更接地气、更贴近受众思维习惯，从而进一步提升中国特色哲学社会科学话语的影响力，为社会主义现代化强国目标的实现作出更大贡献。

---

① 王汎森：《中国近代思想与学术的系谱》，上海三联书店 2018 年版，第 504 页。

② 中国社会科学院近代史研究所编：《范文澜历史论文选集》，中国社会科学出版社 1979 年版，序第 5 页。

　　新民主主义革命时期，党领导构建哲学社会科学话语体系的研究是一个庞大工程，涉及各个学科众多学者的学术思想，相关史料浩如烟海。由于时间和精力的限制，笔者难以穷尽所有内容，只能选择其中有代表性的观点进行研究梳理，难免有遗珠之憾。此外，笔者虽一直关注这一领域的研究并取得了一些前期成果，但仍然存在跨学科知识储备不足等问题，对个别问题的分析还有待进一步深入。笔者将以此研究为新的起点，在丰富相关知识、积累研究经验、增强研究能力的基础上继续从事这一方向的研究，力争在现有基础上进一步完善与深化。

参 考 文 献

（一）经典选集与文集

[1] 中共中央马克思恩格斯列宁斯大林著作编译局编译：《马克思恩格斯选集》第一——四卷，人民出版社 2012 年版。

[2] 中共中央马克思恩格斯列宁斯大林著作编译局编译：《马克思恩格斯文集》第一——十卷，人民出版社 2009 年版。

[3] 中共中央马克思恩格斯列宁斯大林著作编译局编译：《列宁选集》第一——四卷，人民出版社 2012 年版。

[4] 中共中央马克思恩格斯列宁斯大林著作编译局编译：《列宁专题文集：论马克思主义》，人民出版社 2009 年版。

[5] 中共中央马克思恩格斯列宁斯大林著作编译局编译：《列宁全集》第 49 卷，人民出版社 2017 年版。

[6]《毛泽东选集》第一——四卷，人民出版社 1991 年版。

[7] 中共中央文献研究室编：《毛泽东文集》第二卷，人民出版社 1993 年版。

[8]《毛泽东书信选集》，人民出版社 1983 年版。

[9] 中共中央文献研究室编：《毛泽东哲学批注集》，中央文献出版社 1988 年版。

[10]《毛泽东新闻工作文选》，新华出版社 1983 年版。

[11]《艾思奇文集》第一卷，人民出版社 1981 年版。

[12]《蔡和森文集》上、下册，人民出版社 2013 年版。

[13] 冯契：《冯契文集第七卷：中国近代哲学的革命进程》（增订版），华东师范大学出版社 2016 年版。

[14]《何干之文集》，中国人民大学出版社 1989 年版。

[15] 胡乔木：《胡乔木文集》第一——三卷，人民出版社 2012 年版。

[16] 胡绳：《胡绳全书》第一卷，人民出版社 1998 年版。

[17] 中国李大钊研究会编注：《李大钊全集》第一——五卷，人民出版社 2006 年版。

[18] 《李达文集》编辑组编：《李达文集》第一卷，人民出版社 1980 年版。

[19] 吴泽主编，江明、桂遵义选编：《吕振羽史论选集》，上海人民出版社 1981 年版。

[20] 《瞿秋白选集》，人民出版社 1985 年版。

[21] 《瞿秋白文集·政治理论编》第二卷，人民出版社 1988 年版。

[22] 《任弼时选集》，人民出版社 1987 年版。

[23] 任建树主编：《陈独秀著作选编》第一——六卷，上海人民出版社 2009 年版。

[24] 宋俭、宋镜明编：《中国近代思想家文库·李达卷》，中国人民大学出版社 2015 年版。

[25] 《王学文经济学文选（一九二五——一九四九年）》，经济科学出版社 1986 年版。

[26] 《吴玉章文集》上、下册，重庆出版社 1987 年版。

[27] 夏明方、杨双利编：《中国近代思想家文库·王亚南卷》，中国人民大学出版社 2015 年版。

[28] 谢保成、魏红珊、潘素龙编：《中国近代思想家文库·郭沫若卷》，中国人民大学出版社 2014 年版。

[29] 杨琥编：《中国近代思想家文库·李大钊卷》，中国人民大学出版社 2014 年版。

[30] 《张闻天选集》编辑组编：《张闻天选集》，人民出版社 1985 年版。

[31] 《周恩来选集》上卷，人民出版社 1980 年版。

[32] 《周扬文集》第一卷，人民文学出版社 1984 年版。

[33] 《朱镜我文集》，海洋出版社 2007 年版。

（二）年谱、传记、回忆录

[1] 艾克恩：《延安文艺回忆录》，中国社会科学出版社 1992 年版。

[2] 程中原：《张闻天传》修订版，当代中国出版社 2006 年版。

[3] 高新民、张树军：《延安整风实录》，浙江人民出版社 2000 年版。

[4] 顾潮：《顾颉刚年谱》，中国社会科学出版社 1993 年版。

[5] 侯外庐：《韧的追求》，人民出版社 2015 年版。

[6] 胡乔木：《胡乔木回忆毛泽东》，人民出版社 1994 年版。

[7] 李良明、钟德涛：《恽代英年谱》，华中师范大学出版社 2006 年版。

[8] 逄先知主编：《毛泽东年谱（1893—1949）》修订本上、中、下卷，中央文献出版社 2013 年版。

[9] 逄先知、金冲及：《毛泽东传（1893—1949）》上、下册，中央文献出版社 2003 年版。

[10] 宋志明、梅良勇：《冯友兰学术思想评传》，北京图书馆出版社 1999 年版。

[11] 唐宝林：《陈独秀全传》，社会科学文献出版社 2013 年版。

[12] 田子渝：《中国共产党创始人：李汉俊》，武汉出版社 2004 年版。

[13] 田子渝、任武雄、李良明：《恽代英传记》，湖北人民出版社 1984 年版。

[14] 王炳华等：《李达评传》，人民出版社 2004 年版。

[15] 温济泽、李言、金紫光等：《延安中央研究院回忆录》，中国社会科学出版社、湖南人民出版社 1984 年版。

[16] 吴介民：《延安马列学院回忆录》，中国社会科学出版社 1991 年版。

[17] 《徐懋庸回忆录》，人民文学出版社 1982 年版。

[18] 余飘、李洪程：《成仿吾传》，当代中国出版社 1997 年版。

[19] 郑大华：《梁漱溟学术思想评传》，北京图书馆出版社 1999 年版。

[20] 中共中央文献研究室编：《任弼时传》，中央文献出版社、人民出版社 1994 年版。

[21] 中共中央文献研究室编：《周恩来年谱（1898—1949）》，中央文献出版社、人民出版社 1989 年版。

[22] 中国社会科学院近代史研究所编：《五四运动回忆录》上册，中国社会科学出版社 1979 年版。

[23] 周永祥：《瞿秋白年谱新编》，学林出版社 1992 年版。

[24] ［俄］亚历山大·V. 潘佐夫：《毛泽东传》上、下册，卿文辉、崔海智、

周益跃译，中国人民大学出版社 2015 年版。

[25] ［美］罗斯·特里尔：《毛泽东传》，何宇光、刘加英译，中国人民大学出版社 2010 年版。

（三）文献资料汇编

[1] 陈崧：《五四前后东西文化问题论战文选》，中国社会科学出版社 1985 年版。

[2] 重庆市档案馆、中国第二历史档案馆编：《白色恐怖下的新华日报》，重庆出版社 1987 年版。

[3] 高军：《中国社会性质问题论战（资料选辑）》上、下册，人民出版社 1984 年版。

[4] 湖南省博物馆历史部校编：《新民学会文献汇编》，湖南人民出版社 1980 年版。

[5] 黄美真、石源华、张云：《上海大学史料》，复旦大学出版社 1984 年版。

[6] 江西省档案馆编：《井冈山革命根据地史料选编》，江西人民出版社 1986 年版。

[7] 江西省档案馆、中共江西省委党校党史教研室选编：《中央革命根据地史料选编》下册，江西人民出版社 1982 年版。

[8] 江西省文化厅革命文化史料征集工作委员会、福建省文化厅革命文化史料征集工作委员会编：《中央苏区革命文化史料汇编》，江西省人民出版社 1994 年版。

[9] 姜义华编：《中国现代思想史资料简编》第三卷，浙江人民出版社 1983 年版。

[10] 林代昭、潘国华编：《马克思主义在中国——从影响的传入到传播》上、下册，清华大学出版社 1983 年版。

[11] 刘昌福、叶绪惠：《川陕苏区报刊资料选编》，四川省社会科学院出版社 1987 年版。

[12] 陆学艺、王处辉主编：《中国社会思想史资料选辑》民国卷上，广西人民出版社 2007 年版。

[13] 南方局党史资料编辑小组编：《南方局党史资料·文化工作》，重庆出版社 1990 年版。

[14] 倪延年选编：《中国新闻法制通史·第五卷：史料卷》上册，南京师范大学出版社 2015 年版。

[15] 彭明：《中国现代史资料选辑》第五册，中国人民大学出版社 1989 年版。

[16] 荣孟源：《中国国民党历次代表大会及中央全会资料》上、下册，光明日报出版社 1985 年版。

[17] 陕西省档案馆编：《抗日战争时期陕甘宁边区财政经济史料摘编》第六编，陕西人民出版社 1981 年版。

[18] 陕西省档案馆、陕西省社会科学院编：《陕甘宁边区政府文件选编》第四辑，档案出版社 1988 年版。

[19] 陕西省延安地区教育局教研室编：《陕甘宁边区教育革命资料选编》，陕西人民出版社 1978 年版。

[20] 生活·读书·新知三联书店文献史料集编委会编：《生活·读书·新知三联书店文献史料集》上、下册，生活·读书·新知三联书店 2004 年版。

[21] 史先民编著：《中国社会科学家联盟资料选编》，中国展望出版社 1986 年版。

[22] 舒新城：《近代中国教育史料》，中国人民大学出版社 2012 年版。

[23] 宋原放主编，陈江辑注：《中国出版史料·现代部分》第一卷下册，山东教育出版社 2001 年版。

[24] 张静庐：《中国现代出版史料·甲编》，中华书局 1954 年版。

[25] 张静庐：《中国现代出版史料·乙编》，中华书局 1955 年版。

[26] 张静庐：《中国现代出版史料·丙编》，中华书局 1956 年版。

[27] 张静庐：《中国出版史料补编》，中华书局 1957 年版。

[28] 张静庐：《中国现代出版史料·丁编》上卷，中华书局 1959 年版。

[29] 张允侯、殷叙彝、洪清祥等编：《五四时期的社团》第一——四册，生活·读书·新知三联书店 1979 年版。

[30] 张挚、张玉龙主编：《中央苏区教育史料汇编》上、下册，南京大学出版社 2016 年版。

[31] 中共北京市委党史研究室、中共天津市委党史资料征集委员会编：《北方左翼文化运动资料汇编》，北京出版社 1991 年版。

[32] 中共中央党校党史教研室选编：《中共党史参考资料》第一——六卷，人民

出版社 1979 年版。

[33] 中共中央文献研究室、中央档案馆编:《建党以来重要文献选编（一九二一——一九四九)》第一一二十六册，中央文献出版社 2011 年版。

[34] 中共中央宣传部办公厅、中央档案馆编研部编:《中国共产党宣传工作文献选编：1915—1937》第一一二册，学习出版社 1996 年版。

[35] 中共中央组织部、中共中央党史研究室、中央档案馆:《中国共产党组织史资料》第一一三卷，中共党史出版社 2000 年版。

[36] 中国第二历史档案馆编:《中华民国史档案资料汇编》第五辑第一编文化（第一一二册），江苏古籍出版社 1994 年版。

[37] 中国第二历史档案馆编:《中华民国史档案资料汇编》第五辑第二编文化（第一一二册），凤凰出版社 1998 年版。

[38] 中国人民政治协商会议延安市委员会文史资料委员会编:《延安文史资料》第六辑（内部资料），延安日报社印刷厂 1992 年印刷。

[39] 中国社会科学院现代史研究室、中国革命博物馆党史研究室:《"一大"前后：中国共产党第一次代表大会前后资料选编（一)》，人民出版社 1980 年版。

[40] 中国社科院新闻研究所编:《中国共产党新闻工作文件汇编》上、中、下，新华出版社 1980 年版。

[41] 钟离蒙、杨凤麟主编:《中国现代哲学史资料汇编》第三集第一册，辽宁大学哲学系 1982 年版。

[42] 钟离蒙、杨凤麟主编:《中国现代哲学史资料汇编》第三集第四册，辽宁大学哲学系 1983 年版。

[43] 中央档案馆编:《中共中央文件选集》第一一十八册，中共中央党校出版社 1989—1992 年版。

[44] 朱燕平编:《中国国民党中央政治学校文献类编（1927—1949)》，江苏人民出版社 2014 年版。

[45] 总政治部办公厅编:《中国人民解放军政治工作历史资料选编》第二册，解放军出版社 2002 年版。

[46]《湘鄂赣革命根据地文献资料》第二辑，人民出版社 1986 年版。

[47]《中国国民党历史教学参考资料》（校内用书）第一—四册，中国人民大学中共党史系 1986 年版。

（四）学术著作

[1] 宝成关：《西方文化与中国社会——西学东渐史论》，吉林教育出版社 1994 年版。

[2] 北京市社会科学界联合会：《学界专家论百年》，北京出版社 1999 年版。

[3] 蔡一：《中国古代经济思想教程》，高等教育出版社 1989 年版。

[4] 陈金龙：《近代中国社会思潮与马克思主义中国化》，人民出版社 2013 年版。

[5] 陈平原：《中国现代学术之建立——以章太炎、胡适之为中心》，北京大学出版社 1998 年版。

[6] 陈锡喜：《马克思主义：意识形态和话语体系》，华东师范大学出版社 2011 年版。

[7] 陈钊：《国民党党化教育制度研究（1924—1937）》，西北农林科技大学出版社 2014 年版。

[8] 戴知贤：《十年内战时期的革命文化运动》，中国人民大学出版社 1988 年版。

[9] 戴知贤、李良志：《抗战时期的文化教育》，北京出版社 1995 年版。

[10] 董纯才主编：《中国革命根据地教育史》第一卷，教育科学出版社 1991 年版。

[11] 董纯才、张腾霄、皇甫束玉主编：《中国革命根据地教育史》第二卷，教育科学出版社 1991 年版。

[12] 董纯才主编：《中国革命根据地教育史》第三卷，教育科学出版社 1993 年版。

[13] 方松华、陈祥勤、姜佑福：《中国马克思主义学术史纲》，学林出版社 2011 年版。

[14] 高国抗：《中国古代史学史概要》，广东高等教育出版社 1985 年版。

[15] 高正礼：《民主革命时期马克思主义中国化中的论争》，安徽师范大学出版社 2013 年版。

[16] 郭湛波：《近五十年中国思想史》，岳麓书社 2013 年版。

[17] 何根海、汪高鑫编著：《中国古代史学思想史》，合肥工业大学出版社 2004 年版。

[18] 洪认清：《抗战时期的延安史学》，安徽大学出版社 2006 年版。

[19] 胡为雄：《马克思主义哲学在中国传播与发展的百年历史》上，百花洲文艺出版社 2015 年版。

[20] 黄延敏：《黄土与红旗：延安时期中国共产党与传统文化研究》，学习出版社 2014 年版。

[21] 姜义华、武克全：《二十世纪中国社会科学·历史学卷》，上海人民出版社 2005 年版。

[22] 金冲及：《二十世纪中国史纲》第一卷，社会科学文献出版社 2009 年版。

[23] 金冲及：《第二条战线——论解放战争时期的学生运动》，生活·读书·新知三联书店 2016 年版。

[24] 李军林：《马克思主义在中国的早期传播及其话语体系的初步建构》，学习出版社 2013 年版。

[25] 李培林、孙立平、王铭铭等：《20 世纪的中国：学术与社会——社会学卷》，山东人民出版社 2001 年版。

[26] 李曙新：《中国共产党哲学思想史》，中共党史出版社 2003 年版。

[27] 李泽厚：《中国现代思想史论》，生活·读书·新知三联书店 2008 年版。

[28] 梁满仓：《中国社会性质问题论战》，新华出版社 1991 年版。

[29] 刘龙心：《学术与制度：学科体制与现代中国史学的建立》，新星出版社 2007 年版。

[30] 刘新城：《历史学百年》，北京出版社 1999 年版。

[31] 卢汉龙、彭希哲：《二十世纪中国社会科学·社会学卷》，上海人民出版社 2005 年版。

[32] 罗志田：《20 世纪的中国：学术与社会——史学卷》上、下册，山东人民出版社 2001 年版。

[33] 吕厚轩：《接续"道统"：国民党实权派对儒家思想的改造与利用（1927—1949)》，山东人民出版社 2013 年版。

[34] 倪墨炎：《现代文坛灾祸录》，上海书店出版社 1996 年版。

[35] 欧阳恩良：《中国共产党的马克思主义理论学习研究（1921—1949）》，中国社会科学出版社 2015 年版。

[36] 潘晔：《中国共产党知识分子政策的变迁与创新》，武汉理工大学出版社 2008 年版。

[37] 彭明、程歗主编：《近代中国的思想历程（1840—1949）》，中国人民大学出版社 1999 年版。

[38] 钱承军：《建国前中国共产党报刊研究》，中国文联出版社 2009 年版。

[39] 曲峡、赵金鹏、仝祥顺等：《中国共产党知识分子政策史》，石油大学出版社 1995 年版。

[40] 沈国明、王立民：《二十世纪中国社会科学·法学卷》，上海人民出版社 2005 年版。

[41] 申文杰：《马克思主义意识形态话语权理论阐释与实践探索》，人民出版社 2017 年版。

[42] 沈壮海等：《学术话语体系建设的理与路——一项分科的研究》，人民出版社 2019 年版。

[43] 施岳群、袁恩桢、程恩富：《二十世纪中国社会科学·理论经济学卷》，上海人民出版社 2005 年版。

[44] 谈敏、厉无畏：《二十世纪中国社会科学·应用经济学卷》，上海人民出版社 2005 年版。

[45] 陶柏康、谭力：《中国共产党与左翼文化运动》，上海人民出版社 2011 年版。

[46] 陶一桃：《中国古代经济思想评述》，中国经济出版社 2000 年版。

[47] 王邦佐、潘世伟：《二十世纪中国社会科学·政治学卷》，上海人民出版社 2005 年版。

[48] 王汎森：《思想是生活的一种方式——中国近代思想史的再思考》，北京大学出版社 2018 年版。

[49] 王汎森：《中国近代思想与学术的系谱》，上海三联书店 2018 年版。

[50] 王海军：《真理的追求——延安时期知识分子群体与马克思主义中国化研究》，人民出版社 2013 年版。

[51] 王海军：《马克思主义中国化进程中经典著作编译与传播研究（1919—

1949)》，中国人民大学出版社 2019 年版。

[52] 王奇生：《革命与反革命——社会文化视野下的民国政治》，社会科学文献出版社 2010 年版。

[53] 王守常：《20 世纪的中国：学术与社会——哲学卷》，山东人民出版社 2001 年版。

[54] 温乐群、黄冬娅：《二三十年代中国社会性质和社会史论战》，百花洲文艺出版社 2004 年版。

[55] 吴汉全：《中国马克思主义学术史概论（1919—1949)》上、中、下册，吉林人民出版社 2010 年版。

[56] 吴汉全主编：《中国马克思主义学术史》第一—五卷，人民出版社 2019 年版。

[57] 吴晓敏、吴方宁、潘泽林：《中国共产党关于知识分子问题的理论与实践——现代化进程中的中国共产党与中国知识分子》，江西出版集团、江西人民出版社 2007 年版。

[58] 奚洁人、余源培：《二十世纪中国社会科学·马克思主义卷》，上海人民出版社 2005 年版。

[59] 谢龙、胡军、杨河：《哲学百年》，北京出版社 1999 年版。

[60] 徐素华编著：《中国社会科学家联盟史》，中国卓越出版公司 1990 年版。

[61] 徐素华、贾红莲、黄玉顺：《三大思潮鼎立格局的形成——五四后期的思想文化论战》，百花洲文艺出版社 2008 年版。

[62] 严帆：《中央革命根据地新闻出版史》，江西高校出版社 1991 年版。

[63] 严帆：《中央苏区新闻出版印刷发行史》，中国社会科学出版社 2009 年版。

[64] 闫润鱼：《自由主义与近代中国》，新星出版社 2007 年版。

[65] 阎书钦：《范式的引介与学科的创建——民国时期社会科学话语中的科学观念》，中国社会科学出版社 2017 年版。

[66] 杨凤城：《中国共产党的知识分子理论与政策研究》，中共党史出版社 2005 年版。

[67] 杨昕：《中国共产党意识形态话语权研究》，社会科学文献出版社 2015 年版。

[68] 叶澜：《二十世纪中国社会科学·教育学卷》，上海人民出版社 2005 年版。

[69] 叶世昌：《古代中国经济思想史》，复旦大学出版社 2003 年版。

[70] 叶再生：《中国近代现代出版通史》第三卷，华文出版社 2002 年版。

[71] 尹继佐、高瑞泉：《二十世纪中国社会科学·哲学卷》，上海人民出版社 2005 年版。

[72] 余伯流、凌步机：《中央苏区史》，江西人民出版社 2001 年版。

[73] 岳南：《南渡北归》第一——三部，湖南文艺出版社 2015 年版。

[74] 张岱年：《文化与哲学》，教育科学出版社 1988 年版。

[75] 张岱年、程宜山：《中国文化论争》，中国人民大学出版社 2006 年版。

[76] 张静如、鲁振祥、王章维等编著：《中国共产党思想史》，青岛出版社 1991 年版。

[77] 郑保卫主编：《中国共产党新闻思想史》，福建人民出版社 2004 年版。

[78] 郑保卫主编：《中国共产党领导人新闻实践与新闻思想研究》，中国人民大学出版社 2011 年版。

[79] 郑大华：《中国近代思想史学术前沿诸问题》，湖南师范大学出版社 2012 年版。

[80] 郑大华、邹小站：《西方思想在近代中国》，社会科学文献出版社 2005 年版。

[81] 郑师渠：《思潮与学派——中国近代思想文化研究》，北京师范大学出版社 2005 年版。

[82] 郑师渠主编：《中国共产党文化思想史研究》，中共中央党校出版社 2007 年版。

[83] 中共中央党史研究室：《中国共产党的九十年》（新民主主义革命时期），中共党史出版社、党建读物出版社 2016 年版。

[84] 中共中央马克思恩格斯列宁斯大林著作编译局马恩室编：《马克思恩格斯著作在中国的传播》，人民出版社 1983 年版。

[85] 中共中央统战部编著：《中国共产党统一战线史》，华文出版社 2017 年版。

[86] 周全华：《马克思主义中国化学术史》，广东人民出版社 2018 年版。

[87] 朱日耀主编：《中国古代政治思想史》，吉林大学出版社 1988 年版。

[88] 朱耀垠：《科学与人生观论战及其回声》，上海科学技术文献出版社 1999 年版。

[89] 朱志敏：《中国近现代文化与马克思主义中国化》，人民出版社 2016 年版。

[90] 邹贤俊主编：《中国古代史学史纲》，华中师范大学出版社 1989 年版。

[91] 邹小站：《西学东渐：迎拒与选择》，四川人民出版社 2008 年版。

[92] 左玉河：《中国近代学术体制之创建》，四川人民出版社 2008 年版。

[93]［德］罗梅君：《政治与科学之间的历史编纂——30 和 40 年代中国马克思主义历史学的形成》，孙立新译，山东教育出版社 1997 年版。

[94]［法］福柯：《福柯说权力与话语》，陈怡含编译，华中科技大学出版社 2017 年版。

[95]［美］本杰明·I. 史华慈：《中国的共产主义与毛泽东的崛起》，陈玮译，中国人民大学出版社 2013 年版。

[96]［美］德里克：《革命与历史——中国马克思主义历史学的起源（1919—1937)》，翁贺凯译，江苏人民出版社 2008 年版。

[97]［美］费正清编：《剑桥中华民国史（1912—1949 年)》上卷，杨品泉等译，张小颐等校，中国社会科学出版社 1994 年版。

[98]［美］费正清、费维恺编：《剑桥中华民国史（1912—1949 年)》下卷，刘敬坤等译，李宝鸿等校订，中国社会科学出版社 1994 年版。

[99]［美］斯图尔特·施拉姆：《毛泽东》，中共中央文献研究室《国外研究毛泽东思想资料选辑》编辑组编译，红旗出版社 1987 年版。

[100]［美］托马斯·库恩：《科学革命的结构》，金吾伦、胡新和译，北京大学出版社 2012 年版。

[101]［日］石川祯浩：《中国共产党成立史》，袁广泉译，中国社会科学出版社 2006 年版。

[102]［日］石川祯浩：《中国近代历史的表与里》，袁广泉译，北京大学出版社 2015 年版。

[103]［日］实藤惠秀：《中国人留学日本史》，谭汝谦、林启彦译，生活·读书·新知三联书店 1983 年版。

[104]［英］诺曼·费尔克拉夫：《话语与社会变迁》，殷晓蓉译，华夏出版社 2003 年版。

（五）期刊论文、学位论文

[1] 常改香：《延安新哲学会对新民主主义革命胜利的贡献》，《江西社会科学》 2013 年第 11 期。

[2] 陈明辉、刘宗灵：《民国初年的"社会科学"传播空间》，《学习与实践》 2016 年第 11 期。

[3] 邓纯东：《努力构建以马克思主义为指导的哲学社会科学话语体系》，《马 克思主义研究》2014 年第 6 期。

[4] 樊希安：《从红色出版中心到学术文化出版重镇——党领导下的三联书店革 命出版历史回顾》，《中国出版》2011 年第 13 期。

[5] 耿化敏：《何干之与二十世纪三十年代的左翼文化运动》，《中共党史研究》 2012 年第 12 期。

[6] 郭若平：《新民主主义理论的学理探源——对"中国社会性质问题论战"有 益成果的吸收》，《中共党史研究》2003 年第 4 期。

[7] 侯惠勤：《意识形态话语权初探》，《马克思主义研究》2014 年第 12 期。

[8] 黄科安：《延安文人：建构现代民族国家的本土话语体系——关于延安文学 研究的再思考》，《海南师范学院学报（社会科学版）》2006 年第 4 期。

[9] 金冲及：《论解放战争时期的第二条战线》，《南京大学学报（哲学·人文 科学·社会科学)》2014 年第 1 期。

[10] 李方祥：《二十世纪三四十年代"学术中国化"与"马克思主义中国化" 的思潮互动》，《中共党史研究》2008 年第 2 期。

[11] 李永进：《毛泽东新民主主义革命话语研究》，清华大学博士学位论文， 2017 年。

[12] 李转、杨洪：《延安时期社会科学研究团体与马克思主义中国化》，《理论 与改革》2014 年第 6 期。

[13] 李宗克：《历史主义与社会科学本土化》，《社会学评论》2015 年第 3 期。

[14] 刘辉：《民国时期中共党人的"社会科学"观初探》，《人文杂志》2008 年 第 6 期。

[15] 刘小红：《新民主主义革命时期马克思主义学术中国化研究》，陕西师范大

学博士学位论文，2017 年。

[16] 吕惠东：《1930 年代左翼社会科学家群体的多维考察》，《南通大学学报（社会科学版）》2015 年第 3 期。

[17] 欧阳军喜：《论抗日战争时期的"学术中国化"运动》，《中共党史研究》2007 年第 3 期。

[18] 欧阳军喜：《论新启蒙运动》，《安徽史学》2007 年第 3 期。

[19] 欧阳奇：《论理论工作者群体在毛泽东思想形成中的作用——以艾思奇和何干之、陈翰笙、吕振羽、周扬为考察对象》，《毛泽东思想研究》2015 年第 5 期。

[20] 齐卫平、周颖秋：《延安时期〈中国文化〉若干问题的研究》，《中国延安干部学院学报》2013 年第 6 卷第 3 期。

[21] 唐正芒：《抗战时期大后方反对国民党文化专制政策的斗争》，《湘潭大学学报》1999 年第 1 期。

[22] 王栋：《马克思主义学术话语体系建构的历史语境（1919—1949)》，《长白学刊》2020 年第 1 期。

[23] 王栋：《中国共产党领导构建哲学社会科学话语体系的百年历程与经验》，《东岳论丛》2021 年第 11 期。

[24] 王栋：《新民主主义革命时期国共两党的话语权博弈——以哲学社会科学领域为视角的解读》，《理论月刊》2022 年第 1 期。

[25] 王海军：《延安时期知识分子群体与马克思主义中国化探析》，《马克思主义研究》2010 年第 8 期。

[26] 王海军：《抗日战争时期陕甘宁边区出版业述略》，《中共党史研究》2012 年第 6 期。

[27] 王海军：《抗战时期国共两党在书刊发行领域的博弈》，《中共党史研究》2014 年第 4 期。

[28] 王海军、王栋：《中国共产党领导创建哲学社会科学的历程与经验探析——以新民主主义革命时期为例》，《马克思主义理论学科研究》2018 年第 3 期。

[29] 王海军、王栋：《马克思主义哲学社会科学话语体系的初步构建（1919—

1949)》，《马克思主义研究》2020 年第 3 期。

[30] 王奇生：《新文化是如何"运动"起来的——以〈新青年〉为视点》，《近代史研究》2007 年第 1 期。

[31] 王晓岚：《抗战时期中国共产党在国统区的办报活动与宣传策略（上）》，《北京党史研究》1996 年第 1 期。

[32] 王学典：《现代学术史上的唯物史观——论作为"学术"的马克思主义》，《山东社会科学》2004 年第 11 期。

[33] 吴汉全：《李大钊与五四时期中国学术观念的更新》，《江西社会科学》2003 年第 6 期。

[34] 吴汉全：《陈独秀与中国马克思主义社会学的开创》，《安徽史学》2009 年第 2 期。

[35] 吴汉全：《中国共产党建设中国马克思主义学术体系的历史经验》，《党史研究与教学》2011 年第 6 期。

[36] 吴汉全：《试论中共根据地时期的马克思主义学术建设》，《湖南师范大学社会科学学报》2019 年第 5 期。

[37] 向燕南：《中国社会科学家联盟与中国马克思主义史学的发展》，《史学史研究》1997 年第 4 期。

[38] 向燕南：《新社会科学运动（1920 年代末至 1930 年代中）与中国社会科学的发展》，《学术研究》2005 年第 4 期。

[39] 向燕南：《20 世纪二三十年代中国新社会科学运动与史学发展的新境界》，《江海学刊》2008 年第 3 期。

[40] 谢伏瞻：《加快构建中国特色哲学社会科学学科体系、学术体系、话语体系》，《中国社会科学》2019 年第 5 期。

[41] 阎书钦：《话语与理念的离合：民国时期社会科学范式的多重歧异》，《河北学刊》2014 年第 5 期。

[42] 阎书钦：《"新兴社会科学"的兴起与马克思主义社会科学话语体系的构建》，《中共党史研究》2015 年第 4 期。

[43] 姚宏志：《抗战时期"学术中国化"运动再探讨——以上海为中心的考察》，《中共党史研究》2017 年第 7 期。

[44] 张克明：《国民党中宣部审查 1930 年 7 至 9 月份出版物总报告（节录）》，《民国档案》1991 年第 3 期。

[45] 张克明：《抗战时期国统区的反查禁斗争（上）》，《新闻出版交流》2001 年第 5 期。

[46] 张克明：《抗战时期国统区的反查禁斗争（下）》，《新闻出版交流》2001 年第 6 期。

[47] 赵晓恩：《以延安为中心的革命出版工作（一）》，《出版发行研究》2001 年第 1 期。

[48] 郑大华：《报刊与民国思想史研究》，《史学月刊》2011 年第 2 期。

[49] 左玉河：《从输入到创新：民国哲学发展线索之我见》，《人文杂志》1998 年第 4 期。

[50] 左玉河：《西学移植与中国现代学术门类的初建》，《史学月刊》2001 年第 4 期。

[51] 左玉河：《中国本位文化论争与"现代化"共识的形成》，《中国社会科学院研究生院学报》2010 年第 5 期。

[52] 左玉河：《五四新文化运动与中国现代新文化之建构》，《教学与研究》2015 年第 8 期。

（六）民国著作、文集

[1] 艾思奇：《哲学讲话》，读书生活社 1936 年版。

[2] 艾思奇：《实践与理论》，读书生活出版社 1940 年第三版。

[3] 蔡和森：《社会进化史》，民智书局 1926 年第三版。

[4] 陈豹隐：《新政治学》，上海乐群书店 1929 年版。

[5] 陈豹隐：《社会科学研究方法论》，好望书店 1932 年版。

[6] 陈豹隐：《经济学讲话》，好望书店 1933 年版。

[7] 陈昌浩：《政党论》，新知书店 1947 年版。

[8] 陈唯实：《通俗辩证法讲话》，新东方出版社 1936 年版。

[9] 陈唯实：《通俗唯物论讲话》，大众文化出版社 1936 年版。

[10] 陈唯实：《新哲学体系讲话》，上海作家书店 1937 年版。

[11] 陈唯实：《战斗唯物论讲话——新哲学世界观》，上海杂志公司 1938 年版。

[12] 陈唯实：《新人生观与新启蒙运动》，民族革命出版社 1939 年版。

[13] 戴季陶：《孙文主义之哲学的基础》，民智书店 1925 年版。

[14] 邓初民：《国家论之基础知识》，新生命书局 1929 年版。

[15] 邓初民：《政治科学大纲》，昆仑书店 1929 年版。

[16] 邓初民：《新政治学大纲》，生活书店 1947 年版。

[17] 范文澜：《中国通史简编》上，华北新华书店 1948 年版。

[18] 顾凤城编：《社会科学问答》，文艺书局 1930 年版。

[19] 郭沫若：《中国古代社会研究》，上海新新书店 1930 年版。

[20] 郭沫若：《十批判书》，群益出版社 1947 年版。

[21] 郭任远：《社会科学概论》，商务印书馆 1928 年版。

[22] 郭真、高圮书：《社会科学的基础知识》，乐华图书公司 1930 年版。

[23] 何干之：《中国社会史问题论战》，生活书店 1937 年版。

[24] 何思源讲，林霖记录：《社会科学研究法》，中山大学政治训育部宣传部
    1927 年版。

[25] 胡汉民编：《总理全集》第二集，上海民智书局 1930 年版。

[26] 胡绳：《辩证法唯物论入门》，辽东建国书社 1946 年版。

[27] 胡伊默：《社会科学读本》，上海一般书店 1937 年版。

[28] 华岗：《一九二五年至一九二七年的中国大革命史》，上海春耕书局 1931
    年版。

[29] 翦伯赞：《历史哲学教程》，生活书店 1938 年版。

[30] 翦伯赞：《中国史纲·第一卷》，五十年代出版社 1944 年版。

[31] 姜君辰：《社会学入门》，文化供应社 1941 年版。

[32] 柯柏年：《怎样研究新兴社会科学》，上海南强书局 1930 年再版。

[33] 柯柏年：《社会问题大纲》，上海南强书局 1930 年版。

[34] 李达：《中国产业革命概观》，昆仑书店 1929 年版。

[35] 李达：《现代社会学》，昆仑书店 1929 年版。

[36] 李圣悦：《现代社会学理论大纲——唯物史观的社会学的基础理论》，上海
    光华书局 1932 年再版。

[37] 李鼎声：《中国近代史》，光明书局 1935 年第三版。

[38] 李浩吾编：《新教育大纲》，上海南强书局 1930 年版。

[39] 李守常：《史学要论》，商务印书馆 1924 年版。

[40] 柳辰夫作，章乃器校：《怎样自学社会科学》，申报流通图书馆读者指导部 1934 年版。

[41] 吕振羽：《史前期中国社会研究》，北平人文书店 1934 年版。

[42] 潘廉方：《三民主义教育概论》，国民图书出版社 1946 年版。

[43] 平心：《社会科学研究法》，生活书店 1938 年再版。

[44] 秦明：《政治学概论》，上海南强书局 1932 年版。

[45] 瞿秋白：《社会科学概论》，霞社校印 1939 年版。

[46] 全国教育专家：《第二次全国教育会议始末记》，上海江东书局 1930 年版。

[47] 社会科学讲座社编：《社会科学讲座》，上海光华书局 1930 年版。

[48] 沈志远：《新经济学大纲》，生活书店 1940 年版。

[49] 沈志远：《现代哲学的基本问题》，生活书店 1948 年第六版。

[50] 沈志远：《新政治学底基本问题》，生活·读书·新知三联书店 1949 年版。

[51] 沈志远：《新社会学底基本问题》，生活·读书·新知上海联合发行所 1949 年版。

[52] 舒新城编：《近代中国教育思想史》，中华书局 1932 年版。

[53] 孙本文：《三民主义与社会科学》上编，正中书局 1945 年版。

[54] 田原：《政治学》，新时代出版社 1937 年版。

[55] 王明之：《新社会科学基础知识》，上海三户书店 1939 年版。

[56] 文化建设月刊社编：《中国本位文化建设讨论集》，文化建设月刊社 1936 年版。

[57] 吴黎平、艾思奇：《科学历史观教程》，辰光书店 1940 年版。

[58] 吴念慈、柯柏年、王慎名：《新术语辞典》，上海南强书局 1929 年版。

[59] 吴玉章：《中国历史教程绪论》，新华书店 1949 年版。

[60] 向林冰：《中国哲学史纲要》，生活书店 1939 年版。

[61] 萧楚女：《社会科学概论》，中央军事政治学校政治部宣传科 1926 年版。

[62]《新兴社会科学研究大纲》，北平科学研究会 1932 年版。

[63] 许德珩：《社会学讲话》，北平好望书店 1936 年版。

[64] 许涤新：《中国经济的道路》，生活书店 1946 年版。

[65] 许涤新：《新民主主义经济论》，中外出版社 1948 年版。

[66] 杨剑秀：《社会科学概论》，上海现代书局 1929 年版。

[67] 杨明斋：《评中西文化观》，中华书局 1924 年版。

[68] 尹达：《中国原始社会》，作者出版社 1943 年版。

[69] 恽代英：《政治学概论》，中央军事政治学校政治部宣传科 1926 年版。

[70] 张东荪编：《唯物辩证法论战》，民友书局 1934 年版。

[71] 张如心：《苏俄哲学潮流概论》，上海光华书局 1930 年版。

[72]《政治经济问题之处理方法》，国立北平大学法商学院政治经济研究室 1937 年版。

[73]〔德〕米海里司：《美术考古一世纪》，郭沫若译，群益出版社 1948 年版。

[74]〔美〕斯诺：《西行漫记》，亦愚译，急流出版社 1949 年版。

（七）民国报刊

[1]《大公报》

[2]《大路》

[3]《半月评论》

[4]《东方杂志》

[5]《独立评论》

[6]《独立青年》

[7]《读书》

[8]《读书生活》

[9]《读书月报》

[10]《读书杂志》

[11]《法学专刊》

[12]《妇女生活》

[13]《共产党人》

[14]《孤军》

[15]《观察》

[16]《广播周报》

[17]《国立北京大学社会科学季刊》

[18]《国立同济大学旬刊》

[19]《国民》

[20]《国闻周报》

[21]《唤民》

[22]《建设》

[23]《教育杂志》

[24]《解放》

[25]《解放日报》

[26]《军事杂志》

[27]《盍旦》

[28]《劳动季报》

[29]《理论与现实》

[30]《历史科学》

[31]《联合增刊》

[32]《每周评论》

[33]《民报》

[34]《民国日报·觉悟》

[35]《努力周报》

[36]《前锋》

[37]《前进》

[38]《前哨》

[39]《清议报》

[40]《群众》

[41]《太平洋》

[42]《天义报》

[43]《认识月刊》

[44]《三民主义周刊》

[45]《社会科学战线》

[46]《社会现象》

[47]《社会杂志》

[48]《生活星期刊》

[49]《时报》

[50]《时代精神》

[51]《时代论坛》

[52]《史地丛刊》

[53]《世界文化》

[54]《世界月刊》

[55]《时与文》

[56]《书报评论》

[57]《万国公报》

[58]《文化建设》

[59]《文化杂志》

[60]《文史》

[61]《文艺新闻》

[62]《现代评论》

[63]《现代中国》

[64]《向导》

[65]《新潮》

[66]《新华日报》

[67]《新华周报》

[68]《新民丛报》

[69]《新青年》

[70]《新生命》

[71]《新世纪》

[72]《新世界》

[73]《新思潮》

[74]《新思想月刊》

[75]《新中华》

[76]《学衡》

[77]《学艺》

[78]《研究》

[79]《研究与批判》

[80]《译书汇编》

[81]《月报》

[82]《杂志》

[83]《战时教育》

[84]《战时文化》

[85]《浙江潮》

[86]《哲学》

[87]《中国建设》

[88]《中国农村》

[89]《中国青年》

[90]《中国童子军总会筹备处汇报》

[91]《中国文化》

[92]《中华月报》

[93]《中山文化教育馆季刊》

[94]《中央党务公报》

（八）外文资料

[1] Arif Dirlik, The Origins of Chinese Communism, Oxford University Press, 1989.

[2] Ivo Spira, A Conceptual History of Chinese-Isms: The Modernization of Ideological Discourse, 1895—1925, Brill Academic Publishers, 2015.

[3] Laszlo Ladany, The Communist Party of China and Marxism, 1921—1985: A

Self Portrait, Hoover Institution Press, 1988.

[4] Maggie Clinton, Revolutionary Nativism: Fascism and Culture in China, 1925—1937, Duke University Press, 2017.

[5] Michael Y.L.Luk, The Origin of Chinese Bolshevism, Oxford University Press, 1990.

[6] Nick Knight, Marxist Philosophy in China: From Qu Qiubai to Mao Zedong, 1923—1945, Springer Netherlands Dordrecht, 2005.

[7] Richard Ashcraft, Marx and Political Theory, Comparative Studies in Society and History, Vol. 26, No. 4, 1984.

后　　记

　　本书是 2022—2023 年度河北省社科基金项目"中国共产党领导构建哲学社会科学话语体系历程与经验研究（1921—1949）"（项目编号：HB22MK005）的结项成果，是在中国人民大学优秀博士学位论文的基础上进一步修改、扩展、深化而成的。笔者于 2017 年考取中国人民大学博士研究生，同年明确选题方向，2018 年确定研究题目与框架结构，之后公开发表相关论文多篇，为河北省社科基金项目的研究和本书的完成奠定了坚实的基础。笔者在读博期间，得到了导师王海军教授的悉心指导，全程参加了王海军教授主持的国家社科基金重大招标课题的研究，在子课题申报书的撰写、史料收集整理、文献校对、专著初稿部分章节的撰写过程中，逐步提高了自己的科研能力，在此向王海军教授表示衷心感谢！在博士学位论文答辩中，笔者有幸得到了中国社会科学院张金才教授、中共中央党校（国家行政学院）高中华教授、北京大学陈培永教授、中国人民大学何虎生教授、北京大学王久高教授的当面指导，受益匪浅，在此也一并表示感谢！

　　本书的部分内容已在一些 CSSCI 期刊、北大核心期刊公开发表：《中国共产党领导构建哲学社会科学话语体系的百年历程与经验》发表在《东岳论丛》2021 年第 11 期（独立作者，人大复印报刊资料全文转载），《新民主主义革命时期国共两党的话语权博弈——以哲学社会科学领域为视角的解读》发表在《理论月刊》2022 年第 1 期（独立作者），《马克思主义学术话语体系建构的历史语境（1919—1949）》发表在《长白学刊》2020 年第 1 期（独立作者），《马克思主义哲学社会科学话语体系的初步构建（1919—1949）》发表在《马克思主义研究》2020 年第 3 期（人大复印报刊资料全文转载）等。在论文投稿、发表的过程中，受教于上述期刊编辑部老师的宝贵建议，在此一并表示感谢。

为了避免二手资料带来的错误，笔者通过图书馆、全国报刊索引数据库、近代报纸数据库、大成老旧刊全文数据库、瀚文民国书库等途径，收集了大量原始史料，引用新民主主义革命时期出版的著作与报刊160余种，争取使用尚未被利用的材料。为了能够反映现有学术水平，笔者在写作过程中广泛查阅已有研究成果，吸收并援引了其中一些成果，已尽量做到凡引必注，但也难免出现疏漏之处。在此，向本书所引资料的作者，向所有为本书写作提供帮助的学者致谢。

特别感谢河北省社科基金项目的立项支持，感谢燕山大学出版社对书稿的精心编辑。

王　栋

2022 年秋